Gordon Müller-Eschenbach arbeitet als Strategieberater für Manager und Vorstände und als Coach für Menschen aller Altersklassen und Ausbildungswege. Zuvor war er zehn Jahre bei führenden Strategieberatungsgesellschaften in Deutschland und Großbritannien tätig. Mehr Informationen zum Autor finden Sie auf mueller-eschenbach.com

2. Auflage, März 2012

Herstellung: Books on Demand GmbH, Norderstedt
Verlag: Müller-Eschenbach, Berlin
Mitarbeit: Gerd König
Buchgestaltung: Schneeundzucker®

ISBN 978-3-943602-00-5

Für alle, die mit leuchtenden Augen ihrer Berufung folgen und
für alle, die der Revolution eine Stimme geben

Inhalt

Der Wandel ist hier.

Prolog

Auf die Gefahr hin, dass Sie mich für verrückt erklären: Ich finde die Skandalmeldungen der jüngsten Zeit einfach großartig. Von Guttenberg bis Griechenland, von BayernLB bis Blatter, von Siemens bis Schlecker: Es ist das reinste Feuerwerk der frohen Botschaften.

Bevor Sie aus dem Anzug springen: Natürlich freue ich mich nicht darüber, dass unsere Regierenden sich ihre Titel erschleichen, europäische Staaten Bankrott anmelden, internationale Verbände im Geiste des fairen Wettkampfs sich als Sümpfe der Korruption erweisen, deutsche Traditionskonzerne sich Aufträge an ausländischen Märkten durch Schmiergelder erschließen und an jeder Ecke präsente Handelsketten ihre Mitarbeiter ausspionieren. Aber ich freue mich wie ein kleines Kind an Weihnachten darüber, dass diese Sauereien ans Licht der Öffentlichkeit kommen. Und zwar nicht hier und da, sondern jeden Tag, immer öfter, immer aktueller, boom, boom, boom – wie ich schon sagte, das reinste Feuerwerk.

Ich höre es gern krachen, denn auf jeder dieser Baustellen ist Abriss und Neubau angesagt. Und ich habe großen Spaß daran, der Abrissbirne noch einen Schubs zu geben und ihr beim Einschlag zuzuschauen. Noch größeren Spaß aber habe ich, wenn ich in dem ganzen großen Trümmerhaufen die Zeichen einer neuen Zeit aufblitzen sehe: Funkelnde Rohdiamanten, das Leuchten einer neuen Ära aus dem Innersten der falsch verdrahteten Gegenwart, wie Flickering Signals in der Physik. Keine Grenzen kennt meine Freude schließlich, wenn ich mitgestalten kann und dabei sein darf, wenn eine wachsende Wertegemeinschaft ein neues Haus auf dem Fundament baut, auf dem unsere Wirtschaft und unsere Gesellschaft fußt: dem Geist des wahren Unternehmertums – dem Geist der Freiheit, des Fortschritts und der Fantasie.

Doch immer der Reihe nach: Auch wenn ich aus den Ruinen der Baracken, die bereits eingerissen wurden, schon das Leuchten sehe – zunächst einmal haben wir noch kräftig mit dem Abriss zu tun und uns klar zu machen, warum all der Lärm notwendig ist, bevor er sich am Ende zu einer pyrotechnischen Sinfonie fügt und die Puzzleteile sich zu einem sinnvollen Ganzen fügen.

Es muss schlimmer werden, bevor es besser wird

Bringen wir erst einmal Ordnung in das ganze Durcheinander: Die Skandale unserer Zeit sind die ersten verstreuten Takte des Abgesangs der alten Eliten – die ersten Symptome einer todkranken Ethik, die von den Lenkern der alten Schule ihrer Werte beraubt und zum Zweck des Machtmissbrauchs pervertiert wurde.

Was mit der alten Schule gemeint ist, ist eine lange Geschichte. Ich versuche mich kurz zu fassen – und zwar im ersten Teil dieses Buches. Er enthält eine kleine Anatomie der Potenzialbremser und Innovationsverhinderer unserer Zeit. Anhand von Beispielen erläutere ich Ihnen dort zunächst, wie die Zentren der Macht im Allgemeinen und die Köpfe dieser Instanzen im Speziellen alles daran setzen zu verhindern, dass wir – als Gemeinschaft von Bürgern und Konsumenten, von Privatpersonen und Arbeitenden – unsere Werte zurückerobern. Ein intaktes und produktives Wertebewusstsein ist der Anfang jeder Erneuerung, denn der anhaltende Missbrauch jener Grundwerte ist es, der uns täglich zu schaffen macht. Es ist die zerrüttete Ethik der alten Garde, die uns in Ketten legt und den Fortschritt lähmt. Wir müssen im Zusammenhang betrachten, welche Auswirkungen dieser Missbrauch aufseiten der vermeintlich wertеprägenden Instanzen der Macht auf unser Leben und unsere Arbeit hat, damit wir verstehen, warum wir unzufrieden sind. Wir müssen unsere Wahrnehmung dafür schärfen, dass es nicht auch, sondern vor allem Werte sind, die unsere Mitarbeiter produktiv und unsere Unternehmen effektiv machen. Das ist der erste Teil des Feuerwerks – noch nicht bunt und schön, aber laut und unübersehbar.

Innovation: Der krisensichere Erfolgsfaktor

Wenn wir diese Fassaden zum Einsturz gebracht haben, wird es Zeit, auf die Suche zu gehen nach den Flickering Signals, den Beispielen des Fortschritts in der Ruine der Ethik, im Schatten der alten Eliten. Naturgemäß äußert sich Fortschritt zuerst da, wo er auch gesellschaftlich gemacht wird: in der Wirtschaft.

Angesichts jüngster Ereignisse kann man über diese Aussage verblüfft sein: Gerade erst erholen wir uns von einer weltumspannenden Finanzkrise, die die deutsche Wirtschaft ebenso erschüttert hat wie den Rest der Welt; eine Krise, die Arbeitsplätze gekostet hat, die uns alle gezwungen hat, unseren Umgang mit Geld und vielleicht sogar ganz individuell unsere Prioritäten im Leben zu überdenken. Und schon steht die nächste Krise vor der Tür – „Lehman, die zweite" ist im Herbst 2011 in aller Munde. Fakt ist jedoch auch: Jeder gesellschaftlichen Umwälzung, jeder zivilisatorischen Neuerung gehen massive Probleme voraus. Ein auslösendes Moment ist manchmal sogar die Voraussetzung dafür, dass eine Mehrheit darauf drängt, die politischen und wirtschaftlichen Kräfteverhältnisse neu zu durchdenken.

Wie jede Krise bietet uns auch die Erschütterung der Finanzmärkte eine Chance. Sie zeigt uns überdeutlich: Trotz alledem ist genau hier in unserer Marktwirtschaft der Ort, an dem wir die Zukunft finden können, denn Innovation findet genauso wenig an den Börsen statt wie im Wirtschaftsministerium. Eine Finanzkrise ist keine Aussage über die Potenz einer Wirtschaft oder gar Gesellschaft, sondern über die ethische Beschaffenheit einer machttrunkenen „Elite", die sich an Spekulationen weidet, anstatt die Realwirtschaft zu bedienen.

Als Einzelne stehen wir deshalb an einer Weggabelung: Wir können uns auf die Behebung der Missstände konzentrieren und, soweit es der einzelnen Führungskraft, dem einzelnen Manager, dem einzelnen Angestellten, der einzelnen Privatperson möglich ist, Vorkehrungen für die nächste Krise treffen, kurz: unsere

Kräfte darauf bündeln, die Risiken auszugleichen und das Beste zu hoffen. Gewiss ist an dieser Front einiges zu tun, und wir tun auch gut daran, die Politik dabei zu beobachten und daran zu messen, wie sie mit den Gesichtern der Gier zu Gericht geht.

Wir können aber auch den anderen Weg gehen – im Rahmen der Möglichkeiten, die jedem Einzelnen an seinem individuellen Platz in der Gesellschaft und insbesondere in der Wirtschaft zur Verfügung stehen. Und die sind immer größer als wir glauben. Wir können dahin schauen, wo es ungeachtet jeder Krise unleugbar und ungebrochen vorwärts geht und wo, beflügelt durch gemeinsame Werte, jeder Einzelne tatsächlich seinen Beitrag leisten kann: in den Kernbereichen der Realwirtschaft, in den Werkstätten der Innovation, wo Kreativität möglich, erwünscht und sogar existenziell notwendig ist. Dort sitzt die Produktivität des Systems, dort gedeihen die tatsächlichen Potenziale unserer Wirtschaft – denn hier kommt es nicht auf Politik an, sondern auf Lösungen. Dort sitzen kleine Teams, die mit Feuereifer bei der Sache sind und in denen jeder Einzelne an effizientem Fortschritt interessiert ist. Denn dort sitzen wir: im mittleren Management, in der Produktentwicklung, in der Marketingabteilung, in der Personalverwaltung, in der internen und externen Unternehmenskommunikation, in der Herstellung, in der Fertigung am Fließband, in der Geschäftsführung, in der Unternehmensberatung, in kleinen Unternehmen oft an mehreren Stellen, als Gründer in allen Positionen gleichzeitig. Wir sitzen überall. WIR sind verantwortlich für den Fortschritt.

Hier ist der Punkt, an dem das Feuerwerk nicht mehr nur laut, sondern bunt und schön anzusehen ist: Das Feuerwerk der Flickering Signals, das ich im zweiten Teil dieses Buches abbrenne, zeigt Ihnen, wo die Innovation schon heute zu Hause ist, und von welchen Architekten das neue Haus einer fortschrittlichen Wertegemeinschaft gebaut wird auf dem Fundament der Leidenschaft derer, die sie begründen. Ebenso wie die Zeichen des Verfalls der alten Schule erkennt man auch die Pioniere einer neuen Schule nur, wenn man sie im Zusammenhang betrachtet.

Die Mechanik des Fortschritts

Wer angesichts von Finanzkrisen, nie eingelösten Regierungsversprechen, korrupten Bossen und des offensichtlichen Versagens all jener Instanzen, die exakt solche Katastrophen verhindern sollten, noch immer der Ansicht ist, dass Fortschritt und gesellschaftliche Erneuerung von den Mächtigen ausgehen sollten, dem sei gesagt: Vergiss es. Es liegt bei uns. Jede Kette ist so stark wie ihr schwächstes Glied. Jede Wirtschaft ist so stark wie ihre Macher. Oben wird der Rahm abgeschöpft, aber unten kommt die Milch raus.

Deshalb liegen auch die Stellschrauben, auf die es ankommt und auf die wir tatsächlich Einfluss haben, unter der lackierten Haube und mittendrin im Aggregat – da, wo die Kraft auf die Straße kommt. Ich will es nicht bestreiten: Auch in diesen Bereichen gibt es eine Vielzahl von hemmenden Faktoren. Wenn das Getriebe hakt, können wir nicht hochschalten. Im Gegensatz zu den Verwerfungen der Macht, die an der Spitze jedes Systems zu Blockaden führen, sind diese Faktoren jedoch in aller Regel weiche Faktoren, denen oft mit wenig Aufwand beizukommen ist. Manchmal allerdings muss in der Tat eine kleine Explosion her, damit der Motor wieder rund läuft.

Im letzten Teil des Buches gebe ich Ihnen deshalb die Zündschnur in die Hand – verbunden mit der ausdrücklichen Ermunterung, Ihr eigenes kleines Feuerwerk zu veranstalten. Oft sind die Lösungsmöglichkeiten ganz simpel und haben doch einen großen Effekt. Wir müssen nicht von vorn anfangen. Vor allem müssen, nein, dürfen wir nicht darauf warten, dass die da oben ihren Job machen, denn dann warten wir auf Godot.

Freude am Wandel

Wir brauchen keine neue Wertediskussion, sondern eine neue Wertekultur für die Gemeinschaft im Allgemeinen und die Wirtschaft im Speziellen. Eine, die Erfolg neu definiert; die Hierarchien neu denkt; die neue Wege der Zusammenarbeit fördert; die Unterschiede begrüßt und Synergien zelebriert; die Initiative honoriert anstatt Verantwortlichkeiten hin- und herzuschieben; die das Funktionieren der Gemeinschaft über das Ego setzt; die Werte transparent kommuniziert, anstatt gezielten Wertemissbrauch zu verschleiern; eine, in der jeder nicht nur seine Werte, sondern auch seinen Wert kennt.

Kurz: eine Unternehmenskultur, in der Werte gelebt werden, anstatt dass man darüber redet. Wir brauchen eine neue Businessethik, die nicht verordnet und aufgeklebt ist, damit das Unternehmen besser aussieht, sondern unsere Arbeit und damit unsere Unternehmen von innen erleuchtet und nach außen strahlen lässt.

Genau jetzt haben wir die einmalige Chance, uns von den Fesseln zu befreien, die uns von den Instanzen der Macht auferlegt wurden. Es ist an der Zeit, Gemeinschaften zu bilden anstatt Eliten zu definieren. Gemeinschaften, die sich nicht an Position, Macht und Status orientieren, sondern die wir an messbaren Erfolgen erkennen, an ihrer Bedeutung für das Gemeinwohl – und dem Grinsen in ihren Gesichtern, wenn es mal wieder richtig laut kracht und die Funken fliegen. So macht man das schließlich bei uns, wenn es eine freiheitliche Revolution zu feiern gilt: Man zündet ein Feuerwerk an.

Die frohe Botschaft dieses Buches lautet: Diese Revolution für eine neue Wertekultur ist bereits im Gange – aus der Wirtschaft heraus in die Gesellschaft hinein. Die eine strahlt dabei auf die andere aus. Von Ihnen ganz zu schweigen: Sie strahlen auf Ihre Mitarbeiter, Ihre Kollegen, Ihre Freunde und Ihre Kinder aus. Und jeder, der ein Feuerwerk veranstaltet, sollte jene, die sich zieren, zum Mitmachen motivieren, nein, mitreißen, damit es alle hören und sehen können:

Der Wandel ist hier.
Haben wir gemeinsam Spaß daran.

Und wenn sie nicht gestorben sind ...

Kleine Anatomie der Potenzialbremser und Innovationsverhinderer

01 Die alte Schule ist vor allem eines: alt

Das typisch Menschliche: sich aus Angst vor einer unbekannten Zukunft an die bekannte Vergangenheit klammern. [John Naisbitt]

Unsere Wirtschaft ist ein Spiegel der seelischen Verfasstheit unserer Gesellschaft. Je nach Blickwinkel kann das eine fröhliche oder eine ziemlich düstere Botschaft sein: Eine Wirtschaft ist immer nur so beseelt, wie der Antrieb der Menschen es zulässt, die an ihrem Gelingen arbeiten.

Blicken wir uns auf der ökonomischen Landkarte des Jahres 2011 um, stellen wir schnell fest, dass der Erfolg in der Tat dort ist, wo es jenseits des pekuniären Erfolgs ideell am meisten zu gewinnen gibt. China erlebt das lange prognostizierte Wachstum, angetrieben von der Hoffnung seines Volkes wie seiner Mächtigen, sich von seiner globalpolitischen Außenseiterstellung zu befreien. Die japanische Wirtschaft dreht nach langem Abschwung wieder auf, weil sie eine Katastrophe zu bewältigen hat. Die USA dagegen erleben ein wirtschaftliches Debakel und steuern mit Macht auf den Staatsbankrott zu, nachdem der Schwung einer politischen Neuorientierung der Ernüchterung über die Grenzen des Möglichen gewichen ist. Und Deutschland? Deutschland hat sich weitgehend von der letzten Finanzkrise erholt und hat in Erwartung besserer Zeiten endlich mal wieder Gas gegeben – droht aber bereits wieder über seine politischen Bremsklötze zu stolpern und der Gier der Hochfinanz ins Fangseil zu torkeln. „Etwa 200 Banker aus Kreditinstituten mit Staatshilfe kämen wieder auf ein Jahreseinkommen von mehr als 500 000 Euro“[1], wusste die *Frankfurter Allgemeine Sonntagszeitung* schon im September 2010 zu berichten. Von wirksamen politischen Eingriffen, wie sie im Nachgang der Krise angekündigt wurden, keine Spur.

Der gehemmte Aufschwung

Dabei könnten wir längst viel weiter sein. Der Aufschwung, den wir in den letzten Jahren gesehen haben, war nur ein Bruchteil des Erfolgs, zu dem wir eigentlich in der Lage wären. Die Gründe dafür sind unendlich komplex und doch ganz simpel: Wir leben im 21. Jahrhundert, doch unsere Wirtschaft agiert unter der Oberfläche in weiten Teilen noch immer mit dem ethischen (oder unethischen) Instrumentarium der Feudalwirtschaft – und das ist schon optimistisch gedacht. Erfolg, in diesen Zeiten, war gesetzt, in aller Regel vererbt. Das Hauptansinnen der Erfolgreichen war deshalb der Machterhalt – und damit einhergehend die Erfolgsverhinderung bei anderen, um Meutereien auszuschließen. Heute ist es nicht viel anders, nur viel hübscher: Vieles, was möglich wäre, wird im Sinne des Machterhalts einzelner, fest installierter Instanzen verhindert, um eine Neudefinition der Wirtschaftslandschaft und letztlich der Gesellschaft als Ganzes zu unterbinden, die die ökonomischen, politischen und gesellschaftlichen Kräfteverhältnisse verschieben würde.

Dieses defensive Gebaren der Macht kommt nicht von ungefähr: Die Möglichkeiten der Instanzen sind den Möglichkeiten der gesellschaftlichen Erneuerung längst nicht mehr gewachsen. Starre Apparate wie Regierung (Ämtermonopoly), Verwaltung (Beamtenbürokratie), Kirche (codehafte Regularienverwaltung mit mangelndem Realitätsbezug) oder Großkonzerne (Sklaven der Hochfinanz mit unentwirrbaren politischen Verstrickungen) versuchen angestrengt, von den Manövern ihres Machterhalts mit pseudoethischen Mitteln abzulenken – oder, wenn keine öffentlichkeitswirksame Naturkatastrophe zur Verfügung steht, ihre Verfehlungen zumindest unter der Decke zu halten. Es gelingt ihnen immer seltener. Macht hat keine Chance, wenn die Machthelfer den Dienst verweigern. Den neuen Möglichkeiten sozialer Vernetzung sei Dank: Immer mehr tun es.

Das möchte ich von Anfang an klarstellen: Mit der Kritik an Obrigkeiten allein und der Aufforderung, sie mögen ihren Aufgaben effektiver nachkommen, ist noch gar nichts erreicht. Gesellschaftlicher Dialog, wirtschaftlicher Erfolg, Unternehmenskultur, sogar Politik werden letztendlich von der Gesamtheit der Menschen gemacht, die sich daran beteiligen. Wer sich nicht daran beteiligt, sondern nur von außen nörgelt – obwohl auch das wichtig und notwendig ist im gesellschaftlichen Diskurs –, der verändert gar nichts. Und wer nichts verändert, darf auch keine Veränderung erwarten. Jeder Einzelne von uns, wirklich jeder Einzelne – und sei sein Beitrag noch so klein – kann an gesellschaftlicher und wirtschaftlicher Erneuerung teilhaben. Wer das nicht wahrhaben will, kann aufhören, auf Verbesserungen zu hoffen. Er verdient sie nämlich gar nicht.

Die neue Aufklärung

Zum Glück beteiligen sich immer mehr von uns, und legen den Finger in die Wunde gesellschaftlicher Missstände. Die Zahl der Offenbarungen wächst täglich: Von scheinbar ethikfreien Politikern wie zu Guttenberg oder Koch-Mehrin[2] über die gänzlich unchristlichen Deckelungsversuche bei den Skandalen der katholischen Kirche[3] bis hin zu den schlichtweg egogetriebenen Pokertricks von Imperiumslenkern wie Zumwinkel[4] oder auch Blatter[5].

Nötig ist es allemal, die Bosse der alten Schule bei den Schultern zu packen und kräftig durchzurütteln. Der Erfolg, den die bestehende so genannte Wirtschaftselite sich erarbeitet hat, ist ganz und gar nicht selten auf unethischem Weg entstanden und in aller Regel in irgendeiner Form erkauft. Es ist ein Erfolg der Partikularinteressen. Es ist der Erfolg nicht einer Gesamtwirtschaft, sondern einzelner gesellschaftlicher „Pockets“, die in ihren Nischen sitzen wie angeklebt und nicht nur das Kapital kontrollieren, sondern auch die Quantität und Qualität des gesellschaftlichen Fortschritts steuern.

Der Erfolg all jener hingegen, die tatsächlich alltäglich zum Wohle der Wirtschaft und damit der Gemeinschaft ackern, wächst weitaus langsamer und in streng begrenztem Ausmaß. Jene Gruppen, die sich selbst gern als Eliten inszenieren, werden durch ihre Marktmacht und ihren politischen Einfluss zu Instanzen, die die Frequenz der gesellschaftlichen Erneuerung vorgeben. Sie tun das, indem sie Wertediskussionen prägen – nicht im Sinne der Gemeinschaft, als deren Vordere sie per Definition die Rolle einer Avantgarde übernehmen sollten, sondern im Sinne ihres Machterhalts. Da Fortschritt im System aber nicht ohne Kompromisse auf der Individualebene möglich ist, müssen sie sich vorwerfen lassen, dass sie gezielt gegen den natürlichen Lauf der Dinge arbeiten: gegen machbare Innovation, gegen notwendige Perspektivwechsel, gegen die maximal mögliche Freiheit der Gemeinschaft.

Gemeinschaft ist das Zauberwort

Gemeinschaft ist wohl das am meisten unterschätzte Wort der Gegenwart – insbesondere in der Wirtschaft. Das Problem besteht darin, dass die Gesamtheit der Betroffenen auch im größten Konzern noch hinter den Partikularinteressen einzelner Entscheider anstehen, wenn es hart auf hart kommt. Das liegt nicht zuletzt daran, dass Egothemen auch vor den höchsten Positionen in der Wirtschaft nicht Halt machen. Und diese Erkenntnis ist nicht einmal im entferntesten neu: „Der ökonomische Mensch im allgemeinsten Sinne ist ... derjenige, der in allen Lebensbeziehungen den Nützlichkeitswert voranstellt. Alles wird für ihn zu Mitteln der Lebenserhaltung, des naturhaften Kampfes ums Dasein und der angenehmen Lebensgestaltung.“[6] Der *homo oeconomicus,* der Eduard Spranger im Jahre 1914 vorschwebte, als er diesen Typus charakterisierte, war eine fiktive Entität: Der Mensch, der so ist wie alle Menschen innerhalb der gleichen Wirtschaftsordnung. Der *homo oeconomicus* ist ein kleinster gemeinsamer Nenner. Diese Definition erlaubt es, jedes beliebige Partikularinteresse im Sinne der Lebenserhaltung und eines „naturhaften Kampfes“ um dieselbe zu rechtfertigen.

Es ist ein gesellschaftliches Armutszeugnis, dass sich die „Eliten" der großen Wirtschaftsnationen, deren Partikularinteressen sich weit über diesen Kampf erhoben haben, bis heute moralisch auf dieser Survival-Logik ausruhen. Sie verpassen die Möglichkeit etwas zu schaffen, das anderen, aufstrebenden Ländern ein Vorbild im ursprünglichen, moralischen Sinne des Wortes sein könnte: Eine Form von Erfolg, die nicht allein die Erfüllung von Eigeninteressen, sondern von gemeinschaftlichen Interessen zum Ziel hat. Gemeint sind gemeinschaftliche Interessen, die eben nicht verordnet sind (wie im Fall von China), sondern aus dem Inneren der Gemeinschaft erwachsen. Alles andere ist gefährlich und freiheitsfeindlich. Doch die Politik vergibt die Chance, Bedrohungen der Freiheit und Menschenrechtsverletzungen durch undemokratische Länder von der glaubwürdigen Position dessen zu geißeln und gegebenenfalls sogar abzustrafen, der ein intaktes Wertegerüst vorlebt.

Stattdessen pochen Politiker auf die Einhaltung von Werten, deren Bedeutung sie selbst längst verlernt haben. Gleichzeitig verdienen machtnahe Wirtschaftszweige Billionen damit, Terroristen mit Waffen zu beliefern und menschenrechtsfeindliche Systeme im Sinne der „Entwicklungshilfe" zu unterstützen – im Glauben, ihnen die eigenen Vorstellungen von Erfolg aufdrücken zu können. Wir sind betriebsblind geworden: Unser im Ursprung christliches Wertesystem, das in Wahrheit längst im Sinne vielfältiger Partikularinteressen pervertiert worden ist, gilt als gesetzt und unantastbar. Wir vertreten unsere Position mit der agitatorischen Arroganz der Unfehlbarkeit, die historisch betrachtet jenen Regimes innewohnte, die dem Absturz geweiht waren. Wir haben allen Grund, alarmiert zu sein.

Wer dem Wandel trotzt, verliert

Ich bin froh darüber. Auf lange Sicht betrachtet ist Unglaubwürdigkeit die ultimative Suizidstrategie überkommener Machtstrukturen. Die Sklaverei wurde (weitgehend) ausgelöscht, weil sie mit dem Common Sense der postfeudalen Epoche nicht mehr vereinbar war. Diejenigen, die auf ihr vermeintlich angeborenes Recht beharrten, andere Menschen zu unterdrücken und zu instrumentalisieren, hatten am Ende das Nachsehen. Die Intelligenz der Masse setzt sich durch; wer auf der Unveränderbarkeit der Welt beharrt, wird scheitern. Es klingt banal, und doch ist es das Gesetz der Geschichte: Die von der Masse der Menschen ersehnte Revolution kommt immer, und wer sich ihr in den Weg stellt, wird früher oder später scheitern.

Mit solchen suizidalen Tendenzen haben wir es nicht nur in Regierungskreisen, sondern auch in anderen gesellschaftlichen „Pockets“ der Macht zu tun: Es ist jener Anspruch auf Deutungshoheit in Kombination mit einer schockierenden Fahrlässigkeit im Umgang mit Werten, die neben der Politik auch den Klerus, die Medien, die Gewerkschaften und andere vermeintlich werteprägende Instanzen unserer Gesellschaft dominiert. Wir finden sie überall, wo „Werte“ auf dem Etikett steht und bei genauerem Hinsehen Machterhalt drin ist. Doch auch hier gilt: Wer sich dem Wandel verweigert, wird scheitern. Immer – mal früher, mal später.

Children of the Revolution

Inzwischen mehren sich täglich die Anzeichen, dass eine Werterevolution nicht nur bevorsteht, sondern bereits begonnen hat. Die Produktivwirtschaft übernimmt dabei einmal mehr eine Vorreiterrolle und entwickelt gegen alle Widerstände Erneuerungstendenzen. Noch sind die Blockaden massiv: Die selbsternannten Bewahrer der Marktwirtschaft sind in Wahrheit ihre größten Feinde. Jene, die immer wieder neu über Werte diskutieren wollen und auf Nebenkriegsschauplätze ausweichen, um sich in eine ethisch unangreifbare Position zu bringen, sind in Wahrheit die größten Feinde jedes freiheitlichen Systems, das auf Werten basiert.

In Wahrheit geht es nämlich gar nicht darum, über Werte zu diskutieren – sondern über den Umgang mit ihnen. Unsere Grundwerte, die über die Kulturgrenzen hinweg weitgehend homogen sind, haben sich durchaus bewährt und eine Renaissance nach der anderen erlebt: Es sind gute Werte, die wir von Kindesbeinen an verinnerlichen. Woran wir immer wieder scheitern ist, dass wir die Deutungshoheit an diesen Werten, die eigentlich der Gemeinschaft dienen sollten, den selbsternannten Eliten ihrer Zeit überlassen. Wir haben sie zurückerobert, jedes Mal – doch der Zyklus Werte-Deutung-Macht-Machtmissbrauch-Revolution war immer wieder der gleiche.

Die ersten explizit formulierten Werte dienten – salopp formuliert – in grauer Vorzeit dazu, einen Haufen Wilder zu domestizieren, die sich noch schwer damit abfinden konnten, den evolutionären Schritt vom Tier zum Menschen geschafft zu haben. Kaum waren diese ersten „Etikette" etabliert und eine Entwicklungsstufe geschafft, gingen die Stammesoberen daran, diese Errungenschaft für ihre Zwecke einzusetzen: Hierarchien wurden gebildet, in denen der Stärkere mit dem Schwächeren prinzipiell machen konnte, was er wollte – er hatte ja die Werte für sich gepachtet und war also grundsätzlich moralisch unantastbar. Bis zur nächsten Entwicklungsstufe, in der die Macht jener Eliten infolge massiven Missbrauchs von der Gemeinschaft wieder eingeschränkt wurde. Die Elite scheiterte, weil sie an ihrem Anspruch festhalten anstatt unter Einschränkung ihrer Macht die nächste Entwicklungsstufe erklimmen wollte. Macht gibt man nicht gern auf; deswegen muss sie in der Regel scheitern, um sich zu entwickeln. In der Wirtschaft ist es nicht anders.

Macht: ein zivilisatorischer Denkfehler

An der Tendenz der Instanzen, auf der bestehenden Entwicklungsstufe stehenzubleiben und ihre Macht verwalten zu wollen, hat sich bis heute wenig geändert. Ebenso wenig erodiert ist jedoch die Kraft der Gemeinschaft: Veränderungen, die eine Mehrheit der Bevölkerung für notwendig hält, werden früher oder später eintreten. Zivilisatorischer Fortschritt ist unausweichlich.

Eine Nummer kleiner: Die Erneuerung eines Systems wie der Wirtschaft eines Landes lässt sich nicht dauerhaft aufhalten. Dennoch verwenden die „Stammesoberen" all ihre Energie darauf, sie zu verhindern oder doch zumindest zu verzögern. Eliten sind vermeintlich die Avantgarde der Gesellschaft; wir vertrauen jeweils für eine begrenzte Zeit darauf, dass sie uns tragende Wände bauen werden. Wir orientieren uns an ihnen als Boten des Fortschritts, wir folgen ihnen als Leitwölfe der Veränderung. Und laufen gegen Wände, ein ums andere Mal, wenn sie erkennen, dass Veränderung die Gefahr des Machtverlusts birgt, und kräftig auf die Bremse treten.

Die bittere Moral von der Geschicht': Macht ist nicht fortschrittlich, sondern per Definition fortschrittsfeindlich, weil auf ihren Erhalt ausgerichtet. Macht ist rückwärtsgewandt. Macht ist agitatorisch. Macht ist opportunistisch. Macht ist unethisch. Wir folgen den Falschen. Der *homo oeconomicus* ist streng genommen ein ziemlicher Neandertaler.

Die Selbstreinigungskraft der Gemeinschaft

Eines jedoch hat sich gewaltig verändert: Die Zyklen von Macht verkürzen sich mehr und mehr. Ungeachtet aller Bremsmanöver der jeweils herrschenden Schicht findet Fortschritt statt – wenn auch weit unter unseren Möglichkeiten. Immerhin hat der Emanzipationswille der Masse uns inzwischen auf ein Niveau gehievt, das uns erlaubt, uns unabhängig von elitären Informationsmedien und Deutungsmustern auf ungeahnte Weise miteinander zu vernetzen. Die Schwarmintelligenz, die sich im Internet und in sozialen Netzwerken bündelt, ist die größte Bedrohung, die Macht jemals hatte. Damit gehen zweifellos große Risiken einher; vor allem aber ist die globale Vernetzung eine gar nicht zu überschätzende Verheißung von Freiheit. Sie ist die ultimative Chance der Gemeinschaft, ihre Werte gegen den Missbrauch durch gesellschaftliche Instanzen zu verteidigen.

Zum ersten Mal in der Geschichte hat die Wertegemeinschaft – im Sinne der Weltgemeinschaft wie auch jeder kleineren, konkreten Werten folgenden Gemeinschaft – die Möglichkeit, sich vorbei an jeder Zensur oder anderweitigen Filterung von Kritik ihrer größten Selbstreinigungskraft zu bedienen: Information und deren grenzenlose Verbreitung. Und es gibt Anlass zur Hoffnung, denn wir machen zunehmend regen Gebrauch von dieser Chance. Mit der Möglichkeit, der gezielten Informationsverbreitung der etablierten Meinungsmacher unabhängige, allein der Aufklärung verpflichtete Informationsströme entgegenzusetzen, wächst auch der Mut, von dieser Möglichkeit Gebrauch zu machen. Damit allein ist die Welt noch nicht gerettet, denn zur Selbstreinigungskraft des Systems ist neben der Information auch die Komponente der Interpretation vonnöten. Zum ersten Mal in der Geschichte jedoch hat jeder vernetzte Mensch der freien Welt von Abu Dhabi bis Zürich die Möglichkeit, diese Interpretation ohne die vorgeschaltete Selektion durch machtorientierte Instanzen selbst vorzunehmen, anstatt sie sich – alten Bildungsmustern entsprechend – durch tendenziöse Auslassungen und Priorisierungen als vermeintliche Information gleich mit andrehen zu lassen. Endlich liegt uns die Art von Information vor, die wahre Aufklärung braucht: diversifizierte Information, die wir selbst empfangen, priorisieren, kombinieren und in ihrer Gesamtheit interpretieren können. Diese Interpretationsfähigkeit zu schulen ist deshalb der vordringliche Auftrag von Bildung – hier und heute. Vor allem aber ist die Beteiligung an diesem Prozess Bürgerpflicht.

Die ethische Renaissance der Information

Die neue Aufklärung ist bereits in vollem Gange. Inzwischen erreicht uns täglich eine Flut von Meldungen, die den Missbrauch der Deutungshoheit seitens jener zum Gegenstand haben, die qua Definition explizit eben jenen Werten verpflichtet sind, die sie in der Praxis unablässig mit Füßen treten. Noch vor wenigen Jahren wären diese Verstöße gegen die ethischen Verpflichtungen von Macht in den meisten Fällen unentdeckt geblieben. Dank der technischen und sozialen Vernetzung der Wertegemeinschaft finden sie heute immer schneller den Weg an eine immer breiter werdende Öffentlichkeit. Die implizite Warnung der Gemeinschaft an die Zirkel der Macht ist unüberhörbar geworden: Machtmissbrauch bleibt kein Geheimnis mehr. Er wird aufgedeckt, er findet die Aufmerksamkeit der Öffentlichkeit, er lässt sich nicht mehr unter den Teppich kehren. Und er wird geahndet: Wer die Werte mit Füßen tritt, für die er steht, muss sich immer öfter an ihnen messen und von der betrogenen Gemeinschaft abstrafen lassen. Die globalen Protestaktionen gegen Banken und Wirtschaftspolitik im Herbst 2011 sind ein Indiz dafür.

Die Krise der Ethik liegt offen auf dem Tisch. Sie wurde herbeigeführt durch jene Instanzen, die eigentlich ihrem Schutz und ihrer Pflege verpflichtet sind. Die Folgerung liegt nahe, dass die Ethik, wie wir sie kannten, nichts anderes mehr ist als ein Konstrukt der Eliten – bis zur Unkenntlichkeit abstrahiert von den freiheitlichen, demokratischen und humanistischen Werten, denen sie eigentlich dienen sollte. Es wird höchste Zeit, dass wir als soziale Gemeinschaft im Kleinen wie im großen Ganzen unsere ureigenen Werte aus jenem schadhaften, machtbesetzten Konstrukt von Ethik zurückerobern.

Die härtesten aller Erfolgsfaktoren

Die Bedeutung von Werten wird besonders in der Wirtschaft aufgrund ihres Interpretationsspielraums gern als weiches Thema abgetan und ist innerhalb ihrer verschiedenen Reibungsflächen in Unternehmen zum Spielplatz für alle möglichen Installationen und Experimente geworden. Im Unternehmenskontext gelten Werte viel zu oft noch immer als Erfolgsfaktor zweiter Klasse. Aus der Unternehmenskommunikation sind sie inzwischen nicht mehr wegzudenken, doch im Kontext von Führung dienen sie meist eher als Feigenblätter denn als definierende Motivatoren: Beinahe jedes Unternehmen hat sich inzwischen ein Leitbild angeklebt, das statistisch ermittelte Kunden- und Mitarbeiterwünsche befriedigen soll. Die Werte, die dort propagiert werden, sind jedoch viel zu häufig dehnbar und unkonkret und entziehen sich der Überprüfbarkeit. Im schlimmsten Fall dienen sie dazu, von Missständen oder gar Machtmissbräuchen in der Unternehmensführung abzulenken. Viel zu selten werden sie tatsächlich gelebt, prägen die Leitgedanken von Management und Führung oder definieren gar bis ins Detail Kernprozesse.

Womit die „alte Schule“ der Wirtschaft beschrieben wäre: Sie schert sich einen Dreck um das wahre Potenzial von Werten, denn sie hat sich der bequemen Steuerung durch manipulierbare Kennzahlen verschrieben. Sie begeht die gleichen Fehler wie jene Politik, die den Missbrauch der Werte vorlebt. Das liegt in erster Linie daran, dass die Vertreter dieser alten Businessethik der Macht sehr nahestehen. Entweder arbeiten sie unmittelbar in ihrem Sinne und Auftrag, oder sie orientieren sich an deren „elitären“ Methoden.

Vom Ende der alten Schule

Doch auch in der Wirtschaft sind die ertragreichen Zeiten der Wertemanipulation endlich. Unternehmen, die sich auf so errungenen Erfolgen ausruhen und die Kernaufgaben von Wirtschaft – gesellschaftlichen Wohlstand und Fortschritt – vernachlässigen, vergeben damit ihre Chance, an den Märkten der Zukunft zu bestehen oder überhaupt nur anzukommen. Diese Schule der Unternehmensführung, die es offiziell nie gegeben hat und die in der Masse der Unternehmen dennoch bis heute federführend ist, ist dem Untergang geweiht.

Die erfreuliche Nachricht ist also: Mit dem Ende der Ära der Geheimniskrämer wird auch die alte Schule der machtmissbräuchlichen Unternehmensführung zu Grabe getragen werden. Ihr Untergang geht Hand in Hand mit dem Verlust der Glaubwürdigkeit jener, deren Methoden des Wertemissbrauchs sie folgen.

Korruption, Lobbyismus und Egospielchen sind nichts anderes als Symptome eines falschen oder gar eines fehlenden Wertebewusstseins.

Keinesfalls der Skepsis anheim geben müssen wir dagegen den Kapitalismus und die Marktwirtschaft. Im Nachgang der Finanzkrise wurden besonders hierzulande schnell Stimmen laut, die ein Maximum an Regulierung einforderten. In Amerika stellt man dieser Generalkritik jedoch die Alternativlosigkeit des Kapitalismus und dessen Potenzial auch zu tugendhaften Erneuerung gegenüber: „Wir müssen den modernen Kapitalismus nicht bremsen oder verändern, damit er gut wird“[7], zitierte das Handelsblatt noch im Verlauf der Krise die Ökonomin, Historikerin und Philosophin Deidre McCloskey aus Chicago.

Die folgenden Kapitel beleuchten, welchen Schaden die Wertemanipulatoren an der Ethik angerichtet haben und zeigen, wie sich dieser Schaden auf die Gesellschaft im Ganzen, aber auch auf die Zentren der Wirtschaftskraft ausgewirkt haben. Sie decken auf, wie jeder Einzelne von uns unter der Wertearmut der Systeme leidet. Im Zeichen der neuen Aufklärung, die die Vernetzung der Wertegemeinschaft ermöglicht, werde ich Ihnen anhand von Beispielen zeigen, wie wir von der Manipulation unserer Grundwerte beeinflusst werden und unwissentlich an den Spielchen der Macht teilhaben.

Denn auch diese Erkenntnis gehört zu den Grundbedingungen jeder Erneuerung: Nur wenn wir erkennen, wie wir selbst ein korruptes System unterstützen, können wir damit aufhören. Nur, wenn wir damit aufhören, können wir an der ethischen Erneuerung teilhaben. Nur, wenn wir an ihr teilhaben, können wir weiterhin jene Werte für uns in Anspruch nehmen, die durch vielfältigen Missbrauch akut bedroht sind und die den Kern der freien Wirtschaft und des Unternehmertums bilden: Freiheit, Fortschritt, Selbstverwirklichung. Diese Werte werden sich durchsetzen, und der Wandel ist bereits im Gange. Wer ihn mitgestaltet, genießt alle Erfolgschancen der freien Marktwirtschaft. Wer sich ihm widersetzt, wird scheitern. Mancher Politiker, mancher Kirchenobere, mancher Konzernboss jedoch verhält sich noch immer, als hätte er sich bereits für den Untergang entschieden.

Die folgenden Kapitel singen das Grablied der alten Schule.

02 Die Krise der Ethik: Wie die Eliten unsere Werte missbrauchen

Politik: ein Streit der Interessen, der sich als Wettstreit der Prinzipien ausgibt. [Ambrose Bierce]

Die Ethik, wie wir sie kennen, ist überholt. Sie wurde von Instanzen geprägt, die sie täglich verraten: von der Kirche ad absurdum geführt, von der Politik verkauft, und in der Wirtschaft von Marketingstrategen zum Feigenblatt pervertiert. Sie ist nicht mehr die Quelle, sondern das Grab der Werte, für die sie einmal stehen sollte – aufgeklebt, antrainiert, extrinsisch motiviert. Die Ethik ist eine Schimäre: ein überholtes, sinnentleertes Denkmodell, ein leeres Gefäß, das die Lobbyisten und Vatikane dieser Welt mit ihrem autoritären Rhetorikarsenal befüllen und eigennützig und aufwieglerisch gegen die Interessen der Gemeinschaft einsetzen, die sie eigentlich befrieden sollte. Sie ist missbraucht und pervertiert worden. Sie ist zum Opfer und zum Instrument der Mächtigen geworden. Die Ethik unserer Zeit ist ein einziger gewaltiger Irrtum.

Der Großteil der deutschen Bevölkerung hat keinen oder wenig direkten Bezug zu den Kreisen, die unsere bestehenden Wertevorstellungen prägen: zu Kirche, Politik und Wissenschaft. Dementsprechend haben auch die wenigsten von uns das Gefühl, an der Prägung gesellschaftlicher Werte teilzuhaben oder auch nur eine Chance zu einer solchen demokratischen Mitsprache zu besitzen. Wohl aber hat jeder von uns ein mehr oder weniger ausformuliertes persönliches Verhältnis zu den Werten, für die er ganz individuell steht: in der Familie, im Beruf, in der Beziehung und in jeder anderen Form von Gemeinschaft, in der unsere Werte täglich auf dem Prüfstand stehen. Eine der wenigen Gelegenheiten, bei denen wir als Bürger unmittelbaren Einfluss auf die Zusammensetzung jener Instanzen und der Werte haben, für die Politiker einstehen, sind Wahlen. Schaut man sich Parteiprogramme gezielt daraufhin an, welche Parteien für welche Werte stehen, und misst man diese Werte an der Realpolitik ihrer gewählten Vertreter, ist es kein Wunder, dass die Bevölkerung an ethische Versprechen schon längst nicht mehr glauben mag. Ähnlich verhält es sich mit den Werten der Kirche, dem ursprünglichen Epizentrum der westlichen Werteprägung. Würden wir uns als Einzelne so verhalten wie so mancher Vertreter dieser hohen Häuser, wäre Gomorrha inzwischen zum Urlaubsparadies avanciert.

Während die selbsternannten Verkünder des Wertekanons unverdrossen an ihrem Machterhalt arbeiten, ist den Menschen durch den Werteverfall ein gewaltiger Verlust entstanden: Sie finden keinen moralischen Halt und – mindestens genauso dramatisch – keine Vorbilder mehr dort, wo ihre Werte früher eine Heimat hatten: in der Kirche, beim Staat, an ihren Arbeitsplätzen. Sie haben keinen Grund mehr, jenen über den Weg zu trauen, die ihnen unverzagt erklären wollen, nach welchem Wertekodex sie sich zu richten haben, um glücklich und im besten Falle auch noch erfolgreich zu werden – oder doch zumindest ein einigermaßen unbeeinträchtigtes Leben führen zu können.

Der Grund für all das ist so simpel wie erschreckend und in den letzten Jahren an jedem beliebigen Tag und mit stetig steigender Frequenz aus den Schlagzeilen ablesbar: Politiker, Bischöfe und andere Personen der öffentlichen Wahrnehmung predigen in der Öffentlichkeit vermeintlich populäre Werte und haben gleichzeitig einen regelrechten Sport daraus gemacht, diese Werte nach allen Regeln der Kunst mit Füßen zu treten.

Das liegt daran, dass – im Gegensatz zu werteprogressiven Trends in der Gesellschaft – verwaltete Interessengruppen wie die Kirche oder ein auf überholten bürokratischen Strukturen beruhender Apparat wie die Bundesregierung mit ihren Ministerien in ihrer ideologischen Grundausrichtung stehengeblieben sind, weil jene alten Kodizes und föderalistischen Strukturen die Grundlage ihrer Macht bilden. Würden sie sich der Bevölkerungsdynamik und deren veränderten Wertevorstellungen in ihrer Entwicklung anpassen, kämen die meisten dieser Instanzen in ihrer derzeitigen Verfasstheit in ernsthaften Legitimationszwang.

Also tun sie das einzige, was ihnen im Sinne des Machterhalts übrig bleibt: Sie täuschen und mogeln, dass sich die Balken biegen. Wer sich einem neuen Wertebewusstsein nicht anpassen kann, ohne die eigene Existenzberechtigung in Frage zu stellen, gaukelt durch mehr oder weniger geschickte Öffentlichkeitsarbeit eben vor, am Puls der Zeit zu sein – nur um hinter den Kulissen genau so weiterzumachen wie seit Jahrzehnten, wenn nicht Jahrhunderten. Als hätte sich die deutsche Gesellschaft in ihrer demografischen Zusammensetzung seit der Gründung der Bundesrepublik nicht verändert. Als wäre die Globalisierung ein Mythos, der gar nicht stattfindet oder sich zumindest in seiner gesellschaftlichen Dynamik von Bürokraten steuern ließe. Als hätten die Deutschen nicht schon mehrfach unter Beweis gestellt, dass sie in der Lage sind, sich einem Wertediktat zu entziehen und ihre Gesellschaft auf demokratische Art und Weise zu erneuern.

Die Ethik hat sich längst dem Machterhalt unterordnen müssen. Sie ist zur bloßen Marketingstrategie verkommen, zum Feigenblatt der Wertemissbräuchler. Gepredigt wird sie in diesen Tagen, ganz besonders seit der Finanzkrise, mehr denn je. Vorgelebt wird sie uns nur noch äußerst selten. Die Haltlosigkeit, die das bei vielen in der Bevölkerung auslöst, kann gefährliche Blüten treiben – nicht jeder ist der Herausforderung gewachsen, sich enttäuscht von alten Vorbildern abzuwenden, ohne einem alternativen, vielleicht noch gefährlicheren Prediger zu verfallen.

Die vermeintliche Sehnsucht nach „alten Werten“

Thilo Sarrazin ist ein solcher Prediger – wenn auch nur einer von vielen. Er macht sich mit seinen Thesen[8] den Werteverfall der

Instanzen auf besonders perfide Weise zunutze: indem er den Werteverfall nicht den staatlichen Institutionen, für die nicht zuletzt er selbst steht, sondern der Bevölkerung unterstellt. Weil die Gemeinschaft als Ganzes anzugreifen unpopulär wäre, finden wir bei ihm allerlei krude Theorien über soziale Gruppen, die am wenigsten wehrhaft, weil aus der demokratischen Meinungsbildung weitgehend ausgegrenzt sind, und schiebt ihnen exemplarisch den schwarzen Peter unter.

Das ist keineswegs clever oder gar mutig, sondern ein Paradestück an Feigheit und Wahrheitsverdrehung. Aus Sicht der alten Schule, die sich unverändert im Besitz der ethischen Deutungshoheit glaubt, eine leichte Übung: Man nutze die Haltlosigkeit der Bevölkerung, indem man ihr ein Feindbild präsentiert und damit von den eigenen Versäumnissen ablenkt. Man argumentiere das ethische Vakuum, das man selbst mitverursacht hat, durch den blödsinnigen Vorwurf, dass Teile der Bevölkerung den alten Werten abgeschworen hätten. Man streiche für diese Diffamierung neben einer satten Entschädigung für den in peinlicher Berührtheit eilends entzogenen Bundesposten auch noch den Ruf eines Hohepriesters der Ethik ein, und mache sich somit zum moralischen Sieger in einer Debatte, die außer ihrem Initiator faktisch nur Opfer kennt. Sein Erfolg ähnelt dem eines heiligen Krieges: vorgeblich im Namen einer Religion alle anderen überrannt zu haben und das als moralischen Sieg auszugeben, weil in großen Buchstaben „Wertebewahrung“ auf der Fahne steht. Aber auch nur da.

Der perfideste Schachzug Sarrazins jedoch ist es, den Werteverfall jenen anzulasten, die seine eigentlichen Leidtragenden sind. Man muss ein sehr hohes Ross besteigen, um die tatsächlichen Mechanismen der Werteprägung zu ignorieren: Nicht die Bevölkerung muss jenen Werte vorleben, die sich ihrem Schutz verpflichtet haben, sondern umgekehrt. Wer von den Menschen, auf deren Wohlergehen er einen erheblichen Einfluss hat (oder haben könnte), verlangt, sie mögen im Winter die Heizung ausschalten und sich einen Pullover mehr anziehen[9], und dann mit allen Mitteln seine Entschädigung und eine horrende Beamtenrente aus Steuergeldern durchsetzt, der hat jegliches Wertebewusstsein längst verloren. Wenigstens, als er untragbar geworden war, hätte Sarrazin gehen können; doch er tat es erst, als die Bundesbank ihm den Rücktritt mit einer höheren Pension schmackhaft machte, wie die *Zeit*[10] berichtete. Thilo Sarrazin ist das Inbild eines ethikfreien Demagogen, der Werte predigt und Werteignoranz vorlebt. Thilo Sarrazin ist ein Blender. Thilo Sarrazin ist ein Feind der Ethik.

Thilo Sarrazin ist letzten Endes harmlos. Denn er hat weder Werte im Angebot, noch lebt er den Menschen etwas vor, das nachzuahmen sich für sie lohnen würde. Er wird als Fußnote des Personality Marketings in die Geschichte eingehen, und das war's dann. Folgen wird ihm niemand – wohin denn auch? Die Demokratie in Deutschland hält ein paar abgedrehte Thesen gut aus, wie Stephan Hebel in einem Leitartikel der *Frankfurter Rundschau*[11] richtig feststellte.

Die vermeintliche „Sehnsucht nach alten Werten“[12] nämlich, die Menschen wie er sich zunutze machen, ist ein Mythos. Dass es so etwas wie „alte Werte“ nicht gibt, zeigt sich schon allein daran, dass scheinbar niemand in der Lage ist, an ihrer Stelle „neue Werte“ auszumachen. Die Menschen wünschen sich keine „alten Werte“ zurück; sie wünschen sich einfach, dass Grundwerte endlich gelebt werden. Genau das zu tun anstatt sie heimlich auszuhöhlen wäre in einer perfekten Welt zuallererst die gesellschaftliche Verantwortung derer, die öffentlich wahrnehmbar sind; die Verantwortung der selbsternannten, und noch viel mehr die der gewählten Eliten. Es wäre die Verantwortung gewesen – ja, auch von Thilo Sarrazin.

Nehmen Politiker und andere Amtsträger diese Verantwortung nicht wahr, finden die Menschen andere Wege, ihre Wertevorstellungen als Gemeinschaft zu leben und zu verteidigen – wenn nötig an den Scheineliten vorbei. Und das ist gut so, denn ohne diese antiautoritäre gesellschaftliche Dynamik hätten wir in Deutschland längst weit größere Probleme als Finanzkrisen oder überdimensionierte Bahnhöfe.

Schäfchen, allein unter Wölfen

Dass die Deutschen sich keineswegs scheuen, ethische Verstöße auf Instanzenseite abzustrafen, ist in aller Deutlichkeit an den Mitgliedsstatistiken der katholischen Kirche der Jahre 2009 und 2010 ablesbar.[13] Seit der Aufdeckung des Missbrauchsskandals sind im Jahr 2010 47 Prozent mehr Menschen aus der katholischen Kirche ausgetreten als im Jahr zuvor.[14] Erstmals verließen 2010 innerhalb eines Jahres mehr Angehörige die katholische Kirche, als im selben Zeitraum neu getauft wurden. Das ist nicht nur ein Signal für verfehlte Kirchenpolitik; es ist ein Zeichen eines wachsenden Wertebewusstseins.

Ein abstoßenderes Beispiel für den Missbrauch vermeintlicher moralischer Unantastbarkeit als der Missbrauch von Kindern und Jugendlichen ausgerechnet durch die Hüter der religiösen Moral ist nicht vorstellbar.[15] Insbesondere gilt das im Fall führender Angehöriger einer Glaubensgemeinschaft, die vehement auf die Unantastbarkeit der sexuellen Normierung ihrer Gläubigen pocht. Wo die Mehrzahl der Katholiken sich längst der Wertedynamik einer durch soziale Vernetzung und Heterogenität gekennzeichneten Gesellschaft angeschlossen und nun täglich mit der religiösen Legitimation ihrer Lebensweise zu kämpfen hat, haben die Vorbilder jener Gemeinschaft jahrzehntelang und in massenhaftem Ausmaß selbst die grundlegendsten Werte, die sie ihren Schäfchen predigen, mit Füßen getreten. Es sind keine katholischen Werte, die hier verletzt wurden; es sind grundlegende Werte der Menschlichkeit. Und es sind Werte, die nicht zuletzt in jenen Gesetzen unseres Landes verankert sind, die über alle religiösen und politischen Fragestellungen hinweg zu Recht als unantastbar gelten dürfen.

Die Austrittszahlen aus den katholischen Kirchen könnten böse Zungen als ein weiteres Zeichen für den Werteverfall unserer Gesellschaft deuten. Dass die Zahlen in dieser Dramatik jedoch klar mit dem Missbrauchsskandal in Verbindung gebracht werden können[16], zeigt, dass es sich um das genaue Gegenteil handelt:

Es ist ein Signal für das Wertebewusstsein in unserem Land, und in diesem Fall insbesondere für die Wertetreue einer bestimmten Glaubensgemeinschaft, die im Gegensatz zu ihrer geistigen Führer unkorrumpierbar zu sein scheint. Ähnlich wie bei der Debatte um Zuwanderung und demografische Entwicklungen im Zuge der Sarrazin-Affäre zeigt sich auch hier wieder: Der eigentliche Werteverfall hat nicht aufseiten der Bevölkerung stattgefunden, sondern aufseiten der Instanz, die tatsächlich einer bestimmten Ethik verpflichtet ist und diese aufs Schamloseste für Partikularzwecke missbraucht hat.

Und noch eines zeigt die Statistik: Gäbe es eine Sehnsucht nach „alten Werten" in unserem Land, müssten die Mitgliedszahlen der katholischen Kirche, oder doch zumindest irgendeiner Kirche, durch die Decke gehen. Das Gegenteil ist der Fall.

Politik ist, wenn die Werte auf Eis liegen

Politische Ämter gehen mit einer klaren Verpflichtung, und nur dieser, einher: die Vielfalt der Bevölkerung eines Landes, von der sie gewählt wird, zu vertreten und die Rahmenbedingungen für ein friedliches gesellschaftliches Miteinander zu schaffen, das den Bewohnern einer freien Gesellschaftsordnung zusteht. Dazu gehört die Verantwortung, sich der werteprogressiven Dynamik zu stellen, die der demografische, soziologische und psychosoziale Wandel jener Gesellschaft mit sich bringt.

Mit anderen Worten: Wenn die Hälfte der Bewohner eines Landes plötzlich beschließt, sich rote Clownsnasen aufzusetzen, dann hat die Politik diese Entscheidung zu respektieren und die Rahmenbedingungen für das Tragen roter Clownsnasen im öffentlichen Raum zu schaffen. Und zwar für die Männer genauso wie für die Frauen.

Klingt banal? Schön wär's. Das Maximum an Werteperversion, das die deutsche Politik aktuell zu bieten hat, ist der Missbrauch von Werten, die man sich vor Jahrzehnten auf die Fahnen geschrieben hat um zu verhindern, das ein ganz anderer Wandel politisch beachtet wird. Einer, der seitdem notwendig geworden ist, weil die Vorzeichen sich verändert haben. Im Fall der geschassten Gleichstellungsbeauftragten von Goslar[17] wurden Werte, die man als progressiv betrachtet, dazu verwendet, die Beachtung noch weiter fortgeschrittener gesellschaftlicher Entwicklungen im Keim zu ersticken und die verantwortliche Politikerin mit dem Vorwurf der Werterückständigkeit aus dem Amt zu jagen. Klingt kompliziert? Ist es auch – geradezu lächerlich um die Ecke gedacht.

Die ehemalige Gleichstellungsbeauftragte der Stadt Goslar, Monica Ebeling, hatte sich neben der Gleichstellung von benachteiligten Frauen nämlich auch der Gleichstellung von benachteiligten Männern verpflichtet gefühlt. Grunddemokratisch angesichts der Bezeichnung ihres Postens, sollte man meinen. Ihre Kolleginnen Frauenpolitikerinnen im Stadtrat von Goslar sahen das scheinbar etwas anders und erklärten, Ebeling wolle die „Benachteiligung von Männern aufzeigen und beseitigen – dies ist nicht unser politischer Wille“[18].

Man darf wohl fragen, was der politische Wille der Zepter schwingenden Politikerinnen von Goslar sein mag. Ein gesellschaftliches Klima, in dem die Männer den Frauen unterzuordnen sind? Das allerdings würde dem Wert der Gleichstellung vehement widersprechen.

Natürlich ist es den Politikerinnen in diesem wie in vielen anderen Fällen von weitaus größerer politischer Tragweite ein leichtes, ihre Handlungsweise pseudoethisch zu argumentieren: Der Wert der Gleichstellung gilt schließlich seit Jahrzehnten als unantastbar (gut soweit) und ist deshalb zum moralinsauren Totschlagargument avanciert. Augenfällig ist in diesem Fall jedoch der Eindruck, dass es bei der Entsorgung der ungeliebten Kollegin um ganz andere Dinge ging als um den Wert der Gleichstellung. Stattdessen ging es scheinbar um die Verhinderung von Gleichstellung so, wie sie im Jahre 2011 in der Stadt Goslar und vielen anderen deutschen Städten notwendig wäre. Gleichstellung, wie sie ethisch korrekt und der gesellschaftlichen Wertedynamik angemessen wäre – aber eben nicht so, wie sie politisch gewollt ist. Dass es bei der Kündigungsaffäre möglicherweise nicht einmal darum ging, sondern um persönliche Differenzen, die mittels politischer Gebietsbereinigung auf dem Rücken der Ethik ausgetragen wurden[19], spielt da schon beinahe keine Rolle mehr.

Abgeschafft wurde offiziell eine Gleichstellungsbeauftragte, die sich der Gleichstellung verpflichtet fühlte, weil sie gegen das Wertetikett der Gleichstellung aus jenen Zeiten verstoßen hat, in dem Gleichstellung als Legitimationsinstrument bestimmter politischer Gruppen etabliert wurde. Geradezu absurd kompliziert ist das. Geradezu absurd ist das, basta. Wie so viele Wertethemen hinkt eben auch die Gleichstellung in der Politik der gesellschaftlichen Realität um Meilen hinterher – wird aber noch immer inflationär als progressiver Wert hochgehalten, wenn es um die Legitimation von Partikularinteressen politischer Amtsträger geht.

Die Affäre um Monica Ebeling ist an dieser Stelle ein kleines Beispiel für den täglichen Ethikmissbrauch in der Politik. Natürlich gibt es genügend Beispiele mit weitaus dramatischeren Auswirkungen auf Bundesebene. Und doch ist der Fall Goslar in seinem Aberwitz besonders charakteristisch für den Missbrauch von Werten als Feigenblätter rückständiger Politik, weil hier Lokalpolitikerinnen weitgehend unmaskiert ihre Willkür auslebten, die – bis dahin – nicht so stark unter Beobachtung standen wie etwa Angehörige der Bundesregierung. Auf dieser Ebene freilich wird es noch ernster, wenn Werte missbraucht werden, um politische Macht zu legitimieren – denn genau das geschieht täglich, und immer öfter werden wir Zeugen solcher Skandale, von denen noch einige in diesem Buch Erwähnung finden.

Lobbyismus: Die Fortsetzung der Politik mit anderen Mitteln

Nur am Rande sei an dieser Stelle erwähnt, was an anderer Stelle noch eingehend behandelt wird: Die Spitzen der deutschen Wirtschaft, insbesondere der Hochfinanz, haben sich bezüglich ihres Umgangs mit Werten im Zuge der Ausdifferenzierung der föderalistischen Strukturen in Deutschland über die letzten Jahrzehnte hinweg eine dicke Scheibe von der Politik abgeschnitten. Was heute Wirtschaftsethik heißt, darf getrost als Werkzeugkoffer des Lobbyismus betrachtet werden – nicht selten kommt Ethik inzwischen sogar als schamlos ausgeweidete Marketingstrategie daher. Der Milliardenkonzern BP etwa wirbt mit Floskeln wie „saubere Kraftstoffe" und protzt allen Ernstes damit, in den „nächsten zehn Jahren insgesamt eine Milliarde US-Dollar"[20] in den Bereich Biokraftstoffe zu investieren. Allein im ersten Quartal 2010, noch in der Erholungsphase von der Finanzkrise, machte der Ölkonzern einen Gewinn von 5,6 Milliarden US-Dollar.[21]

Auch hier ist der Eindruck nicht von der Hand zu weisen, dass sich hochrangige Vertreter der Wirtschaft an dem orientiert haben, was die Vertreter der Politik in unserem Land – wie in vielen anderen – vorleben. Die Mechanismen des Erfolgs gleichen nicht zufällig denen, die auch in der Politik wirksam sind. Viel zu häufig hat das eine sogar mit dem anderen zu tun.

Der Atomausstieg liefert dafür ein besonders plastisches Beispiel. Kaum hat nach den Vorfällen in Fukushima die Bundesregierung unter Zugzwang die Energiewende beschlossen[22], werden in den politischen Fraktionen die Gegenstimmen laut. Hier lässt sich gut nachvollziehen, wie stark Politik und Wirtschaftsmacht miteinander verkettet sind: Die Bundesregierung lässt sich vorgeblich von unabhängigen Experten beraten, um den Atomausstieg wirtschaftlich verträglich zu gestalten.

Ein Blick auf die Liste der Redner bei den ersten diesbezüglichen Anhörungen vor dem Kabinett im Juni 2011 lässt erahnen, um wessen Interessen es wirklich geht, wenn darüber verhandelt wird, wie die künftige Energiepolitik den Bürgern unter dem Deckmantel von Werten wie „Sicherheit" und „Umweltschutz" verkauft werden sollen: „In beiden Anhörungen sollen Stefan Kohler,

Chef der halbstaatlichen Deutschen Energieagentur (Dena), und Hildegard Müller, Chefin des Bundesverbands der Energie- und Wasserwirtschaft (BDEW), Rede und Antwort stehen. Während bei Müller klar ist, dass sie Lobby-Interessen vertreten muss, gilt Kohler als unabhängiger Experte. Das stimmt für Kohler aber ebenso wenig wie für Joachim Knebel vom Karlsruher Institut für Technologie (KIT), den die FDP geladen hat. Der Etat von Kohlers Dena wird nicht unwesentlich von den großen Energiekonzernen bestritten. Im Aufsichtsrat sind das Wirtschafts- und das Umweltministerium vertreten, doch Kohler hat in den vergangenen Jahren Positionen eingenommen, die seinen Geldgebern genutzt haben. ... Der Experte Knebel wiederum spricht für das ehemalige Kernforschungszentrum Karlsruhe. Das KIT ist oder war Mitglied in nahezu allen Lobbyorganisationen der Atomwirtschaft."[23]

Geschickt vertuschter Lobbyismus ist nur eine von vielen ethischen Verfehlungen der Politik und der Wirtschaft gleichermaßen. Er ist jedoch eine, die in besonderem Umfang und unter dem Deckmantel des Schweigens stattfindet. Jeder weiß, dass es ihn gibt, und doch weiß kaum jemand, wie er funktioniert – weil Lobbyisten entweder ganz und gar unsichtbar bleiben, oder sich durch pseudoethisches Marketing in Wertediskussionen einbringen, die zur Ablenkung von ihren äußerst unethischen Geschäftspraktiken dienen. Wenn solche Praktiken gezielt durch die Politik befördert werden und ganze Konzerne zum Erfolg führen, ist es nicht verwunderlich, dass derartige Methoden sich noch bis in die kleinsten Verästelungen von Unternehmensstrukturen fortsetzen, unter denen letztlich noch der einzelne Angestellte zu leiden hat.

Was über Jahrzehnte hinweg unter dem Deckmantel des Schweigens im großen Stil betrieben werden konnte, kommt heute allerdings vermehrt ans Licht der Öffentlichkeit. Meldungen über Korruptionsskandale sind inzwischen auch im Wirtschaftsteil der Zeitungen an der Tagesordnung. Immer geht dabei der Schaden zu Lasten des gesellschaftlichen Wohlstands, oft genug aber auch zulasten der Wohlstands des Einzelnen; um individuelle wie gemeinschaftliche Sicherheit. Gespielt wird in jedem Fall mit den Werten, die die gesellschaftliche Aufgabe von Wirtschaft wie von Politik ausmachen.

So ist es nicht verwunderlich, dass die Wirtschaftsethik mehr noch als die Ethik anderer gesellschaftlicher Bereiche in diesen Tagen als Widerspruch in sich betrachtet wird: Wirtschaft und Ethik, das bringt in der Öffentlichkeit kaum noch jemand zusammen. Die Krise der Ethik findet ihr Epizentrum in der Krise der Wirtschaftsethik.

Und doch liegt meine Hoffnung für die Ethik inmitten ihrer Krise nicht zuletzt genau hier: in der Wirtschaft. Bevor wir uns jenen Funken der Hoffnung inmitten des Gerölls der Wirtschaft alter Schule zuwenden, gilt es allerdings noch genauer hinzuschauen, wie die Vertreter jener alten Schule unseren Unternehmen täglich Schaden zufügen. Das geschieht nämlich schon weit unterhalb der Ebene des wirtschaftspolitischen Lobbyismus, in Unternehmen aller Art, tagtäglich, in unser aller Umfeld, innerhalb unseres persönlichen Radars. Nur hinschauen müssen wir selbst.

03 Management: Ein Missverständnis

Ein wahrhaft großer Mann wird weder einen Wurm zertreten noch vor dem Kaiser kriechen. [Benjamin Franklin]

Begleiten Sie mich in die Geisterbahn der alten Schule der Unternehmensführung: Willkommen in den ethischen Untiefen des seelenlosen Managements. Willkommen in einer Arbeitswelt, die – unter dem Radar der öffentlichen Wahrnehmung – selbst inmitten von Finanzkrisen und Aufruhr an den Märkten noch heute für Millionen von Arbeitnehmern an der Tagesordnung ist.

Low Performers: Die Pockets der Schnarchnasen

Wenn Bruno M., Sachbearbeiter in der Verwaltung eines großen deutschen Industriekonzerns, morgens zur Arbeit geht, könnte er genauso gut direkt in den Park gehen und sich in die Sonne legen – der Effizienzgewinn seiner Firma wäre in etwa der gleiche. Bruno M. trinkt erst einmal einen Kaffee, und plaudert in der Teeküche eine Runde mit der attraktiven Sekretärin. Dann beantwortet er einige aufgelaufene Korrespondenz (von der Vorwoche) mit Rückfragen, ohne auch nur die fraglichen Akten zu konsultieren. Nach seiner Mittagspause telefoniert er ausgiebig mit seiner Frau, bevor er zwei Stunden lang veraltete Vorgänge aussortiert. Schließlich verbringt er die restliche Zeit bis zum Feierabend damit, sein E-Mail-Postfach aufzuräumen, weil die IT-Abteilung wegen knapper Serverkapazitäten alle Angestellten dazu aufgefordert hat. Dann geht Bruno M. nach Hause.

Überspitzt? Vielleicht. Unrealistisch? Keineswegs. Solche Schnarchnasen wie Bruno M. bremsen die Effizienz unserer Wirtschaft auch heute noch in ungeahntem Ausmaß – sie sind ein Fossil jahrzehntealter, grob hierarchischer Unternehmensstrukturen, die in Großkonzernen vielerorts noch immer unverändert an der Tagesordnung sind.

Selbst Krisen und schlechte Auftragslagen können dieser Sorte Mitarbeiter in der Regel nichts anhaben – sie kleben wie angewachsen in ihren Pockets im Schatten der Produktivkraft, weil sie völlig unauffällig bleiben und selten Rechenschaft ablegen müssen. In der Regel halten sie jene Abteilungen besetzt, die selbst die toughste Geschäftsführung gern ignoriert, weil sie Bereiche betrifft, die vermeintlich keinen Effizienzgewinn bringen, sondern dem bloßen bürokratischen Funktionieren von Unternehmen dienen. Eine Self-fulfilling Prophecy: Die Mitarbeiter in diesen Zeitlupen-Pockets setzen schließlich auch alles daran, dass das so bleibt.

Low Performance als Lebensaufgabe

Da die Low Performer bevorzugt in wenig kontrollierten Arbeitsbereichen sitzen, sind solche Abteilungen oft regelrechte Horde der Faulheit. Diese Zusammenrottungen entstehen keineswegs zufällig, sondern habe meist mit dem Charakter der Arbeit zu tun, die aufgrund überholter Unternehmensstrukturen in den fraglichen Abteilungen anfällt: „Drückebergerei ist ... verbreitet, wo es Mobbing gibt, Leute gefrustet und lustlos sind und keine interessanten Aufgaben haben. Mit einem weiteren Modewort heißt ein solches Syndrom dann ‚Boreout', nicht zu verwechseln mit Burnout – die Leistung sinkt aus Langeweile statt durch das Ausgebranntsein. Häufig seien das Bereiche, die wenig Veränderung erleben, in denen die Mitarbeiter alles ‚schon immer so gemacht' haben und sich in ihrer Position sehr sicher fühlen"[24], zitiert *Spiegel online* die Karriereberaterin Doris Brenner.

Selbst wenn man ihnen auf die Spur käme: Meist sind diese Kollegen mit ihrer Minderleistung so lange unter dem Radar durchgetaucht, dass ihre Dienstjahre das Unternehmen im Falle einer

Kündigung empfindlich teuer zu stehen kämen – teurer manchmal, als ihr Gehalt die paar Jahre bis zur Rente noch weiterzuzahlen. Und bis dahin haben sie genügend Zeit, Jüngere in ihren Club aufzunehmen.

Von Leidenschaft für den Job kann bei diesen Arbeitnehmern meist keine Rede sein. Das ist allerdings auch nie ihr Ziel gewesen: Angestellte wie diese suchen sich ihren Arbeitsplatz, sogar ihren Beruf gezielt daraufhin aus, dass sie mit möglichst wenig Aufwand bei möglichst hohem Gehalt einen maximal sicheren Posten bis zur Rente einfach blockieren können. Ihnen geht es nicht um die Ziele des Unternehmens, persönliche Bestätigung oder gar Erfüllung im Job – ihnen geht es einzig und allein um Absicherung. Und es gibt in den meisten Großkonzernen der alten Schule in Deutschland genügend Nischen, in denen diese Schnarchnasen die Zeit bis zur Rente absitzen können, ohne jemals wirklich etwas Nennenswertes geleistet zu haben.

Komplex ist nicht gleich ausgereift

Klar ist: Herausragende Unternehmenserfolge sind so nicht zu erzielen. Die Low Performer sind ein Grund dafür, warum die schwerfälligen Konzerne mit ihren bremsenden Hierarchien nur noch selten die Urheber von Innovation in jenen Bereichen sind, auf die es an den Märkten der Zukunft verstärkt ankommt, nämlich bei Kunden- und Anwendernutzen, strategischer Handlungsfähigkeit, interner Kommunikation und Kooperationsmanagement.[25] Diese Rolle haben längst die Entrepreneurs, die kleinen Startups, immer öfter sogar studentische Gründer übernommen.

Die Unternehmen alter Schule zeichnen sich also, vereinfacht formuliert, dadurch aus, dass sie vor Jahrzehnten erzielte Erfolge nur noch verwalten, anstatt Innovation zu riskieren und damit bisherige Erfolge aufs Spiel zu setzen. Innovationen kaufen sie maximal ein, indem sie Ideen oder gleich ganze Startups aufkaufen und sich deren fertig entwickelte Erfindungen einverleiben. Ihre

Strukturen sind meist so komplex und überdiversifiziert, dass das Top-Management ohnehin kaum eine Ahnung hat, was seine Angestellten so treiben. Dass solche Strukturen sich dennoch über Jahrzehnte halten und sogar immer weiter ausdifferenzieren konnten, hat einen einfachen Grund: Diese Komplexität ist ein optimaler Nährboden für die ungestörte Postenverwaltung der höheren Gehaltsstufen.

Verantwortlich für das Ausheben und gründliche Umstrukturieren jener Pockets der Faulheit wäre auf dem Papier meist das mittlere Management mit dem Instrument der Personalführung. Genau die jedoch ist in großen Unternehmen häufig eine Achillesferse. Wie die *Financial Times Deutschland*[26] berichtete, ist die Qualität der Personalführung oft die geringste Sorge deutscher Führungskräfte. Die Zeitung berief sich dabei auf eine branchenübergreifende Studie, für die Entscheidungsträger von 118 deutschen Unternehmen mit mehr als 400 Mitarbeitern befragt wurden. Einer der Durchführenden der Studie, Carsten Steinert, Professor für Personalmanagement an der Hochschule Osnabrück, wurde dort zitiert: „Der Stellenwert der Personalführung ist gering."[27] Mit dramatischen Folgen auch für die Effizienz des Unternehmens, denn „aufgrund schlechter Personalführung entstünden Reibungsverluste in den Abteilungen, zudem ‚kündigten' Mitarbeiter innerlich – dies führe zu Dienst nach Vorschrift."[28]

Es gibt also durchaus gute Gründe dafür, warum die Pockets der Low Performer wachsen und gedeihen können. Und selbst wer eine Stelle vielleicht noch brennend für die neue Aufgabe angetreten hat, kann aufgrund falscher Personalführung immer noch zum Low Performer werden.

Die schwarzen Ritter der Kennzahlen

Die Schuld nur beim mittleren Management zu suchen, greift allerdings deutlich zu kurz. Werte wie ein innerliches Brennen für die Aufgabe, das Bedürfnis nach beruflicher Erfüllung, oder – im besten Fall – eine persönliche Begeisterung für die Mission des Unternehmens, das immer in irgendeiner Form den Menschen dient, für die es produziert oder Dienstleistungen erbringt, fallen neu eingestellten Mitarbeitern nicht einfach zu. Wie in der Politik, der Kirche oder jeder anderen Position mit Vorbildfunktion können Werte auch innerhalb eines Unternehmens nur dadurch transportiert werden, dass sie gelebt und vorgelebt werden. Wenn einem Abteilungsleiter jedoch täglich aus der Chefetage suggeriert wird, dass allein die Benchmarks zählen – wie soll er da ein Gefühl dafür entwickeln, was seine Mitarbeiter tatsächlich für ihre Aufgabe entflammt? Noch einmal Carsten Steinert: „Wenn Führung im Top-Management keine Rolle spielt, fühlt sich die mittlere Ebene schlecht behandelt“[29], weshalb das mittlere Management oft gar keine Veranlassung sehe, Führungsqualitäten zu entwickeln[30]. Von den Auswirkungen solcher Unternehmensführung auf das Betriebsklima können sich Millionen von Arbeitnehmern in Großkonzernen täglich ein Bild machen – wenn sie nicht schon selbst zu den Abgestumpften gehören.

Low Performance auf Unternehmens- wie auf Individualebene ist also ein klares Managementproblem. Und damit ist es, so ungern die schwarzen Ritter der Kennzahlen das auch eingestehen mögen, ein klares Werteproblem. Die Manager in den fraglichen Positionen haben allerdings ganz andere Probleme, als sich um renitente Mitarbeiter zu kümmern. Wenn Ihr Chef Ihnen nicht vorlebt, dass Sie ihre Mitarbeiter für Ihre Aufgabe begeistern müssen – und können! – werden Sie wahrscheinlich nicht geneigt sein, sich die Mühe selbst zu machen. Im Zweifel handeln Sie sich womöglich noch Ärger dafür ein, dass Sie sich um ihre so genannten Soft Skills kümmern, anstatt die Zahlen aufzupolieren und notfalls ein paar Stellen zu streichen, um die Benchmarks zu erreichen.

Benchmarking ist das Lieblingstool der Unternehmensführung alter Schule. Kennzahlen lassen sich wunderbar seifig argumentieren und suggerieren bei Bedarf in jeder Präsentation, man wolle es mit den Besten der Branche aufnehmen (wenn man nicht laut selbst geschönten Statistiken sowieso schon dazugehört).

Damit aber lässt sich kein Blumentopf mehr gewinnen, wenn es auf strategische Unterschiede zur Konkurrenz ankommt statt auf bloß numerische Vergleichswerte, wie auch die Unternehmensberatung McKinsey kürzlich in ihrem Newsletter mahnte: „Good strategies ... emphasize difference – versus direct competitors, potential substitutes, and potential entrants – not industry-wide best practices."[31]

Die blinde Zahlengläubigkeit ist in Zeiten global ausdifferenzierter Märkte jedoch dem Untergang geweiht. Schon deshalb, weil keine westliche Firma es billiger machen kann als die Chinesen. Akzeptieren Sie es besser heute, denn es wird noch lange Zeit so bleiben. Wettbewerbsvorteile liegen heute nicht mehr in den Bereichen, die sich benchmarken lassen, sondern in werteorientierter Produktinnovation und Personalführung. Doch dazu später mehr.

Das Verantwortungsdogma: Ein Egotrip

Unter Umständen glaubt Ihnen die Chefetage nicht einmal, wenn Sie Schwachstellen in der Personaldecke anführen. Sie mögen doch gefälligst, wird Ihr Chef Ihnen dann sagen, mal die Verantwortung für die schwachen Leistungen Ihrer Abteilung übernehmen. Und schubst Sie damit in eine der fiesesten Fallen, in die man im Laufe eines Managerlebens geraten kann: das Verantwortungsdogma.

Über Jahrzehnte hinweg haben Personalverantwortliche, Berater und Trainer Führungskräften eingeredet, Sie müssten für jeden Furz, der in ihrer Abteilung entweicht, die volle persönliche Verantwortung übernehmen. Das ist ausgemachter Blödsinn, der schon Generationen von Managern in die Verzweiflung und nicht selten auch in den Burnout getrieben hat. Verantwortung ist ein unabdingbarer Bestandteil von Führung – das steht außer Frage. Und natürlich möchte ich nicht bestreiten, dass ein Manager für die Ergebnisse seiner Einheit verantwortlich zeichnet und dafür zu sorgen hat, dass sie ihren Job erledigt. Natürlich soll er Einsatz zeigen und sich um seine Projekte kümmern, als hinge seine Karriere daran. Tut sie ja auch.

Was allerdings bei der „Erziehung“ nachwachsender Managergenerationen seit Jahrzehnten aus der Tugend Verantwortung gemacht worden ist, hat gerade nichts mit Führung zu tun: die Weitergabe patriarchalischer Führungsmethoden. Manager, denen beigebracht wurde, alles und jeden kontrollieren zu müssen – und eine Generation später wieder ihre Management-Sprösslinge aufs selbe falsche Gleis zu setzen.

Es gibt verschiedene Formen der Verantwortung. Die lösungsorientierte, die werteorientierte, die teamorientierte – sie alle gehören zur Managementkultur. Allerdings kann man als Manager keinen größeren Fehler machen, als neben der operativen Verantwortung für das Geschäft auch noch die persönliche Verantwortung für die Unwägbarkeiten der Weltwirtschaft, die charakterliche Prägung seiner Angestellten und den Jahresbonus seines Chefs zu übernehmen. Das hält auch niemand lange durch, der nicht über eine eiserne Frusttoleranz verfügt. Und, mit Verlaub: Die haben die wenigsten.

Ein Manager ist kein Priester. Ein Manager ist kein Kindergartenpädagoge. Ein Manager ist vor allem nicht der Vater seiner Mitarbeiter, und darf deshalb kein Patriarch sein. Ein Manager ist ein Manager. Und ein Manager ist nicht unfehlbar. Sein Ziel kann und darf nicht sein, „Untergebene“ nach seinem Vorbild zu erziehen. Wer fürs Ego ein Alter Ego braucht, ist als Manager ungeeignet.

Für die Mehrzahl der heute aktiven jüngeren Führungskräfte, die trotz einer völlig veränderten Lebens- und Wirtschaftswelt von patriarchalischen Vorgesetzten unternehmenssozialisiert werden, bedeutet das zwei mögliche Krisenszenarien: Entweder, sie machen den Job eine Weile, haben früher oder später die Schnauze voll und schmeißen auf die eine oder Art hin – oder sie brennen innerlich aus. Oberflächlich leichter scheint vielen leider, es ihren „Vorbildern“ in der Chefetage gleich zu tun und aus dem Verantwortungsdogma einen Egotrip zu machen. Wer auf diesem Holzweg einmal angekommen ist, droht jederzeit einzubrechen. Immer wieder begegne ich bei Beratungsgesprächen oder Coachingsitzungen Führungskräften, deren Schultern unter der Last der Verantwortung krumm geworden sind – und die genau deshalb glauben, ihren Job besonders gut zu machen.

Verantwortung für alles und jeden aber ist kein Wert der Unternehmensführung – denn genau wie Sie als Manager sollte auch jeder einzelne Ihrer Mitarbeiter die Verantwortung für seine Aufgaben übernehmen. Ihre Verantwortung im Management liegt, neben den operativen Aufgaben, vielmehr darin, für die Werte Ihres Unternehmens einzustehen und deren tägliche Umsetzung sicherzustellen.

Welche Werte das sind? Eben. Genau da liegt in den meisten Unternehmen alter Schule der Hund begraben – es mangelt an operationalisierbaren Unternehmenswerten. Weshalb Ihr Chef es sich am leichtesten macht, indem er Ihnen den Alibi-Wert der Verantwortung auftischt und Sie nach seinem Vorbild erzieht: als Führungskraft, die nicht nur ihren operativen Verantwortungsbereich führt, sondern gottgleich meint, auch in die Verantwortungsbereiche seiner Angestellten und am besten auch noch in deren Privatleben eingreifen zu müssen – weil ein „verantwortungsvoller" Chef sich nun mal um seine Schäfchen kümmert. Vor allem aber kann er, physisch erschöpft und seelisch ausgebrannt, ganz einfach zur „Verantwortung" gezogen werden, wenn es in seinem Bereich hakt. Was sich blendend argumentieren lässt mit – Sie wissen schon, den Benchmarks.

Die großen Blockaden: Egothemen und Charakterfehler

Dass viele Chefs der alten Schule statt Unternehmenswerten das Verantwortungsdogma vorleben, ist oft der Tatsache geschuldet, dass sie ihrerseits es von ihren Mentoren so vorgelebt bekommen haben. Oft spielen bei dieser Führungssozialisierung allerdings auch individuelle seelische und biografische Themen eine maßgebliche Rolle.

Gegen charismatische Führungskräfte ist ganz und gar nichts einzuwenden – im Gegenteil, wir brauchen mehr von diesem Menschen in der Wirtschaft, denn sie sind den charakterlosen Kennzahlenreitern allemal vorzuziehen. Ein charismatisches Auftreten wird allerdings allzu oft mit einem dogmatischen verwechselt. Und wer gelernt hat, dass er ab einer bestimmten Position im Unternehmen schalten und walten darf, wie es ihm beliebt, der verwechselt oft Verhandlungssituationen und interne Konflikte mit seinen persönlichen Egothemen.

Führungskräfte stehen in der Regel im Schnittpunkt diverser externer Anspruchshaltungen, die sich auf ihre Persönlichkeitsentwicklung auswirken: eigener Ehrgeiz und Karrieredruck, das Verantwortungsdogma vonseiten des Chefs, die Pflichten als Familienernährer und meist auch noch sehr intime Themen, die oft bis in die Kindheit zurückgehen und den Charakter geprägt haben (etwa die Erwartungshaltung eines „erfolgreichen" Vaters). Sie alle schlagen sich unbewusst auf den persönlichen Führungsstil nieder. Das ist nur allzu menschlich – hilfreich für ein freies, beseeltes Arbeiten oder gar wirtschaftlich im Sinne des Unternehmens ist es ganz und gar nicht.

Vor kurzem hatte ich einen Coachee – nennen wir ihn Martin – der in genau jene Art von Wertekonflikt verwickelt war und davon auf vielfältige Weise beeinflusst wurde. Die verschiedenen Wertmuster, mit denen er biografisch konfrontiert worden war, hatten sich bei ihm zu einem regelrechten Knoten in der Seele verdichtet, den er selbst nicht mehr zu entwirren in der Lage war.

Martin war in einem sehr konservativen Elternhaus aufgewachsen und hatte zwar eine sehr behütete Kindheit erlebt, dafür aber auch sehr wenige Freiheiten kennengelernt. Sein Vater hatte ihm früh eingeimpft, dass aus ihm einmal „etwas werden müsse". Nach einem hervorragenden Studienabschluss hatte er schnell eine Stelle in einem eigentümergeführten mittelständischen Unternehmen gefunden.

Der Eigentümer des Unternehmens wurde bald zu einem persönlichen Mentor und integrierte ihn regelrecht in seine Familie. Er verstärkte damit allerdings auch genau jene antrainierte Erwartungshaltung, die Martin von seinem Vater mitbekommen hatte und von der er sich nie hatte befreien können. Martins Frau hatte ihn früh zur Vaterschaft gedrängt, obwohl Martin keine innerliche Bereitschaft dazu fühlte – es schien ihm einfach die logische biografische Konsequenz, dem Begehren seiner Frau nachzugeben, nachdem das Gehalt stimmte und der Job sicher schien. Beruflich war er von morgens bis abends damit beschäftigt, für den alternden Unternehmer die Fäden zusammenzuhalten, und versuchte darüber hinaus weitgehend unreflektiert, seinen Mitarbeitern ein Mentor nach dem Vorbild seines Chefs zu sein. So war er schon mit Ende dreißig ein zwar erfolgreicher, aber auch seelisch ausgezehrter Mann. Er hatte – ganz im Sinne des Verantwortungsdogmas – innerlich die Verantwortung dafür übernommen, das Unternehmen in eine erfolgreiche Zukunft zu führen, indem er das Erbe des alten Patriarchen fortführte.

Als er zu mir kam, sah Martin sich gerade erstmals mit einer Aufgabe konfrontiert, der er sich nicht mehr gewachsen fühlte: Er hatte erkannt, dass das Unternehmen mit der stolzen, traditionsorientierten Art des Wirtschaftens, für die der Eigentümer stand, nicht mehr überlebensfähig war. Der junge Manager sah sich dennoch in der Verantwortung, den Spagat zu leisten. Dabei begann er erstmals zu ahnen, dass die Werte, denen er sein Leben lang gefolgt war, nie seine eigenen gewesen waren, und begann sich äußerst unwohl in seiner Haut zu fühlen. Dass er kurz vor dem Führungskollaps stand, fiel ihm erst auf, als einige seiner besten Mitarbeiter sich frustriert von ihm abwendeten und bald darauf das Unternehmen verließen, weil sie sich Martins Ansprüchen nicht mehr gewachsen sahen. Sie konnten mit seinem zunehmend inkongruenten, die realen Möglichkeiten des Unternehmens überschätzenden Führungsstil nicht mehr umgehen.

Persönliche Wertekongruenz, diese harte Lektion musste Martin im Coaching lernen, ist nicht erblich, sondern allein durch persönliche Erfahrung, unerschöpfliche Neugier und die Bereitschaft zum Scheitern zu erlangen. Martin hatte die Wertmuster und die Führungsdogmen seines Vaters und seines Mentors übernommen und schlitterte nun in einer Wirtschaftswelt auf die Katastrophe zu, die grundlegend anders war als die, in der sich die beiden alten Herren ihre Sporen verdient hatten. Innerlich war er frustriert, unzufrieden, schlicht unglücklich.

Geschichten wie die von Martin gibt es viele in der Wirtschaft – auch oder gerade die harten Hunde in den Chefetagen sind nicht frei von solchen Problemen. Wenn sich die innere Werteinkongruenz von Führungskräften auf deren Führungsstil auswirkt, kann das dramatische Folgen für Unternehmen haben – ganz zu schweigen von einer Wirtschaft, die aufgrund des besonderen Ehrgeizes solcher dogmatischer Persönlichkeiten geradezu von derartigen Wertekonflikten dominiert wird.

⊗ Worst-Practice-Beispiel 1: Blatter und wie er die Welt sah

Ein besonders abschreckendes Beispiel für die Folgen, die eine egomanische Alleinherrschaft und aufgeblasenes Machtgebaren in Unternehmen oder, wie in diesem Beispiel, einer Organisation haben kann, ist die FIFA unter Sepp Blatter.

Im Mai 2011 wurden aus FIFA-internen Quellen Korruptionsgerüchte im Zusammenhang mit der Vergabe der WM 2022 an Katar laut, in die auch der FIFA-Boss selbst verwickelt sein sollte. Blatter legte das Feigenblatt der Moral an und zerrte die vermeintlich Verantwortlichen vor die FIFA-interne Ethikkommission. Vizepräsident Jack Warner und Mohamed Bin Hammam, der bei der anstehenden Vereinspräsidentschaftswahl gegen Blatter antreten wollte, wurden vorläufig von ihren Ämtern suspendiert; Bin Hammam trat zudem höchst überraschend von seiner Kandidatur zurück. Blatter jedoch wurde freigesprochen, obwohl Bin Hammam ausgesagt hatte, der Schweizer habe von der Korruption gewusst. Auf einer Pressekonferenz hatte Blatter sogar noch die Nerven zu behaupten, es gäbe keine Krise bei der FIFA[32], obwohl der Korruptionsskandal weltweit die Schlagzeilen beherrschte. Wenige Tage später wurde der Patriarch erneut zum Präsidenten gewählt.

Was in diesen Tagen intern bei der FIFA tatsächlich stattgefunden hat, lässt sich nur mutmaßen – im Sinne werteorientierter Führung kann man jedoch klar sagen, dass hier alles falsch gemacht wurde, was man nur falsch machen kann.

Die FIFA als größter Verein der Welt definiert sich als „Fußballfamilie". Blatter verwendete diese Formulierung sogar, als er ankündigte, die „Probleme werden wir innerhalb unserer FIFA-Familie lösen".[33] Die Positionierung als „Familie", die sich durch gemeinsame Werte definiert, wurde zum Dogma, als er gegen jede Transparenz beschloss, die Klärung eines so massiven ethischen Verstoßes wie eines Korruptionsskandals unter Ausschluss der Öffentlichkeit durchzuführen. Zudem blieb Blatter eine klare Positionierung schuldig, als sich weigerte, zu den Vorwürfen gegen seine Person Stellung zu nehmen.

Egal, ob Blatter an der Korruption teilhatte oder nicht – der moralische Makel wird an ihm als Führungsperson haftenbleiben, die FIFA unter seiner Ägide immer den Beigeschmack eines unsauberen Vereins haben. Die Werte einer Fußballgemeinschaft, die Werte des friedlichen, gleichberechtigten, internationalen Zusammenhalts und der gemeinsamen Leidenschaft für den fairen Wettkampf wurden hier aufs Massivste verletzt. Sogar die interne Ethikkommission, eigentlich für die Wahrung dieser Werte zuständig, hinterließ den Eindruck eines zahnlosen Tigers unter Blatters Fuchtel.

Es ist ein Extrembeispiel für die Wertekultur sogar der alten Schule, wenn familiäre Werte missbraucht werden, um ohne Rücksicht auf das Ansehen der Organisation ein Patriarchat zu führen. Blatter hat sich im Verlauf des Skandals auf eine Stufe mit Demagogen wie Silvio Berlusconi gestellt: Er hat sich egogetrieben sein eigenes System geschaffen und Schwache um sich geschart, um mit allen Mitteln seinen Machterhalt zu betreiben. Selbst in maximal dynastisch versuppten Unternehmen der alten Schule in der freien Wirtschaft wäre ein so extrem werteverachtendes Verhalten heute intolerabel und Blatter längst weg vom Fenster. Es ist eine Frage der Zeit, bis sich die Gemeinschaft von Fußballbegeisterten, die letztlich die wirklichen Werte der FIFA lebt, gegen ihn wendet.

Leitbilder: Ein Kompass ohne Magnet

Beizukommen ist der egogesteuerten Unternehmensführung – neben der persönlichen Entwicklung, der sich jede einzelne Führungskraft immer wieder stellen sollte – nur durch verbindliche Unternehmenswerte, die von jedem einzelnen Mitarbeiter, vom Fließband bis in die Chefetage, verbindlich gelebt werden und nicht von Egothemen kontaminiert werden dürfen. Wie aber ist es um die Wertekultur in deutschen Unternehmen bestellt?

Leitbilder sind für die meisten Top-Manager heute so etwas wie ungeliebte Stiefkinder: Sie sind schwer greifbar, man muss sich auf sie einstellen, sich ernsthaft mit ihnen beschäftigen, und sie sind nicht besonders begabt in Mathe. Und doch gehören sie zum Unternehmen wie der verzogene Stiefsohn zur zweiten Ehe – man kann sie nicht einfach ignorieren.

Entsprechend ist es um die Qualität der meisten Leitbilder heute bestellt. In der Regel sind sie bloße Instrumente der Markenkommunikation und vollgestopft mit inkongruenten Wertkonstrukten, dass es einem schwindlig werden kann. Sie geben nicht wider, was das Unternehmen ausmacht, sondern spiegeln Trends aus der Marktforschung und statistisch erhobene Bedürfnisse der sogenannten Zielgruppe. Was sie in aller Regel nicht spiegeln, sind die Menschen und die Ideen, die das Unternehmen von innen heraus befeuern. Kein Wunder also, dass sich kaum ein Manager mit ihnen identifizieren oder gar in seiner Personalführung an ihnen orientieren kann.

Ein besonders extremes Beispiel dafür sind die Leitbilder konfessioneller Krankenhäuser, die naturgemäß meist einem Wertekanon folgen, der in seiner Urform nur schwer mit den operativen Aufgaben eines gewinnorientiert arbeitenden Unternehmens vereinbar ist. Und doch haben sich die meisten Vorstände jener Kliniken bei der reinen Lehre christlicher Theologie bedient, als es branchenübergreifend unabdingbar wurde, dass Unternehmen, die etwas auf sich halten, mit einem Leitbild aufwarten mussten.

Worst-Practice-Beispiel 2: Leitbilder konfessioneller Krankenhäuser

Gemeinsam mit einigen Kollegen habe ich 2011 die Leitbilder konfessioneller Krankenhäuser in der ersten Studie dieser Art in Deutschland umfassend analysiert. Die Studie deckte mit 509 Kliniken 70 Prozent aller konfessionellen Krankenhäuser in Deutschland ab – die insgesamt immerhin ein Drittel aller Krankenhäuser in der Bundesrepublik ausmachen.

Die Ergebnisse hielten einige Überraschungen parat, die uns in der Summe zu der Erkenntnis führten, dass die Krankenhausleitbilder das Potenzial, das ihre christliche Werteorientierung bietet, bei weitem nicht ausreichend nutzen. So erfuhren die christlichen Werte in der Mehrzahl der Leitbilder eine so unzeitgemäße und praxisfremde Interpretation, dass sie gar nicht dazu geeignet waren, sich auf die Motivation, also den seelischen Antrieb der Mitarbeiter auszuwirken. Sie machten in der Gesamtheit der Leitbilder zudem nur 18 Prozent der Aspekte aus, die als handlungsleitend in den Leitbildern benannt wurden, und waren damit im Schnitt fast gleich gewichtet mit den meist wertefernen pekuniären Aspekten (12 Prozent), die ein Krankenhaus in der Regel ebenso wenig wie andere Unternehmen bei der werteorientierten Markenkommunikation voranbringen.

Ein Leitbild, eine Marke profitiert nicht davon, dass sie etwa Wirtschaftlichkeit als Leitwert des Unternehmens ausgibt – diese abstrakte

Aussage trifft auf jedes Unternehmen zu, das darauf angewiesen ist, Gewinn oder doch zumindest Kostendeckung zu erwirtschaften. Ähnlich unspezifisch und damit für die Werteorientierung unbrauchbar sind Leitwerte wie „Entwicklung" (45 Prozent) und „Zielorientierung" (32 Prozent), wenn diese nicht praxisnah und umsetzungsorientiert definiert werden.

Die Gruppe von Aspekten, in der man bei einem konfessionellen Unternehmen hingegen die Motivatoren vermuten würde, die die Gemeinschaft der Mitarbeiter zusammenhält und die Seele des Unternehmens charakterisieren, sind die operationalisierbaren, lebenstüchtigen christlichen Werte. Leider ging es in der Mehrzahl der Leitbilder hier genauso hölzern und unzeitgemäß zu wie in der Gruppe der betriebswirtschaftlichen Aspekte: Nächstenliebe etwa, die eher als Grundvoraussetzung gelten sollte, wurde in 54 Prozent der Krankenhausleitbilder als Leitwert des Unternehmens angeführt – und damit viermal so häufig wie die Entscheidungsfreiheit der Mitarbeiter in Glaubensfragen, die in einem zukunftsorientierten Unternehmen – auch christlicher Prägung – für die Außenwirkung des Unternehmens um ein Vielfaches wertvoller wäre.

Existenziell wichtig wird die zeitgemäße Ausdifferenzierung solcher Werte schon in Anbetracht der absehbaren Personaldilemmata, die in den nächsten Jahren auf die Krankenhäuser zukommt und für die Patienten ohnehin längst Realität ist. Stattdessen werden nicht operationalisierbare Werte wie „Botschaft Jesu Christi" (33 Prozent) und „Evangelium" (24 Prozent) zum Gegenstand der Leitbilder gemacht. Das sind Wertmuster, die insbesondere mit Blick auf die zunehmende Ausdifferenzierung der Patientendemografie keinen Wert für die Positionierung der Gesundheitsunternehmen haben. Vor allem aber sind es Wertmuster, die in ihrer unzeitgemäßen Interpretation völlig ungeeignet als Verhaltenskompass und Motivationsmotor für die Mitarbeiter der Krankenhäuser sind. Operationalisierbare Werte wie Fairness und Teamorientierung hingegen versinken in den meisten Krankenhausleitbildern in der Bedeutungslosigkeit.

Aspekte, die für ein Krankenhaus, das als Unternehmen an einem dem – zumal verletzlichen, weil kranken – Menschen dienenden Markt platziert ist, absolut selbstverständlich sein sollten, geraten in vielen Kliniken ins Hintertreffen: Respekt gegenüber dem Patienten wird viel zu selten vorausgesetzt. Auch der Bezug zur Gemeinnützigkeit, also dem Dienst am Menschen, oder einer bedingten Unterordnung wirtschaftlicher Aspekte unter jene der Diakonie – was nicht nur jeder Notfallpatient sich von einem Krankenhaus wünschen würde – sucht man in den meisten Leitbildern vergeblich. Von einem dezidierten Serviceverständnis fehlt – wie so häufig in Deutschland – ohnehin in fast allen Leitbildern jede Spur.

Leitbilder, die so ethikfern gewichten, die so altbacken auf traditionellen, nicht operationalisierbaren und oft auch nicht mehr zeitgemäßen Werten aufbauen, anstatt sich dem Schatz an christlichen Werten anhand zeitgemäßer Interpretationen zu bedienen, der ihnen naturgemäß zur Verfügung steht, sind praktisch nutzlos für die Zwecke, denen sie eigentlich dienen sollten: Sie sind nicht geeignet, um das Unternehmen nach außen als ethisch sauber und – an einem so breit aufgestellten und gleichzeitig sensiblen Markt wie dem Gesundheitsmarkt besonders wichtig – werteprogressiv darzustellen.

Oft wird vom Klinikmanagement vergessen, dass nicht nur die Patienten während ihres Aufenthalts direkt erfahren, wie sehr die Klinik die (selbst) gesetzten Erwartungen an Wertekonformität erfüllt, sondern eine oder zwei weitere Generationen durch die Freunde, Kinder und Enkel der Patienten in diese Erfahrung mit eintauchen – bei jedem einzelnen Besuch. Jeder „Touchpoint" eines Patienten oder Besuchers mit Klinikpersonal, dritten Dienstleistern, Atmosphäre und kollegialem Umgang wird im individuellen Erfahrungsspeicher fest eingebrannt. So baut sich schnell ein ganz bestimmtes Bild von den „gelebten Werten" und möglichen Diskrepanzen einer Klinik auf. In Zeiten der Social Networks und zukünftiger Bewertungsplattformen im Gesundheitssektor kommt eine zusätzliche Dynamik durch die

Weitervermittlung dieser Eindrücke im Internet auf.

Viel wichtiger noch: Starre, nicht dem Zeitgeist entsprechende Leitbilder sind nicht geeignet, um das Unternehmen von innen heraus anzutreiben. Schon heute ist absehbar, dass das deutsche Gesundheitswesen in den nächsten Jahren kreativ sein muss, um seine angespannte Personalsituation im Griff zu behalten. Dann sind Kliniken im Vorteil, die ihren Angestellten im von Kostendruck geprägten Gesundheitssektor einen Arbeitsplatz bieten, der ihnen ermöglicht eben jene Werte zu leben, die sie zu dieser Karriereentscheidung geführt haben. Kein Angestellter hingegen wird sich für ein Unternehmen entscheiden, das mit den Evangelien als Leitwert aufwartet und gleichzeitig Effizienz in der Positionierung vor Respekt setzt.

Noch bedenklicher: Heilberufe gehören zu den emotional anspruchsvollsten überhaupt. Dass immer mehr Ärzte den Wunsch entwickeln, unter den dramatischen wirtschaftlichen Bedingungen in vielen Kliniken das Handtuch zu werfen, reiht sie ein in die Gruppe der ambitionierten High Performer, denen aus extrinsischen Gründen verweigert wird ihre Werte zu leben.

Die seelische Unterforderung des mittleren Managements

Sehr häufig ist im Zusammenhang mit beruflicher Stagnation, Orientierungslosigkeit und allgemeinen Karrierethemen speziell im mittleren Management von der Gefahr des Burnouts die Rede. Diese Gefahr entsteht durch die Überforderung gerade von High Performern durch ein Übermaß an operativer Verantwortung, wie sie etwa mein Coachee Martin in sich vereinte. Selten thematisiert wird hingegen die seelische Unterforderung, die insbesondere im mittleren Management mindestens ebenso verbreitet ist wie ein hohes Burnout-Risiko. Dabei ist die seelische Unterforderung ein Symptom der gleichen Rahmenbedingungen: Machtspielchen unter den Kollegen, knappe Budgets und ein Mangel an Mitarbeitern sind laut einer Umfrage, die der *Focus* 2011 zitierte, die größten Managersorgen auf der mittleren Führungsebene.[34] Die wenigsten Manager hingegen fühlen sich durch ihre eigentlichen operativen Aufgaben übermäßig belastet.[35]

Diese Kombination von Belastungsfaktoren führt dazu, dass die Führungskräfte sich ihren Aufgaben aufgrund der vielfältigen emotionalen Stressoren nicht mit der notwendigen inneren Ruhe und Kreativität widmen können. Sie erledigen ihren Job nach Vorschrift, oft genug sogar mit Hilfe von fragwürdigen Methoden, um gegenüber ihren internen Konkurrenten nicht das Nachsehen zu haben. Erneuerungen, die zu Kosten und vorläufigen Reibungsverlusten führen könnten, werden schon aus diesem Grund von den Verantwortlichen oft gar nicht erst ins Spiel gebracht: Sie sind unpopulär, wenn es darum geht, möglichst konfliktarm die Karriereleiter zu erklimmen.

Ein High Performer, der bestimmte Ideale verfolgt und seinen Job bewusst gewählt hat, um Fortschritt mitzugestalten, wird in einem solchen Umfeld fachlich allerdings sehr früh an die Grenzen des Machbaren stoßen. Er ist auf kurz oder lang immer stärker in interne politische Spielchen verstrickt und verbringt immer weniger Zeit damit, seine Fähigkeiten zu nutzen oder gar zu erweitern. So wird er gezwungenermaßen auch die konstruktive Seite der Personalführung zunehmend vernachlässigen, weil sie auf der Jagd nach Benchmarks nicht als Sofortmaßnahme taugt.

Wenn überhaupt, wird er noch mehr Autorität ausüben, nicht aber sich die Zeit nehmen, die Kreativpotenziale seiner Mitarbeiter zu ergründen. Er verliert die Freude an den Inhalten seines Berufs, denn er kann sich ihnen nicht mit der nötigen Muße widmen; alles, was er sich fachlich erträumt hat, scheint ohnehin nicht realisierbar. Er ist seelisch unterfordert, denn die Werte, mit denen er sich für seinen Beruf und das Unternehmen entschieden hat, sind zu Worthülsen verkommen – er kann sie nicht umsetzen, er kann sie nicht leisten. Sein Potenzial bleibt ungenutzt – er ist unzufrieden.

Diese seelische Verfasstheit ist nicht nur für sich genommen schon schlimm genug – sie ist auch der ideale Nährboden für einen Burnout. Wenn der innere Antrieb, der Feuereifer für die Sache, verlorengeht, gewinnen die hohen Belastungen durch andere Faktoren des Jobs schnell die Überhand. Ihnen aber lässt sich nicht mit Leidenschaft folgen, denn sie widersprechen der menschlichen Natur. Unsere Seele ist auf Gemeinschaft programmiert und will Erfolge im Zusammenspiel der individuellen Ausprägung von Fähigkeiten und Bedürfnissen und die Zielerreichung als Team sehen, um glücklich zu sein – nicht bloß eine höhere Gehaltsstufe durch ständige Selbstkorruption, die gegen unser instinktives Moralverständnis verstößt. Eine „höhere Stufe" zu erreichen hat im Sinne unserer seelischen Programmierung nichts mit finanziellen Vorteilen zu tun.

Was wir wirklich wollen, ist das Erreichen emotional verankerter Ziele und Wünsche – ganz nach individueller Prägung. Wir sind auf persönliche Ideale programmiert. Wenn wir ihnen nicht nachgehen, sie dauerhaft nicht ausleben können, bleiben wir seelisch unterfordert. Eine Gehaltserhöhung ändert daran nicht das Geringste. Wir wollen, ja wir brauchen mehr als das, um das Gefühl zu haben, dass wir einen erfüllten, einen „richtigen" Weg gehen – für uns, und mit anderen. Denn unsere Führungsqualitäten sind an besagte Ideale gebunden. Können oder dürfen wir dieses Potenzial nicht ausschöpfen, bleiben wir als Manager immer unter unseren Möglichkeiten. Im schlimmsten Fall richten wir sogar ordentlich Schaden an – weil wir nicht werteorientiert aus innerem Antrieb heraus führen, sondern rational, zahlengläubig und politisch.

Die alte Schule hängt im Bereich personell bedingter Innovationskraft schon aus diesem Grund den flexibleren, übersichtlicheren Startups oft hinterher. Dort wird nämlich viel öfter das Augenmerk darauf gelenkt, der Integration des Leistungspotenzials von High Performern die passenden Rahmenbedingungen zu schaffen, anstatt den einzelnen Manager mit Nebenkriegsschauplätzen und seiner Persönlichkeit widersprechenden Verantwortlichkeiten zu belasten.

04 Wölfe im Schafspelz: Schwarzes Marketing und andere öffentlichkeitswirksame Verfehlungen

Es würde viel weniger Böses auf Erden geben, wenn das Böse niemals im Namen des Guten getan werden könnte.
[Marie von Ebner-Eschenbach]

Dass Werte in weiten Teilen der Wirtschaft, insbesondere im operativen Management, über viele Jahre als Erfolgsfaktoren ignoriert worden sind, ist ein Versäumnis des Managements mit dramatischen Folgen. Oft folgt es jedoch nicht böser Absicht, sondern beruht schlicht auf der Unterschätzung – wenn nicht Ignoranz – von vermeintlich weichen und damit ineffektiven Wertethemen. Manche Unternehmen machen sich jedoch ganz gezielt eines viel schlimmeren Vergehens schuldig: Wenn Werte zu Waffen werden, ist das der Todesstoß der Businessethik.

Schmutzige Geschäfte: Das wertemissbräuchliche Marketing der alten Schule

Zu den schmutzigen Geheimnissen der alten Schule gehört – neben Verschleierungstaktiken wie im Fall FIFA – auch das Ausnutzen von Schwächen aufseiten der Konkurrenz, um über die eigenen Lücken an gleicher Stelle hinwegzutäuschen. Besonders dramatisch ist, dass so agierende Unternehmen die Bedeutung von Werten an den Märkten der Zukunft erkannt haben, sich ihrer jedoch nicht konstruktiv im Sinne der eigenen Umstrukturierung (und damit im Sinne langfristigen Erfolgs) bedienen, sondern sie destruktiv einsetzen, um der Konkurrenz zu schaden und sich so einen kurzfristigen Wettbewerbsvorteil zu verschaffen.

Was sie dabei ignorieren ist die Intelligenz des Schwarms. Die Netzgemeinschaft, und zunehmend auch Konsumenten im Allgemeinen, die durch verschiedenste Informationsquellen von dieser Schwarmintelligenz profitieren, hat insbesondere seit der jüngsten Finanzkrise sehr sensible Antennen für derartige Verstöße gegen die ethische Anspruchshaltung gegenüber Marken entwickelt, die mit gemeinschaftlichen Werten werben. Eines der jüngeren Beispiele ist die Affäre um eine geplatzte Marketingkampagne von Facebook, die über die Netzgemeinschaft hinaus auch in den konventionellen Medien für Furore sorgte.

Worst-Practice-Beispiel 3: Facebook und das Schwarze Marketing

Ein amerikanischer Tech-Blogger legte im Mai 2011 einen Skandal offen, der den abstoßenden Versuch von Facebook offenbarte, dem Konkurrenten Google mit einer PR-Kampagne durch Schwarzes Marketing zu schaden. Schwarzes Marketing ist eine Methode, gezielt das Image der Konkurrenz zu attackieren – hinterlistig, im Verborgenen und mit unsauberen Mitteln. Facebook hatte diesen Weg beschritten, indem es eine PR-Agentur dafür bezahlt hatte, bei Bloggern und Journalisten auf eine negative Berichterstattung über vermeintliche Sicherheitslücken des Google-Features „Social Circle“ hinzuwirken.[36]

Diese Methode ist leider nicht neu; neu ist, dass selbst ein Unternehmen wie Facebook nicht mehr damit davonkommt. Noch bis vor kurzem war es nicht unüblich, dass Firmen Konkurrenten durch eine schmutzige Kampagne, also durch unethisches Wettbewerbsverhalten hinter den Kulissen, anschwärzen konnten. Und das oft nur, weil ihre Produkte auf dem Markt keinen Wettbewerbsvorteil mehr hatten, die Innovationsrate zurückfiel oder schlichtweg die Produktqualität und der Kundennutzen sich gegenüber dem Wettbewerb in Luft auflösten. Dass ausgerechnet ein junger Unternehmer wie Mark Zuckerberg glaubt, solche bigotten Winkelzüge nötig zu haben, hinterlässt einen umso bittereren Nachgeschmack.

Die Fallzahl solcher Skandale wird jedoch bereits in nächster Zukunft abnehmen. Die Kunden sind mündiger geworden und können über die Tools des Internets und speziell der sozialen Medien auf eine bisher ungekannte Transparenz zurückgreifen, um derartige Verkettungen und Machenschaften vermehrt selbst aufzudecken bzw. in Echtzeit darüber informiert zu werden. Auch die Medien sind aufgrund dieses Bedarfs schneller, hellhöriger und kritischer geworden – der investigative Journalismus erlebt insbesondere im Dunstkreis der Netzgemeinschaft eine Renaissance unter neuen Vorzeichen. Auch die Tageszeitung USA Today beispielsweise veröffentlichte statt der erwünschten Anti-Google-Story einen Artikel über die unethische Anfrage der Facebook-Agentur Burston Marsteller.

Facebook bediente sich hier also ganz gezielt an den Wertebedürfnissen der Kunden, für die die Sicherheit im Internet im Rahmen sozialer Interaktion zunehmend an Bedeutung gewinnt. Genau in diesem Bereich jedoch hatte sich Facebook in der Vergangenheit selbst immer wieder in Schwierigkeiten gebracht, wenn neue Features mit potenziellen Datenschutzlücken ohne Einwilligung der Kunden aktiviert wurden, oder gar Nutzerdaten auf sehr undurchsichtige Weise durch das Unternehmen weitergegeben wurden. Da Google zu diesem Zeitpunkt eher für seine Sicherheitsbemühungen gelobt wurde, versuchte Facebook mit dem Versuch, Falschmeldungen über Google zu lancieren, seine Wettbewerbsposition wieder zu stärken, indem es die Kunden täuschte – und zwar ausgerechnet in Bezug auf Werte, die ihnen besonders am Herzen liegen.

Eine Pervertierung von Wertethemen für Marketingzwecke wie bei der vereitelten Schmutzkampagne von Facebook ist in Zeiten werteorientierter Märkte – glücklicherweise – äußerst riskant. Für Unternehmen bedeutet die wachsende Schwarmintelligenz: Der Kunde muss heute nicht mehr nur im Sinne seiner Bedürfnisse als Konsument umworben werden – er hat zunehmend auch Werteansprüche. Facebook hat in dieser Hinsicht bisher jämmerlich versagt; nicht umsonst ist das Wachstum bei den Nutzer-zahlen rückläufig, in den USA war im Sommer 2011 sogar ein Rückgang der Nutzer zu verzeichnen.

Nicht mit mir: Die ethische Verweigerung der Handlanger

Bedeutsam im Sinne der Wirtschaftsethik ist der Skandal um Facebook jedoch noch aus einem anderen Grund: Mit dem Journalisten, der den Skandal publik machte, war es ausgerechnet ein Profiteur der Kampagne, der die Meuterei anzettelte. Auch die früheren Handlanger, durch die Schwarzes Marketing und verwandte Methoden bisher möglich waren, gehen zunehmend auf die Barrikaden. Immer mehr Menschen erkennen, dass auch eine (in diesem Fall sicher gute) Bezahlung den Schaden durch ihren ganz persönlichen Werten entgegenstehendes Handeln langfristig nicht aufzuwiegen vermag. Geraten derartige Informationen an die Öffentlichkeit – und das wird täglich wahrscheinlicher – ist im Ernstfall nicht nur der Job weg; der Ruf ist ruiniert. Und das kann sich, bei zunehmender Bedeutung werteorientierter Positionierung, niemand mehr erlauben. Unethische Geschäftspraktiken sind auf Dauer der Weg in den Ruin auch für die Großkonzerne der alten Schule – unternehmerischer Selbstmord auf Raten.

So hat auch die Leitung von Facebook im Nachgang der Affäre bitter lernen müssen, dass Schwarzes Marketing das falsche Mittel im Wettbewerb um aufgeklärte Nutzer ist – immerhin hat man dem Konkurrenten Google mit dem Skandal durch das Medienecho eine kostenlose Werbekampagne geschaltet und sich durch den Versuch der Verharmlosung noch weiter ins ethische Abseits begeben.

Schlimmer geht's nimmer: Die Gier der Polit-Unternehmer

Mark Zuckerberg ist nicht der einzige Unternehmer, der sich mit pseudoethischen Täuschungsmanövern am neuen Wertebewusstsein der Konsumenten die Zähne ausbeißt. Auch in Deutschland haben wir es immer noch und immer wieder mit solchen Wertemissbräuchlern zu tun. Ich habe bereits ausgeführt, dass die Politik sich über lange Zeit schuldig gemacht hat, der Wirtschaft wertfreies Verhalten vorzuleben. Eine Steigerung dieser

Unkultur liegt vor, wenn Politiker als Unternehmer solche Praktiken direkt in die Wirtschaft hineintragen.

So geschehen im Fall des CDU-Politikers und Krisen-PR-Agenten Wolfgang Stock. Er mimte den werteprogressiven Vordenker, als er an der Uni Frankfurt/Oder die Initiative „Wiki-Watch“ gründete – mit dem vorgeblichen Motiv, Wikipedia-Opfern zu helfen, denen gezielt durch tendenziöse Einträge bei Wikipedia geschadet wurde. Ausgerechnet Stock jedoch nahm es mit der Wertetransparenz im Web ganz und gar nicht genau, sondern nutzte die Plattform, um Geld zu verdienen: indem er bei Wikipedia Lexikonartikel zugunsten des skandalträchtigen Pharmakonzerns Sanofi-Aventis umschrieb.[37]

Das Problem: Stock gehört zu jenen Meinungsbildnern der alten Schule, die ihre Fühler mitten in der Bundespolitik genauso haben wie mitten in den Medien. Bevor er die Krisen-PR-Agentur gründete, in deren Namen er für Sanofi-Aventis arbeitete, war er als Journalist in verantwortungsvollen Positionen tätig: bei der *Berliner Zeitung*, als *Focus*-Korrespondent, als Politikchef bei der *Welt am Sonntag*. Er hat Biografien über Roman Herzog und Rita Süßmuth mitverfasst, sogar über Angela Merkel – deren Video-Podcast er ebenfalls erfunden und anfangs auch produziert hat.

Wie der *Spiegel* im Juli 2011 berichtete, hatte Stock unter verschiedenen Nutzernamen Artikel über Sanofi-Aventis und deren Medikament Lantus positiv bearbeitet, das in den Verdacht geraten war, krebserregende Wirkung zu haben. Zudem editierte er mehrfach in einem Absatz mit der Überschrift „Kritik“ den Artikel über das Pharmaprüfungsunternehmen IQWiG, das ein Gutachten über Lantus erstellt hatte. In diesem Abschnitt warf er den Prüfern unter anderem vor, „die Versorgungssicherheit von 500 000 Patienten in Deutschland“ zu gefährden und durch seine Empfehlungen „jährlich etwa 660 Tote in Deutschland“ zu verursachen.[38]

Stock wies den Vorwurf von sich, die Wikipedia-Artikel gegen Bezahlung oder in Erwartung bezahlter Aufträge seitens des Pharmariesen verändert zu haben. Fakt ist: Sanofi-Aventis hat eingeräumt, durch Stocks PR-Agentur beraten worden zu sein, die auf ihrer Website mit Stillschweigen wirbt: „Als Berater bringen wir uns für Ihren Erfolg ein, bleiben aber vollständig im Hintergrund. Auf unsere Vertraulichkeit können Sie sich verlassen, während unserer Zusammenarbeit und danach."[39] Fakt ist: Wikipedia hat die Benutzernamen, mit denen der Spiegel Stock in Verbindung bringt, gesperrt – weil Administratoren, die auf das Aufspüren missbräuchlicher Edits spezialisiert sind, dies für notwendig hielten. Fakt ist auch: Der Lehrstuhl, an dem Stock „Wiki-Watch" gegründet hat, reagierte äußerst brüskiert auf die Enthüllungen um seinen Mitarbeiter und zog in Erwägung, das Projekt einzustampfen.

Hier hat ein Politiker *und* Unternehmer nicht nur die Werte missbraucht, für die Wikipedia als gemeinschaftliche Errungenschaft steht; er hat auch gezielt die Öffentlichkeit über seine verwerflichen unternehmerischen Motive hinweggetäuscht, indem er sich durch die Gründung von „Wiki-Watch" als Wächter eben jener Werte aufspielte. Eine solche Pervertierung von demokratiefördernden Werten wie der freien Meinungsbildung durch Informationsangebote im Internet kann gar nicht hart genug abgestraft werden. Dass ausgerechnet die Verbindungen eines Mannes wie Stock bis in die höchsten Ebenen deutscher Politik, Wirtschaft und Bildung reichen, spricht einmal mehr für die tiefe Verwurzelung der alten Schule des Wertemissbrauchs in traditionellen gesellschaftlichen Eliten – in der Politik, in der Wirtschaft, in den Medien, sogar in der Wissenschaft.

Dass der Skandal ans Licht kam, weil die Selbstreinigungskräfte der Netzgemeinschaft auch im Fall von Wikipedia ihren Dienst vorbildlich verrichtet haben, spricht allerdings dafür, dass diesen Cliquen der unethischen Kriegsführung harte Zeiten drohen.

05 Wer hat an der Uhr gedreht? Von der Zeitenwende des Wertebewusstseins

Die Zeit ist schlecht? Wohlan. Du bist da, sie besser zu machen.
[Thomas Carlyle]

Revolutionen brauchen Zeit. Oft werden sie erst als gesellschaftliche Umwälzungen wahrgenommen, wenn Jahre ins Land gegangen sind, in denen sich die Mehrheit einer Gesellschaft an die neue Ordnung gewöhnt hat und die alten Eliten zu belächelten Randerscheinungen verkommen sind, die niemand mehr ernst nehmen mag. Bevor es soweit ist, verbringen Revolutionäre oft Jahre der Isolation: Sie werden erst geachtet, wenn sie sich eine Lobby erarbeitet haben.

Die ersten Einschläge der Abrissbirne

Immer gehen gesellschaftlichen Umwälzungen massive gesellschaftliche Erschütterungen voraus; Erschütterungen, die bis ins Mark der gesellschaftlichen Moral reichen. Die Finanzkrise ist eine solche Erschütterung der Wirtschaftsordnung, die auf einen Paradigmenwechsel im Wertesystem hindeutet. Auch die auf den bisherigen Seiten dieses Buches analysierten Skandale um diverse prominente Politiker und Manager der jüngsten Zeit sind solche Erschütterungen. Auch die diversen Skandale um Plagiate von Köpfen der großen Politik sind solche Erschütterungen.

Was diese Ereignisse eint, ist das Muster ihrer Aufdeckung – die Alarmiertheit einer sich formierenden Wertegemeinschaft, die in ihnen zum Ausdruck kommt. In all diesen Skandalen geht es um Werteansprüche, die vorher nicht explizit in der öffentlichen

Diskussion waren; das sind konkrete Werte selten. Wenn aber sogar Versicherungsgesellschaften damit zu werben beginnen, die moralischen Ansprüche ihrer Kunden endlich ernst nehmen zu wollen, ist das ein klares Zeichen dafür, dass die Wimpel auf Sturm stehen für jene, die es mit den Werten bisher noch nicht so genau nehmen.

Die alten werteprägenden Instanzen haben ihre Aufgabe an der Ethik verwirkt. Über Jahrzehnte haben sie uns vorgespielt, für Werte zu stehen, die dem Wohl der Gemeinschaft dienen – und haben hinter den Kulissen das Motiv des Machterhalts mit äußerst unethischen Mitteln betrieben. Bis zuletzt sind sie damit unbehelligt davongekommen – bis soziale Netzwerke und neue Formen der investigativen Informationsverbreitung einen Deckungsgrad erreicht hatten, der auch den bisherigen Sprachrohren jener alten Schule auf äußerst nachdrückliche Weise Konkurrenz zu machen begann.

Und jetzt wir: Die neue Meinungsfreude

Mit den alten Werteinstanzen haben sich auch die alten Formen der Meinungsbildung überlebt. Stattdessen setzen Menschen heute vermehrt auf die Intelligenz der Masse, die – im Gegensatz zu lobbyistisch beeinflussten und damit in Machthierarchien eingebundenen Informationsangeboten – über sehr effektive Selbstreinigungskräfte verfügt, die schädliche Einflüsse nicht nur zu erkennen, sondern auch anzuprangern und damit langfristig auszulöschen in der Lage sind. Im Gegensatz zu den konventionellen Kanälen der Meinungsbildung ist das Internet zwar noch leichter manipulierbar als herkömmliche Informationsmedien, dafür aber von der breiten Öffentlichkeit kontrollierbar und beeinflussbar.

Die neue Meinungsfreude hat dazu geführt, dass immer mehr ethische Verwerfungen der alten Schule des Machterhalts ans Licht gekommen sind. Es hat sich gezeigt, dass sie Werte als Feigenblätter missbraucht, sie gezielt als Waffe wider den fairen

Wettbewerb einsetzt und sogar das Verlangen der Menschen nach gelebten Werten zu demagogischen Zwecken ausgenutzt hat. Es hat sich gezeigt, dass die Menschen diese Manöver immer öfter durchschauen. Es hat sich gezeigt, dass sich so immer öfter auch kein Profit mehr machen lässt. Es hat sich schließlich auch gezeigt, dass Versuche, die neue Lust an den Werten zu unterlaufen, bereits zahlreiche Opfer unter den Missbräuchlern gefordert haben. Ich habe keinen Zweifel: Die wachsende Empörung der Menschen über ihre unethischen Eliten bricht sich Bahn. Die Revolution hat begonnen.

Die Ethik ist tot, es leben die Werte

Im Schmutz einer toten Begriffsethik sei damit genug gewühlt. Die Abrissbirne schwingt und tut weiter ihr Werk, während wir nach vorn blicken. Sehen wir uns an, wo unterm Geröll der alten Gemäuer die neue Zeit aufblitzt. Schauen wir uns die Revolutionäre an, die schon heute Richtfest feiern auf neuen Dächern, unter denen sie unsere Zukunft formt.

Feiern wir mit denen, die sich selbst noch nicht feiern – weil ihre Revolution noch gar nicht ausgerufen wurde.

Bullet Points I

- *Nur wenn wir erkennen, wie wir selbst missbräuchliche Systeme unterstützen, können wir damit aufhören und an der gemeinschaftlichen Erneuerung der Werteprägung teilhaben.*

- *Die alten Instanzen sind nicht mehr unangreifbar. Die Transparenz der neuen sozialen Vernetzung deckt Werteverstöße auf und straft sie öffentlich ab.*

- *Das rationalistische, egomanische Management der alten Schule hat ausgedient. Werteorientierten Märkten und Mitarbeitern können Kennzahlenreiterei und aufgeklebte Wertetiketten nicht mehr gerecht werden.*

- *Das Verantwortungsdogma ist ein Egotrip rückständiger Manager. Vertrauen ist besser als Kontrolle.*

- *Die neuen Kanäle der Meinungsbildung sind äußerst effektiv: Verbraucher können authentische Werte von statistisch motivierten Marketingtrends unterscheiden.*

- *Pseudoethische Feigenblätter sind eine unternehmerische Suizidstrategie. Wer Wertethemen ausnutzt, um sich einen Vorteil zu verschaffen, gräbt sich sein eigenes Grab.*

- *Wertebewusste Akteure der Wirtschaft lassen sich nicht mehr zu Handlangern für schmutzige Spielchen machen. Sie setzen Wertekongruenz über Profit – sogar wenn sie selbst Profiteure wären.*

Flickering Signals:

Die Wirtschaft ist zum Glück auch nicht mehr das, was sie mal war

**

06 Der Wandel ist ein Gefühl: Warum die Wirtschaft der Zukunft im Bauch entsteht

Zuerst ignorieren sie dich, dann lachen sie über dich, dann bekämpfen sie dich und dann gewinnst du. [Mahatma Gandhi]

Wer die Zeichen des Wandels in einer Gesellschaft sehen will, der muss nur in ihre Gesichter schauen. Sehr oft beginnen gesellschaftliche Umbrüche dort, wo eine Gemeinschaft sich ihren Wohlstand erarbeitet: in der Wirtschaft. So ist es im Fall des Paradigmenwechsels, dessen Anfänge wir seit einiger Zeit erleben: die anbrechende Ära der neuen Wertegemeinschaft. Auch wenn der Wandel schon heute an immer mehr Ecken und Enden spürbar ist – noch bedarf es genauen Hinsehens, um die Muster auszumachen, die das neue Wertebewusstsein gesellschaftlich erkennen lassen. Dieser zweite Teil des Buches soll genau das leisten: Er blickt aus der Vogelperspektive auf die Flickering Signals einer neuen Zeit, die gesamtgesellschaftlich, aber besonders in neuen Formen werteorientierter Unternehmenskultur täglich weiter Fahrt aufnehmen.

Flickering Signals: Die leuchtenden Beispiele der Wirtschaft

In der Physik sind Flickering Signals diffuse Signale, die von energiereichen Elementen oder Oberflächen ausgehen können und auf reaktive Energietransfers hinweisen.

Im Kontext der Wirtschaft – und Gesellschaft – könnte man sie übersetzen als Signale, die Veränderungen von Gegebenheiten und das Aufflackern von Produktivkraft in neuen Bereichen anzeigen, die reich sind an kreativer Energie. Flickering Signals sind also, in diesem Buch, die leuchtenden Beispiele einer seelisch getriebenen Wirtschaft; die Brennstoffzellen der Erneuerung, die schon heute neue Felder der Wirtschaft und eine neue Unternehmenskultur dort befeuern, wo andere noch gar nicht hingedacht haben.

Interessant sind sie für uns gerade weil sie – wie in der Physik – eher diffusen Charakters sind und ihre Bedeutung erst als Muster interpretiert werden kann. So ist es auch mit den Pionieren der neuen Wirtschaftskultur: Wir müssen die Summe ihrer Innovationen als Ganzes betrachten, um ihre Bedeutung als revolutionäre Bewegung zu erkennen.

Wer die Flickering Signals jedoch schon heute zu deuten und ihre Botschaft bei der Umsetzung seiner eigenen Ideen und Konzepte zu implementieren vermag, der ist dem Mainstream um Längen voraus.

Zuvor aber gilt es unseren Blick zu schärfen, indem wir uns fragen: Wie erkennen wir den Wandel? Wie fühlt er sich an? Was macht ihn real?

Bauch schlägt Kopf: Wenn es prickelt, hat Sie der Wandel erfasst

Dessen bin ich mir sicher: Auch Sie spüren den Wandel. Er äußert sich in einem Prickeln, das Sie manchmal sogar physisch, ganz bestimmt aber in Ihren Hirnwindungen spüren können, wenn Sie für innovative Signale empfänglich und im Geist frei für Erneuerung sind. Dieses Prickeln signalisiert Ihnen, dass plötzlich etwas anders ist als sonst. Das kann Ihnen jederzeit und überall passieren. Und dann sollten Sie Ihrem Bauchgefühl vertrauen. Unbedingt.

Soft-Skill-Gedöns, meinen Sie? Mitnichten. Unsere Instinkte sind oft nämlich viel verlässlichere Indikatoren für die erfolgversprechende Wegrichtung als unsere antrainierte und von vielerlei zutreffenden, aber auch unzutreffenden Prägungen und unterbewusst adaptierten Bedürfnissen wie Gier beeinflusste Ratio.

Wenn Ihnen das noch zu esoterisch klingt, möchte ich Ihnen einen Blick auf die Entstehungsgeschichte der jüngsten Finanzkrise nahelegen, nachzulesen etwa bei Leo Müller[40]. Diese Entstehungsgeschichte ist nichts anderes als die Chronologie kriminellen Genies – geboren aus einer Ratio, die jeglicher ethischer Anbindung entbehrt. Unsere Vernunft ist durchaus geeignet, um ethisch betrachtet alles falsch zu machen, was man im Sinne der Gemeinschaft, in der wir leben, nur falsch machen kann. Zum Zuge kommt dieses Potenzial dann, wenn die Motive derer, die sich bereichern wollen, stärker sind als die Motive derer, die über Recht und Ordnung – und damit auch über die gesamtgesellschaftliche Wertekonstruktion – wachen. Wie es um die Moral dieser „wachsamen" Eliten bestellt ist, haben wir in Teil I dieses Buches hinreichend betrachtet.

Kopf macht Krise, Bauch macht Business

So wagemutig es klingen mag: Wir hätten wahrscheinlich keine Finanzkrise erlebt, wenn die Entscheidungen über unsere Finanzgeschäfte öfter mit dem Bauch getroffen würden als mit dem vermeintlich rationalen Glauben, dass die Experten, die unser Geld verwalten, wohl am besten wissen, was zu tun ist. Obwohl nicht zu leugnen ist, dass sie wissen, was sie tun – im Sinne ihrer eigenen Bereicherung. Je weiter oben in der Finanzhierarchie, je weiter abstrahiert von den Schicksalen, die in den Summen der Bankenreserven untergehen, desto wilder sprießt die Spekulation.

Vergleichen Sie es einmal so: Wenn Sie einen 100-Euro-Schein beim Spazierengehen am Strand finden, den der Wind dorthin geweht hat, werden Sie eher geneigt sein, das Geld zu behalten, als wenn Sie beobachten können, wie der Schein Ihrem bekanntermaßen verschuldeten Nachbarn aus der Hosentasche fällt, der direkt vor Ihnen die Treppe hinunterläuft. Oder?

Deshalb ist das Bauchgefühl in der Wirtschaft so wichtig. Je nach unserer Position könnten wir es auch „unternehmerischen Instinkt" nennen – das klingt schon weniger vage, richtig? Und deshalb sollten wir das Bauchgefühl in unserer Wirtschaft wahrnehmen, wertschätzen und in unsere Entscheidungen einbeziehen. Auf unseren Verstand hören wir sowieso. Unser Bauchgefühl dagegen unterdrücken wir – viel zu oft.

Nicht zuletzt deshalb konnte es zur Finanzkrise kommen. Die zunächst ursächlichen, gegen jede Vernunft aus reiner Renditegier vergebenen Subprime-Kredite an Kreditnehmer mit mangelnder Bonität kamen ursprünglich deshalb zustande, weil sie sich anhand von Risikomodellen und statistischen Erwägungen letztlich so zurechtrechnen ließen, dass sie irgendwie zu rechtfertigen waren. Nichts anderes ziehen die europäischen Finanzminister aktuell mit den geplanten Euro-Bonds in Erwägung: „Mit der finanziellen Überbelastung droht auch Deutschland, seine Bestnote als Schuldner zu verlieren"[41], ließ der Altbörsianer Gottfried Heller kürzlich in eine *Zeit*-Interview verlauten, in dem er die (Finanz-) Märkte auch mit einem Rudel Wölfe[42] verglich.

Das gleiche Muster kam und kommt bei allen Finanztransaktionen zum Tragen, die auf Spekulation beruhen: Die Elite der Hochfinanz ist schlicht schlau genug, statistische Modelle zu errechnen, die ihre Spekulationen zumindest zeitweise legitimieren. Im April 2011 zitierte die *Frankfurter Allgemeine Zeitung* den US-amerikanischen BWL-Professor Amar Bhidé zur Zahlenabhängigkeit der Finanzbranche und die Bedeutung des Bauchgefühls bei finanziellen Entscheidungen: „Wenn wir das Primat des menschlichen Urteils erhalten wollen, müssen wir uns statistische Modelle nutzbar machen und dürfen uns ihnen nicht komplett unterwerfen."[43]

Dass diese statistischen Modelle mit den Realitäten und Unwägbarkeiten der Märkte oft nichts zu tun haben, die am Ende immer von Angebot und Nachfrage und ihrer Rückbindung an reale Werte abhängen, ist einfach zu erklären: Diese Rückbindung hängt am Faktor des Menschlichen, denn an ihm hängt auch die Wirtschaft. Macht irgendwo ein Manager einen entscheidenden Fehler, taugt das statistische Modell nichts mehr, das auf seinen Prognosen aufbaute. In eine solche Lage hat sich und seine Industrie etwa der UBS-Banker Kweku Adoboli gebracht, der im Alleingang ganze 2,3 Milliarden Dollar verzockte.[44]

Die ganze Spekulationskette reißt an ihrer schwächsten Stelle. Ist diese Stelle sensibel genug, ist die Lawine losgerollt, bevor irgendjemand Alarm schlagen kann – wenn er das denn täte, denn die Ratio des Besitz- und Statuserhalts wird ihm auch davon abraten. Die FAZ zitierte dazu den Psychologen Gerd Gigerenzer, Direktor des Zentrums für Adaptives Verhalten am Max-Planck-Institut für Bildungsforschung: „Eine Ursache der Finanzkrise war die Gläubigkeit in die Fähigkeit, den Markt vorherzusagen. Hier wurden zwar komplexe statistische Methoden verwendet, aber genau diese sind in manchen Entscheidungssituationen oft nicht die besten.“[45] Gigerenzer hat triftige Argumente für seine Bevorzugung der Intuition gegenüber der bloßen Zahlengläubigkeit an den Finanzmärkten, denn er hat die Erfolgsquoten beider Strategien verglichen: „In unseren Studien haben wir gezeigt, dass die Lösung komplexer Probleme unter Unsicherheiten durch einfache Strategien, Erfahrungen und Intuition besser erreicht werden können.“[46]

Dass maximale Komplexität noch längst nicht auf ausgereifte Strukturen hinweist, haben wir bereits im Kontext der Reibungsverluste von Produktivkraft in Großunternehmen festgestellt. Ist es also die vermeintlich vernunftgetriebene Zahlengläubigkeit, die uns in den vergangenen Jahren und Jahrzehnten wiederholt in schwere Krisen gestürzt hat, weil sie die Legitimation mehr oder weniger augenscheinlich unethischer Entscheidungen ermöglichte? Anders gefragt: Sollten wir in Zukunft öfter nein sagen, auch wenn die Zahlen ein Ja rechtfertigen? Unbedingt, folgt man Gerd Gigerenzer: „Anders als oft gelehrt wird bestehen gute Entscheidungen unter Unsicherheit darin, dass man Informationen, die man hat, ignoriert."[47]

Kreativität ist nur zur Hälfte Kopfsache

Und noch etwas spricht für das Bauchgefühl: Anders als nackte Zahlen ist es ein Motor der Innovation. Dass dem Management jener schwarzen Ritter der Kennzahlen in der Regel wenig Kreativität zu bescheinigen ist, haben wir bereits festgehalten. Kreativität aber ist eine notwendige Voraussetzung für Innovation. Kreativität ist ein Ergebnis informierter Leidenschaft. Sie ist die Summe aus Erfahrung und Spieltrieb – zu tun, wofür man brennt, und dabei zu wissen, was man tut. Innovation, die Summe von Kreativität und Erfahrung, ist ein weitaus effizienterer Erfolgsgarant als statistische Modelle ohne intuitive und strategische Filter. Deshalb florieren junge Unternehmen an (realen) internationalen Märkten, während die Börse sich nur um sich selbst dreht: Die Köpfe dieser Unternehmen wissen, was sie tun, und vertrauen auch angesichts der inhärenten Risiken jeglicher Neuerung gezielt auf ihre Innovationen, weil sie auf die Intuition der Kunden setzen, die ihre Produkte ersehnen. Kein Wunder also, dass die Credit Suisse in einem Research Paper[48] über kleine und mittlere Unternehmen im Jahr 2011 Innovation zum Schwerpunktthema gemacht und festgestellt hat: 55 Prozent der befragten Unternehmen (der Spitzenwert) geben Kundenfeedbacks als Hauptquelle für Branchentrends an.[49] Statistische Marktanalysen landeten bei dieser Befragung nur auf dem fünften Platz.[50]

Hätte auch die Mehrzahl der Finanzspekulateure vor 2008 gewusst, was sie taten, und intuitiv gezielt gehandelt anstatt blind, aber scheinbar theoriekompatibel zu spekulieren, als es darauf ankam, wäre uns eine Krise erspart geblieben. Stattdessen verließ sie sich auf statistische Modelle, die sie schon längst nicht mehr überblickte oder nie überblickt hatte – und schaufelten das

Geld ihrer Anleger zum Fenster hinaus. Nach der Lehman-Pleite unterhielt ich mich mit einem Brancheninsider über das Warum, und er versicherte mir: Die meisten Banker, die solche astronomischen Transaktionen durchwinkten und sich dabei auf jene statistischen Modelle ihrer Gurus verließen, hatten diese bei weitem nicht verstanden.

Innovation trotz Risiko ist auf lange Sicht effizient. Spekulation auf der Basis von Risikoanalysen ist idiotisch, und weitaus gefährlicher als jedes Bauchgefühl. Welcher Mathematiker kann eine Gleichung lösen, die aus Tausenden von Variablen bei praktisch keiner Bekannten besteht? Die Ratio, der Ehrgeiz und die Gier mögen ihn reizen, es zu versuchen, und auf seinen Erfolg zu wetten. Der Bauch wird ihm sagen: Lass es.

Leidenschaft beginnt im Bauch

Und weil das Bauchgefühl gar nicht genug gerühmt werden kann, noch ein drittes Argument, warum wir ihm auch und gerade in der Wirtschaft unbedingt öfter folgen sollten: Es macht verdammt noch mal mehr Spaß.

Als ich noch als Student der Betriebswirtschaftslehre an der Uni Regensburg im Jahr 1991 meine erste eigene Unternehmensberatung für Osteuropa-Investitionen gründete, tat ich das aus folgenden Gründen: Zum einen, weil ich jung und experimentierfreudig war und aus purer Leidenschaft fürs Business etwas Neues ausprobieren wollte. Zum anderen hatte ich ein Bauchgefühl, dass sich an diesen osteuropäischen Märkten etwas Großes, Neues, Spannendes anbahnte. Außerdem suchte ich nach Abwechslung von der Theorielastigkeit des Studienalltags.

Ging ich ein Risiko ein? Ganz gewiss. War das Risiko kalkulierbar angesichts des absehbaren Potenzials, das die Unternehmung versprach? Nicht wirklich. Ließ ich mich trotzdem darauf ein? Allerdings – ohne Mut kein Geschäft.

Ich startete das Unternehmen mit dem theoretischen Wissen eines Studenten vor dem Vordiplom und der dementsprechend begrenzten praktischen Erfahrung, die ich vorweisen konnte, weil ich einfach Lust daran hatte und darauf brannte, mich auszuprobieren. Ich konnte den Erfolg förmlich riechen. Ich ging ein nicht geringes persönliches Risiko ein; im Kontext der Wirtschaftsunternehmen, die mit ihren Investitionen Vertrauen in mich und meine Empfehlungen setzten, war es ein lächerlich kleines Risiko. Das ihnen umso größere Gewinne bescherte, denn die fraglichen Märkte entwickelten sich schnell zu wahren Goldgruben für die Early Adopters.

Die Frage erscheint mir daher berechtigt: Warum spekuliert unsere Wirtschaft mit existenzbedrohenden Summen, wenn das Risiko alles andere als kalkulierbar ist, spart sich aber um Kopf und Kragen da, wo bei oft verschwindend geringem Risiko wirklich etwas zu holen ist; in den Bereichen, die bei überschaubarem Einsatz viel Innovation und Effizienzgewinn versprechen – etwa beim Personal, dem Service und der Unternehmenskommunikation?

Die Erfolgsgeschichten in den folgenden Kapiteln des Buches sollen einen Anreiz bieten, die Prioritäten der Wirtschaftlichkeit von Unternehmen in unserem Land neu zu überdenken. Nicht alle Beispiele, die ich hier diskutiere, sind explizit wirtschaftlicher Natur – weil auch die Zielgruppen, um die es dabei geht und die – jede für sich – eine kleinere oder größere Wertegemeinschaft bilden, nicht von morgens bis abends wirtschaftlich denken, sondern eben mit dem Bauch. Denn da stecken die Werte, die uns befeuern.

Kunden treffen Kaufentscheidungen zu 80 Prozent[51] unterbewusst, also aus dem Bauch heraus – bei gleichzeitiger Kalkulation des Budgets, das ihnen zur Verfügung steht, und bei positivem Körperfeedback auch ein bisschen darüber hinaus. Welches Potenzial viele Unternehmen im Rahmen dieser kleinen, aber entscheidenden individuellen Spanne verschenken, weil sie das Augenmerk auf interne Kennzahlen legen, die viel geringere

Auswirkungen auf den Unternehmenserfolg haben, ist erschreckend. Als hätten sie keine Möglichkeit, sich über die neue Wertedynamik der Kunden zu informieren, halten sie an der traditionellen Zahlenwirtschaft fest – und wundern sich, wenn die vermeintlich unfehlbaren Zahlen plötzlich rot daherkommen. Der kleine Bio-Obstladen an der Ecke dagegen, zu dem die Leute gehen, weil er mit seiner Serviceorientierung für Wertebedürfnisse steht, deren Erfüllung oft rein gar nichts kostet, floriert.

Wo liegt der Unterschied? In der Leidenschaft für Werte, die der Betreiber mit seinen Kunden teilt.

Lassen Sie sich auf Ihr Bauchgefühl ein, denn Leidenschaften entstehen im Bauch, nicht im Kopf. Die Leidenschaft eint alle Revolutionäre dieser Welt. So auch die, mit denen wir uns in diesem zweiten Teil des Buches beschäftigen: Die wertegetriebenen Flickering Signals in der gegenwärtigen Wirtschaftslandschaft, inmitten von Schutt und Asche, die die alte Schule hinterlässt, sind Leuchtfeuer der Leidenschaft und deshalb Signale einer beginnenden wirtschaftlichen Revolution.

Leidenschaft: Der Brennstoff beseelter Arbeit

Leidenschaft ist die ultimative Motivation. Wer mit Leidenschaft bei der Sache ist – ob die Sache nun die Arbeit, ein Hobby oder eine Beziehung ist – arbeitet nicht nur ohne Drohgebärden seitens der Führung auf voller Kraft, sondern empfindet auch noch Spaß dabei. Leidenschaft ist eine Bedingung von Freude, die Grundlage des Glücks. Ein Unternehmen, dessen Mitarbeiter leidenschaftlich arbeiten, muss sich um Effizienz deshalb keine Sorgen machen: Das Ergebnis von Leidenschaft ist das, was uns scheinbar keine Mühe macht und trotzdem besser ist als jedes mühsam erackerte.

Die böse Schwester der Leidenschaft ist die Gier. Was die beiden unterscheidet ist, dass die Leidenschaft im Gegensatz zur Gier werte-

getrieben ist. Wir empfinden eine Leidenschaft für die Ziele, die wir uns aufgrund unserer Kernwerte selbst setzen. Den Weg dahin empfinden wir deshalb als weniger mühevoll und haben sogar Spaß daran, unterwegs dazuzulernen. Heißt unser Antrieb dagegen Gier, ist der Weg zum Ziel lediglich ein notwendiges Übel – wir bewältigen ihn mit minimalem Kraftaufwand und ohne dabei unsere Werte zu hinterfragen, weil uns eigentlich nur das Endergebnis interessiert. Was die Großspekulanten etwa der UBS angetrieben hat, liegt wohl auf der Hand: Ein leidenschaftlicher innerer Antrieb wäre mit einer Reflexion von Werten einhergegangen, die die Gier jedoch ausblendet.

In guter Tradition: Leidenschaft ist die Triebfeder der Revolution

Die Zukunft einer Gesellschaft beginnt in der Wirtschaft – das haben uns schon andere Revolutionen der Geschichte gelehrt. Die Industrielle Revolution hat die gesamte westliche Hemisphäre auf den Kopf gestellt und die Voraussetzungen für den Grad des Fortschritts geschaffen, von dem wir heute profitieren – nicht ohne dass dabei die Vertreter einer früheren, damals alten Schule des Wirtschaftens gewaltig Federn lassen mussten, bevor sie sich zum Wandel bekannten.

Die digitale Revolution hat so schnell und so effektiv eingeschlagen wie keine wirtschaftliche Revolution vor ihr. Auch ihre Pioniere hatten, etwa mit dem Platzen der Technologieblase, schwere Schlachten zu schlagen, bevor sie die Trägheit alter Märkte überwunden hatten und ihren Siegeszug antreten konnten.

Die Revolution des Wertebewusstseins, mit der wir es heute zu tun haben, ist ähnlich der Digitalen Revolution eine märkte- und branchenübergreifende, was sie schwer greifbar macht. Dass Werte vielfältig interpretierbar und letzten Endes nichts sind, was man anfassen kann, ändert jedoch nichts an ihrer wirtschaftlichen Schlagkraft. An Maschinen wollte lange die meisten nicht glauben, bis die Ergebnisse ihrer Effizienz jedes frühere Wirtschaftswachstum in den Schatten stellten. An die Macht der

Bedürfnisse des digitalen Kunden wollten viele auch nicht glauben – bis er Legion wurde. Die Macht des wertebewussten Kunden wollen heute ebenfalls viele noch nicht wahrhaben – bis der Markt sie eines Besseren belehren wird. Und das wird er.

Die Kunden haben längst begonnen, werteorientiert zu entscheiden. Die Revolution ist im Gange. Unternehmen haben deshalb an den Märkten der Zukunft nur eine Chance, wenn sie schleunigst beginnen, es ihren Kunden gleichzutun. Sie müssen beginnen, Werte zu leben anstatt sie nur als abstrakte, sinnleere Gebilde vor sich herzutragen. Die Kunden kennen diesen Unterscheid inzwischen. Sie spüren ihn – im Bauch. Da, wo sie entscheiden, wem sie ihr Geld geben.

Es gibt eine Vielzahl von Unternehmen, die die Zeichen des Wandels erkannt haben und nicht nur auf den Zug der Revolution aufgesprungen sind, sondern sie aktiv mitgestalten. Was vielen von ihnen noch fehlt, ist Sichtbarkeit. Ich nenne ihre Leistungen deshalb Flickering Signals, die ich in diesem zweiten Teil des Buches zusammentrage. Ich tue das, um die ersten Muster jener Bewegung sichtbar zu machen, deren Protagonisten bereits quer über die Wirtschaft, quer über die Gesellschaft, quer über den Planeten verstreut sind, ohne dass sie als Gemeinschaft wahrgenommen würden. Und doch sind sie genau das: eine Gemeinschaft. Genauer: eine Wertegemeinschaft. Noch genauer: Die Gemeinschaft der gelebten Werte. Genau deshalb ist ihr Potenzial so groß. Es wird Zeit, dass wir sie im Zusammenhang sehen, denn wir alle werden es mit ihnen zu tun bekommen – und im besten Fall schon bald zu ihnen gehören. Diese Gemeinschaft ist ebenso unausweichlich wie die digitale, und vor ihr die industrielle. Diese Gemeinschaft ist unsere Zukunft.

Wo der Bauch schon regiert: Das Territorium der Flickering Signals

Einzug gehalten hat diese Gemeinschaft schon jetzt in den Keimzellen der Innovation: In die politischen und auch die apolitischen

Gruppen, die durch neue Vernetzungsmöglichkeiten gesellschaftlich immer öfter und immer effizienter für produktiven Aufruhr sorgen und kleine und größere Grass-Roots-Revolutionen von unten anzetteln. In die nachwachsende Generation von Managern und anderen Produktivkräften, die Erfolg nicht mehr allein durch ihre Gehaltsgruppe und vermeintlich sichere Renten definieren, sondern auch durch Faktoren wie persönliche Erfüllung, durch Lebensaufgaben jenseits des Jobs oder mit dem Job als Teil dieser Aufgaben; durch Randerfahrungen, heterogene soziale Beziehungsgeflechte, eine lokal-globalisierte Lebensführung, durch den Gewinn an qualitativ selbstbestimmter Lebenszeit und die Seligkeit, die in der Bescheidenheit liegt.

Vor allem aber hat die Wertegemeinschaft in den kleinen und nicht mehr so kleinen Unternehmen begonnen sich zu etablieren, die jenseits der Kennzahlen unverzagt Neues ausprobieren und den großen Fischen damit immer öfter Konkurrenz machen. Sie zeichnen sich aus

→ durch Teams, die durch gemeinsame Werte zusammengeschweißt werden anstatt nur durch ihre Spezialisierung, und die Hierarchien anders denken als auf einer Skala zwischen steil und flach, die mobil und offen sind anstatt statisch und ausgrenzend;

→ durch das Zulassen von kreativem Chaos innerhalb von Rahmenbedingungen, die vom Chaos profitieren anstatt auseinanderzufallen;

→ durch Transparenz anstelle von Verschleierungstaktiken, die mehr Vertrauen beim Kunden erzeugt als jede heuchlerische Kampagne;

→ mehr als alles andere noch aber durch den engen, auf gemeinsamen Wertvorstellungen beruhenden Kontakt zu den Kunden und Konsumenten, die sich aus ebendiesem Grund diesen

Unternehmen zuwenden, anstatt von ihnen unter Vorspiegelung aufgesetzter Wertepropaganda angeworben zu werden;

- und schließlich dadurch, dass sie neben der Offenheit gegenüber ihrer Zielgruppe dieselbe Offenheit auch ihren unternehmerischen Partnern entgegenbringen, dafür bei ihnen aber auch dieselbe wertetransparente Einstellung zu ihrem Business und zur gemeinsamen Arbeit voraussetzen.

Nicht nur die Kundenbindung, sondern auch die wirtschaftlichen Netzwerke dieser Unternehmen also basieren auf der Verbindlichkeit gemeinsamer Werte – so entsteht eine neue Dynamik der Wirtschaftslandschaft, die sich langsam ausbreitet. Sie etabliert sich nicht etwa in Form isolierter Inseln, sondern flächig wachsend eine neue Unternehmenskultur, die weit über die einzelnen Unternehmen hinausgeht.

Gemacht wird diese Kultur – natürlich – vor allem von den Persönlichkeiten, die diese Unternehmen gründen und prägen. Gemeinsam prägen sie das Bild eines neuen Unternehmers, der nicht mehr Profit um jeden Preis, sondern Profit mit dem machen will, was ihm am Herzen liegt. Eigentlich ein uraltes Erfolgsprinzip, erleben wir heute eine Renaissance des ehrbaren Kaufmanns unter neuen Vorzeichen. Im Gegensatz zu den Vertretern der alten Schule nämlich ist das Ziel dieser Unternehmer nicht Macht und deren Erhalt, sondern die Erfüllung einer Lebensaufgabe und deren Nachhaltigkeit.

Diese neue Ethik des Unternehmertums setzt sich bei den Mitarbeitern dieser Unternehmer fort, die für das brennen, was sie tun, anstatt nur ein Arbeitsleben lang die lästige Not des Geldverdienens zur Tugend zu machen:

- Sie sind flexibler als die angstgetriebenen Mitarbeiter in Unternehmen der alten Schule und folgen ihrer Intuition – auch wenn das Brüche in der Karriere und Neubeginn bedeutet.

- → Sie sitzen nicht mehr auf Positionen fest, sondern folgen ihren Talenten und realen Fähigkeiten, weil sie nur so erfüllt arbeiten und gleichzeitig im Dienst des Unternehmens Produktivkraft generieren können.
- → Und, im Gegensatz zum Charakter von Erwerbstätigkeit, der sich über die letzten Jahrzehnte etabliert hat, werden sie aufgrund ihrer selbstbewussten individuellen Prägung, die nicht mehr verschleiert wird, wieder umworben, anstatt als Bittsteller um Lohn und Brot aufzutreten.

Ein Sektor, der infolge der Finanzkrise von massiver Abwanderung der Mitarbeiter betroffen ist, ist der Banken- und Finanzdienstleistungsbereich. Bereits 2009 kündigten im Rahmen einer Untersuchung von Badenoch & Clark 24,9 Prozent der Mitarbeiter von 700 befragten Unternehmen an, nach der Erholung der Märkte ihre Karriere in einem anderen Unternehmen fortsetzen zu wollen.[52] Der Hauptgrund dafür ist einmal mehr mangelnde Transparenz seitens der Arbeitgeber: Nur 49 Prozent der Befragten gaben an, über die Krisenmaßnahmen ihrer Arbeitgeber informiert zu sein und ihnen zuzustimmen; 20 Prozent der Befragten wurden nicht einmal über Maßnahmen informiert, weitere 17,5 Prozent stimmten ihnen nicht zu und 13,3 Prozent hatten sie schlicht nicht verstanden.[53]

Ein früher Ansatz einer Branche, die viele der genannten Kulminationspunkte der neuen Wertegemeinschaft in sich vereint, ist die Sparte des Social Business, das viele der genannten Ansätze geboren oder früh aufgenommen hat. Hier werden Märkte mit einem ganz anderen Bedürfnisfeld ins Visier genommen, die völlig neue Wege verlangen, Führung, Management, Erfolg, Nachhaltigkeit, Unternehmenskommunikation, Globalisierung, Wirtschaftlichkeit und all die anderen Aspekte des Wirtschaftens zu denken, die in diesem Bereich mit den Interpretationsmustern der alten Schule nicht mehr zu erfassen sind.

Spaß am Business: Sie dürfen!

Sie sehen schon jetzt: Alles ist erleuchtet. Die Flickering Signals sind unter uns: in den Führungsetagen, in den Geschäftsplänen innovativer Gründer, in den Listen der beliebtesten Arbeitgeber, bis hinein in die neue Dynamik von Arbeitnehmergruppen. Und wir haben allen Grund, uns darüber zu freuen – denn all diese Keimzellen der Innovation stehen für Menschen und Unternehmen, die zu sich selbst gefunden haben oder auf dem besten Wege dazu sind. Wünschen Sie sich nicht auch, so leben und arbeiten zu können?

Sie dürfen. Beginnen Sie damit, sich mit den Werten auseinanderzusetzen, für die Sie stehen – als Individuum, als Teil der Gemeinschaft Ihres Unternehmens, im Unternehmen als Teil der Wirtschaft und der Gesellschaft. Fangen Sie hier und heute damit an, in diesem Buch.

Und dann, darum bitte ich Sie ganz ausdrücklich: Haben Sie endlich auch mal wieder Spaß! Ganz einfach indem Sie anfangen, diese Werte täglich zu leben. Das geht – es ist nicht annähernd so kühn, wie Sie denken. Doch zum Wie kommen wir noch, im dritten Teil dieses Buches. Jetzt schauen wir erst einmal anderen dabei zu, wie sie Spaß haben. Ich hoffe, Sie werden ein bisschen neidisch.

07 Grass Roots Rule: Warum Veränderung immer öfter von unten kommt

Nicht die Gewehrkugeln und Generäle machen Geschichte, sondern die Massen. [Nelson R. Mandela]

Authentisches Verlangen nach gelebten Werten innerhalb einer Gemeinschaft kommt immer von unten, beziehungsweise aus der Mitte der Gesellschaft – fast nie dagegen von oben. Wird aus den obersten Positionen des Staats oder jeder anderen Gemeinschaft nach Werten verlangt, können wir in der Regel davon ausgehen, dass mit den Motiven dieses Begehrens irgendetwas faul ist – siehe Thilo Sarrazin. Mächtige, die das Wertegerüst ihrer Gemeinschaft von oben herab angreifen, ohne sich dabei selbst in die Verantwortung zu nehmen, greifen nach dem letzten Strohhalm des Machterhalts. Das bedeutet meist, dass sie schon auf dem letzten Loch pfeifen.

Das Scheitern etwa der Regime in Ägypten und Libyen beweist, dass Machthaber, die ihr Volk „zur Ordnung rufen", in Wahrheit ihre Deutungsmacht längst verloren haben, weil das Volk sein Recht auf demokratische Selbstbestimmung einzufordern bereit ist. Oder, noch eine Spur extremer: Wenn radikalfundamentalistische Terroristen ihre Anhänger dazu auffordern, die gesamte Welt von Andersgläubigen zu „befreien", dürfen wir getrost davon ausgehen, dass es nicht um Motive geht, die wirklich etwas mit religiösen Werten zu tun hätten, sondern um Machtpolitik.

■ Das Mitte-Signal

Wertegetriebene Revolutionen entstehen nicht da, wo eine Gesellschaft verwaltet oder gar kontrolliert wird, sondern da, wo sie produktiv ist: in ihrer Mitte. Dass diese Mitte aktuell auch in Deutschland wieder zunehmend rege am gesellschaftlichen Diskurs teilnimmt – siehe Stuttgart 21 oder die Proteste gegen Obrigkeit und Finanzsystem im Herbst 2011 –, anstatt ihn den Eliten zu überlassen, ist ein lautes, ein überdeutliches, vielleicht sogar das wichtigste Flickering Signal der Revolution des Wertebewusstseins, von der hier die Rede ist, denn es zeigt: Diese Revolution ist kein bloßer Gedanke in den Köpfen einer Avantgarde. Vielmehr ist sie in der breiten Bevölkerung verwurzelt.

Die Erben der Aufklärung: Wie das Volk seine Deutungsmacht wiederentdeckt

Die größte Werterevolution in der Geschichte der Menschheit, die Französische Revolution, die ab dem späten 18. Jahrhundert auf ganz Europa übergriff und letztlich den Lauf der Welt hin zu mehr Demokratie im Rahmen des Staatswesens veränderte, basierte vor allem auf einem Verlangen: mehr Freiheit und mehr Mitbestimmung für die Masse der Bevölkerung. Die Leibeigenen wollten heraus aus der buchstäblichen Unfreiheit. Die wohlhabenderen Angehörigen des Dritten Standes hatten es satt, von Gesetzen benachteiligt zu werden, auf die sie keinerlei Einfluss hatten. Die Avantgarde jedoch, die die Masse der Bevölkerung mit Information und Deutungsmustern versorgte, bildeten die Philosophen – privilegiert, wenn auch bei weitem nicht den Mächtigen gleichgestellt.

■ Das Murdoch-Signal

Die Revolution, die wir heute erleben, geht da einen Schritt weiter. Die klassischen Medien, eigentlich etabliert für die Aufklärungsrolle und historisch streckenweise auch sehr effektiv in der Wahrnehmung dieser Aufgabe, verlieren zunehmend an Vertrauen innerhalb der Bevölkerung. Skandale um die unethischen Praktiken und die machtpolitischen Verstrickungen eines Medienkonzerns wie dem von Rupert Murdoch haben diese Entwicklung kürzlich auf einen neuen Höhepunkt getrieben. Dass der Medienpate bei seiner Anhörung[54] vor dem Medienausschuss des britischen Unterhauses im Juli 2011 wirkte wie ein greiser, zahnloser Säbelzahntiger aus einer längst vergangenen Zeit, ist ein Symptom des Verfalls der alten Informationsmonopole: Der alte Mann steht stellvertretend für eine Ära des Machtmissbrauchs auch innerhalb der Medien, die mit großen Schritten dem Wertebewusstsein des emanzipierten Informationsbürgers weichen muss. Die Warnung sitzt. Und es ist nur eine von vielen.

Zwischen den Zeilen jener Meldungen über die Entartungen von Deutungsmacht schwingt nämlich die Erkenntnis mit, dass wir uns zunehmend über diese Monopole erheben. Einerseits wächst innerhalb der etablierten Informationsmoloche die Bereitschaft zur Meuterei, wie der Skandal um Rupert Murdochs Boulevardblatt *News of the World* zeigt: Es war ein ehemaliger Reporter des Blattes, der die Enthüllungen in Gang setzte.

Viele Enthüllungen der jüngsten Zeit verdanken wir andererseits sogar einer noch demokratischeren Stimme: jener der globalen Netzgemeinschaft, die die Ablösung der traditionellen politischen Sprachrohre angetreten hat. Hier liegt das Muster, das die Informationskultur der neuen Revolution von jener der Französischen Revolution unterscheidet: Die Informationen, die zum Sturz von Potentaten führen, kommen immer öfter aus einer Quelle außerhalb der etablierten Strukturen, nämlich aus der Mitte der Informationsdemokratie, aus der Mitte der Netzgemeinschaft. Es ist eine Botschaft von Freiheit und Demokratie – eine Botschaft des Wandels.

Politik und Medien haben die Gefahr, die von dieser Entwicklung für ihre gesellschaftliche Monopolstellung ausgeht, längst erkannt. Nicht viel besser als Murdoch vor dem Ausschuss sah denn auch der britische Premier David Cameron aus, als er in einer beispiellosen Reuebekundung die Vergebung der britischen Öffentlichkeit suchte. Die *Financial Times Deutschland* zitierte ihn: „Wir stecken alle mit drin – die Presse, die Politiker, die Chefs aller Parteien, ich selbst inbegriffen."[55] Auch das Ziel des Machterhalts benannte Cameron explizit: „Die Parteiführer seien so erpicht darauf gewesen, in der Gunst der Zeitungen zu stehen, dass sie wissentlich ignoriert hätten, wie bei einigen Blättern gearbeitet worden sei"[56], gab die Zeitung seine Aussagen wieder.

Camerons Worte sind nicht weniger als das Eingeständnis, Macht als Selbstzweck ausgeübt zu haben. Der *Guardian* erinnerte daran, dass der Premier mit einem explizit gegen Machtmissbrauch gerichteten Amtsverständnis die Führung des Landes angetreten hatte und zitierte sein Wertecredo aus dem Wahlkampf: „We have a political philosophy that at its heart is about taking power and control from the political elite and giving it to the man and woman in the street."[57] Nicht nur Camerons Image ist durch die Affäre angekratzt – die politische Führung im Allgemeinen, viel mehr aber noch die Medien stehen wieder einmal unter Generalverdacht. Und zwar zu Recht.

Die neue Wissensdemokratie: Die Informationsselektion der Wertegemeinschaft

Kein Wunder also, dass eine wachsende Zahl informationshungriger Menschen – und das ist, in der einen oder anderen Form, immer die Mehrheit – auf die Verifikation von Information achten. Und zwar nicht die Verifikation, von der Wissenschaftler und Meinungsmacher leben, also die Verifikation durch den Namen des Mediums oder des Autors. Sondern jene Verifikation, die vielen inzwischen als einzige vertrauenswürdig erscheint: die Selektion der informierten Öffentlichkeit.

Das Netzmedien-Signal

Seit die Klickraten von Blogs und anderen digitalen Medien erstmals realistische Aussagen über den Einfluss von Autoren auf die öffentliche Meinung zulassen, sieht die Auflage mancher klassischen Printmedien im Vergleich plötzlich recht alt aus. Und das liegt keineswegs, wie gern argumentiert wird, an der Kostenloskultur im Netz. Die ist inzwischen ohnehin längst in Evolution begriffenen, weil glücklicherweise in der Marktwirtschaft angekommen. Vielmehr liegt es an der einfachen Verfügbarkeit der Vielfalt an Meinungen. Auch das ist eine Schwäche der herkömmlichen Wissenskanäle: Die Heterogenität der Sichtweisen war immer schon vorsortiert, bevor man sie überhaupt zu lesen oder zu hören bekam. Das kann das Internet besser: Experten, die etwas zu sagen haben und tatsächlich Wert darauf legen, nicht nur von anderen Experten, sondern von der breiten Masse gehört zu werden, sind mit ihrer Sicht der Dinge längst auch im Internet präsent.[58]

Natürlich kann man damit argumentieren, wie viel Unsinn online verbreitet wird. Damit wäre aber einmal mehr die Intelligenz der Gemeinschaft ignoriert: Die Menschen lesen nicht zu Millionen sinnfreie Blogeinträge. Aber sie lesen zu Millionen die Beiträge jener Experten, die sich – vor den Zeiten des Internets und in den Zeiten des Internets – einen Namen dadurch gemacht haben, dass sie den rechten Ton zur rechten Zeit finden und diesen unter die Leute bringen wollen. Und zwar ohne vorgeschaltete Elitenzensur. Es ist die Haltung dieser Experten, sich nicht nur im Mikrokosmos ihres Fachbereichs um sich selbst zu drehen, sondern an gesellschaftlichem Fortschritt und Wandel teilzuhaben, die die Menschen zu ihnen führt – und immer öfter weg von den politisch versuppten Konzernmedien.

Dass dabei die tradierten Anstalten der Wissensgenese zunehmend hinten runterfallen, ist nur konsequent, haben sie sich doch selten wirklich für die Auswirkungen ihrer Forschung auf die Öffentlichkeit interessiert. Die Autorin Petra Thorbrietz hat das am Beispiel des Wissenschaftsjournalismus im Netz auf den Punkt gebracht: „Das nämlich ist hierzulande eines der Haupt-übel – das Desinteresse vieler Wissenschaftler, über ihren Tellerrand hinauszusehen und gesellschaftliche Verantwortung zu übernehmen. ... Das Internet erweist sich ... zunehmend als überlegenes Medium der Wissen(schaft)svermittlung. Der Wissenschaftsjournalismus muss mit bloggenden Wissenschaftlern um Deutungshoheit und Vermittlungskompetenz ringen. Nach einer Phase der Verwirrung sollte ihn dies bestärken, sich neu zu erfinden. Hingegen herrscht gerade auch bei der deutschen Wissenschaft erheblicher Nachholbedarf in Sachen Online-Dialog."[59]

Die Erben der Aufklärung sind also drauf und dran, der demokratieprägenden Wirkung der Französischen Revolution noch einen draufzusetzen: Ihre Informationen stammen nicht von Sprachrohren, die in sich eine Elite bilden, sondern aus zwei Quellen: den Stimmen der Experten, die die Menschen für sich entdecken und die sie zu „ihren" Experten erwählen – immer öfter ganz ohne selektive Bevormundung seitens politischer Konzernmedien. Und der Stimme, die sie selbst mitprägen. Jener Stimme, die sich aus Abermillionen von Posts und Weiterleitungen und Statusupdates und Verlinkungen und Forumsbeiträgen und E-Publikationen täglich neu zusammensetzt: die Stimme des gesammelten Wissens und Meinens der Wertegemeinschaft, die sich aus all den Möglichkeiten sozialer Vernetzung ergibt, die uns heute zur Verfügung stehen – eine permanente Abstimmung mit den Füßen.

Und die finden nicht mehr nur im Netz statt. Die angespannte Stimmung bricht sich mittlerweile auch in realen Abstimmungen Bahn – bei den Wahlen zum Abgeordnetenhaus in Berlin 2011 zum Beispiel.

Wir sind kein entmündigtes Stimmvieh: Warum Wahlen ein Gradmesser des gesellschaftlichen Miteinanders sind

Das Berlin-Signal

Berlin ist die Stadt der Freiheit. Nirgendwo anders in Deutschland, vielleicht nirgendwo anders auf der Welt, gibt es eine größere Pluralität von kulturellen Hintergründen, Lebensstilen und Meinungen. Es ist nicht verwunderlich, dass eine Wertegemeinschaft in diesem Klima früher Fuß fasst als in provinziellen Lagen, und auch experimentierfreudiger ist bei der Umsetzung ihrer Bedürfnisse. Das Ergebnis der Wahl zum Berliner Abgeordnetenhaus des Jahres 2011 ist dafür ein eindrucksvolles Beispiel. Hier demonstrierten die Bürger den etablierten Volksparteien nämlich erstmals, was ihnen blühen kann, wenn sich die Politik zu sehr von ihren Bürgern entfremdet. Ausgerechnet eine politisch völlig unbeleckte Laienpartei machte den Platzhirschen vor, wie man in der Politik heute den Respekt der Menschen bekommen kann: indem man weniger Politiker ist und mehr Bürger.

Der Erfolg der Berliner Piratenpartei mutet an wie ein trojanisches Pferd der Unzufriedenheit inmitten der politischen Landschaft der Bundeshauptstadt. Das Wahlergebnis zeigt, wo Risse durch die lange Zeit so wehrhaften Mauern der etablierten politischen Kaste gehen. Aus der Vogelperspektive sieht es aus, als hätten die Berliner die Piraten als Spähtrupp ins Parlament geschickt, um nicht mehr draußen zu stehen: draußen vorm Parlament, draußen bei der politischen Entscheidungsfindung, draußen bei der Umgestaltung ihrer Stadt.

Die Piraten haben ihren Wahlkampf auf den Ausgrenzungsfrust besonders junger Hauptstädter ausgerichtet: „Wie schafft man es, diesen Wunsch der Berliner, sich aktiv in die Politik einzubringen, auch stärker ins Abgeordnetenhaus mitzunehmen?“[60] benannte Spitzenpirat Andreas Baum die definierende Frage hinter der

Wahlstrategie seiner Partei. Von Politik mag der Mann keine Ahnung haben, aber genau das macht auch einen Teil seines Erfolgs aus – für seine Wähler wirkt er wie „einer von ihnen". Ihre Werte zumindest kennt er scheinbar besser als so mancher Konkurrent. Von Politikverdrossenheit jedenfalls zeugt das amtliche Endergebnis von 8,9 Prozent für die Piratenpartei nicht.

Das Ergebnis der Berliner Landtagswahlen hat Signalwirkung für die Enttäuschung der Bürger über ihre gewählten Vertreter weit über die Hauptstadt hinaus. Auch *Spiegel online* diagnostizierte die Unzufriedenheit, die sich am Erfolg der Piraten manifestiert: „Er steht für ein Versagen der deutschen (Bundes-) Politik in Sachen Gegenwart, das viele gebildete junge Menschen zumindest in der Bundeshauptstadt offenbar nicht länger zu akzeptieren bereit sind."[61]

Schnell ist bei solchen Konstellationen das Klischee von der Protestwahl zur Hand, und gewiss: Für die Detailqualität ihres Wahlprogramms sind die Piraten sicher nicht gewählt worden. Auch nicht für ihre spezifischen Wahlversprechen, denn freie Fahrt im öffentlichen Nahverkehr und kostenlose Privatschulen wird auch der fantasievollste Berliner in diesem Leben nicht mehr zu erleben erwarten. Die demografische Verteilung der Piratenstimmen[62] aber zeigt, dass Wählern beinahe aller Schichten – insbesondere jedoch den jüngeren, netzwerkaffinen und damit als Multiplikatoren tauglichen Gebildeten – ihre Stimmen nicht mehr zu schade sind, um über politisches Laientum hinwegzusehen, wenn sich damit die Flagge der demokratischen Unzufriedenheit in ein Parlament rammen lässt. Das Ergebnis ist ein klares Signal: Achtet unsere Werte, sonst seid Ihr weg vom Fenster.

Was aber hat fast neun Prozent der Berliner dazu veranlasst, ihre Stimme zur Stimme der Unzufriedenheit zu machen? So konkret gefragt kommt man nicht umhin, den Politik-Anfängern einen PR-Coup zuzugestehen: Es waren die Werte, die Themenwahl und die Lösungsorientierung. Genau das also, was der Wähler in einer funktionierenden Demokratie eigentlich erwarten darf –

und was die etablierten Parteien mit ihrer Wahlkampferfahrung besser können sollten.

Da wäre an oberster Stelle die Verpflichtung zu mehr Transparenz und Ehrlichkeit in der Politik. Die Piraten sind auf der Höhe der Zeit, wenn es darum geht, die Bedürfnisse der Wähler zu erkennen und zu bedienen – zumindest rhetorisch, denn alles andere wäre an diesem Punkt Fiktion. Stuttgart 21 und andere politische Baustellen der letzten Jahre haben mehr als deutlich gezeigt, dass in der Beziehung zwischen Politikern und Bevölkerung vor allem eines fehlt: Vertrauen. Mit ihrer Doppelzüngigkeit hat die politische Wertekultur massiv an Glaubwürdigkeit eingebüßt. Schaffen die etablierten Parteien es nicht, den Vertrauensaufbau unverzüglich und mit Hochdruck anzugehen, könnten die Ergebnisse der nächsten Wahlen – zumal der nächsten Berlin-Wahlen – für sie noch weitaus dramatischer zu Buche schlagen. Auch die SPD wäre wohl noch deutlicher eingebrochen, wäre statt dem beliebten Wowereit einer der farbloseren Parteimeier angetreten.

Ein weiteres Erfolgsgeheimnis der Piraten ist die Themenwahl. Die jungen Wilden haben sich nämlich mit Netzkultur, Datenschutz, Suchtpolitik und sozialer Gleichberechtigung jene wertbehafteten Filetstücke aus dem realpolitischen Einheitsbrei gefischt, die vielen Wählern diesseits der Rente (also den zukunftsrelevanten) unter den Nägeln brennen, die aber die politischen Platzhirsche wenn überhaupt nur mit der Kneifzange anfassen – wohl gerade weil man sich an ihnen schnell die Finger verbrennt. Politischer Mut wird in Deutschland also durchaus belohnt, und zwar nicht nur, wenn er sarrazinisch destruktiv daherkommt.

Der dritte Eckpfeiler des Piratenerfolgs schließlich sind die radikalen Lösungsvorschläge, für die die Piraten stehen. So unrealistisch viele von ihnen sein mögen und so schnell viele davon auch an der politischen Realität einer Welt- und Hauptstadt zerschellen werden: Den Bürgern sind solche Vorstöße in akuten Lebensfragen allemal sympathischer als die weltfremden Nebenkriegsschauplätze, rhetorischen Nebelbomben und internen Machtscharmützel des politischen Establishments.

Diese Erfolgstrilogie umreißt auch die Warnung, die das Berliner Wahlergebnis den etablierten Parteien für die nächsten Jahre mit auf den Weg gibt: Wer sich einen Dreck um das Vertrauen der Bevölkerung schert, sich von überlebenswichtigen Bürgerthemen fernhält und mehr mit dem Machterhalt beschäftigt ist als mit der Arbeit an dringenden Problemlösungen, der kann ganz schnell runtergepfiffen werden von der politischen Bühne. Die FDP kann dieser Tage ein Lied davon singen, wie radikal die Abstrafungsreaktion der sich formierenden Wertegemeinschaft ausfallen kann.

Wie viel die Stimmen der Unzufriedenheit in der Berliner Landespolitik faktisch auszurichten vermögen, werden die nächsten Jahre zeigen. Gewiss besteht eine große Wahrscheinlichkeit, dass das Piratenschiff ebenso schnell wieder sinkt, wie es U-Boot-artig in der Landesregierung aufgetaucht ist. Der größte Fehler, den wir jetzt machen könnten, wäre jedoch, die demokratische Signalwirkung dieser Wahl allein am Erfolg der Piratenpartei festzumachen; die Unzufriedenheit, die hier zum Tragen kommt, geht weit über Berlin und weit über eine vermeintlich anarchische Minderheitenkultur hinaus. Ein Kleinreden dieses Wahlergebnisses zu jugendlich-leichtsinniger Protestwählerei wäre deshalb ein Armutszeugnis für jeden Politiker, der sich dazu herablässt. Und trotz aller gesellschaftlichen Schnelllebigkeit auch gefährlich, wie Wissenschaftler inzwischen einräumen: „Parteienforscher wie der Politologe Oskar Niedermayer sehen mit dem Markenkern ‚Transparenz‘ eine gefährliche Konkurrenz zu den etablierten Parteien aufziehen.“[63]

Die etablierten Parteien und alle an sie gebundenen Instanzen, nicht zuletzt aber auch die politisch involvierten Eckpfeiler der Wirtschaft müssen sich zu der Erkenntnis durchringen, dass das Aufbegehren aus der Mitte der Gesellschaft, das weit über die urbanen Mythen von Wutbürgern und vermeintlich apolitischen Protestwählern hinausgeht, spätestens mit der Berlin-Wahl zur politischen Realität geworden ist. Die Piratenwähler sind nur eine sichtbare Gruppe, die einen Kanal für ihre Unzufriedenheit gefunden hat und zeigt, dass die Bereitschaft zu drastischen demokratischen Maßnahmen wächst, wenn die Politik in ihrer Werteorientierung nicht mit der gesellschaftlichen Dynamik Schritt hält. Unzufrieden sind nicht nur sie, sondern viele, viele mehr.

Die Bedürfnisse der „neuen" Wähler – wo auch immer sie ihre Unzufriedenheit politisch gerade verortet sehen – sind auch die Bedürfnisse einer neuen Generation von Konsumenten. Ebenso wenig wie die Politik dürfen auch die Wissenschaft, die institutionalisierte Kultur und die Wirtschaft sich ihnen beleidigt verschließen, nur weil sie das Spiel anders spielen als gewohnt. Die Werte lautstark unzufriedener Netzwerker nämlich werden schnell zu gesellschaftlichen Lauffeuern. Die Vergangenheit und die Gegenwart Berlins sind reich an solchen Erfolgsgeschichten.

Network Revolution: Warum plötzlich Bewegung auch in die Härtefälle der politischen Weltkarte kommt

Auch international hat das Wirken der Wertegemeinschaft aus dem Netz heraus die Bedeutung einer historisch nachgewiesenen Tatsache erreicht. Die soziale Vernetzung machen sich Gemeinschaften, die sich im Zeichen gemeinsamer Werte zusammenfinden, auch für ihre operative Organisation zunutze – und nehmen damit gar Einfluss auf die politische Geografie. Es ist kein Zufall, dass auf diese Weise seit einigen Jahren Bewegung selbst in die härtesten Problemfälle der politischen Weltkarte kommt, wo Diplomaten über Jahrzehnte mit mäßigem Erfolg am Werk waren. Über den konkreten Umgang mit Regimekritikern in China etwa wüssten wir wohl bis heute nicht viel, gäbe es nicht wagemutige Netzaktivisten, die sogar noch mit der äußerst eingeschränkten Anonymität, die das Netz in China bietet, der Freiheit ihren Dienst zu erweisen wissen.

Doch viel mehr noch: Ganze Revolutionsbewegungen werden inzwischen in Form sozialer Vernetzung organisiert – nicht zuletzt, weil die vielkritisierte Anonymität im Netz neben vielen Gefahren auch viele Chancen birgt, die diese Gruppen sonst vielleicht nie oder erst viel später erhalten hätten.

■ Das Online-offline-Signal

Mehr als eine politische Revolution der letzten Jahre hat – mal mehr, mal weniger berechtigt – den Beinamen „Twitter-Revolution"[64] oder „Facebook-Revolution" erhalten. Die vermeintlich erste waren die zivilen Proteste in Moldavien, die auf den möglichen Wahlbetrug der Kommunistischen Partei aufmerksam machten. Nicht nur organisierten sich die moldavischen Protestler unter anderem über den Microblogging-Dienst Twitter – durch die Verwendung sozialer Internetdienste machte der Skandal um die Wahl auch international Schlagzeilen. Und zwar weitaus schneller, weitaus unmittelbarer, als dies bei der alleinigen Informationsverteilung über klassische Medien früher möglich war.[65]

Ebenfalls zu Protesten aufgrund eines möglicherweise gefälschten Wahlergebnisses kam es nach den Präsidentschaftswahlen 2009 im Iran. Die folgende politische Bewegung gegen den inzwischen gestürzten Machthaber Muammar al-Gaddafi ging auch als „Facebook-Revolution" in die Geschichte der digitalisierten Gesellschaft ein, weil die zivilen Gegner Gaddafis Facebook zur Verbreitung ihrer Botschaft und zur Organisation von Protestveranstaltungen genutzt hatten.

Die beiden jüngsten und in ihrer Effizienz wohl eindrücklichsten Beispiele für die digitale Revolutionsbeschleunigung sind die Revolutionen in Tunesien (auch als „Wikileaks-Revolution" bezeichnet) und Ägypten in den Jahren 2010 und 2011, bei denen

die Gewaltregime von Zine El Abidine Ben Ali nach 23 Jahren und Hosni Mubarak nach 30 Jahren beendet wurden.

Gewiss wäre es eine grobe Vereinfachung zu behaupten, das Internet habe diese politischen Umwälzungen allein ermöglicht. Dass die Netzgemeinschaft und auch Wissenschaftler diese Diskussion[66] inzwischen differenziert führen, ist begrüßenswert. Doch die Chronologie des Niedergangs der Regime ist augenfällig: Interne und externe Gegner hatten beide Regime über ihre gesamte Machtperiode hinweg gehabt. Doch keine politische Instanz war stark genug gewesen, ihre demokratiefeindlichen Herrschaftsformen zu unterbinden oder auch nur Gewalttaten der Machthaber zu verhindern. Kaum stand den vom gemeinsamen Freiheitsbestreben befeuerten zivilen Protestgruppen durch die allgegenwärtige Präsenz und Nutzbarkeit sozialer Netzwerke (die in der heutigen Ausprägung erst seit wenigen Jahren so effektiv genutzt werden können) ein ausreichend flexibler, schwer unterdrückbarer Organisationsraum in Echtzeit zur Verfügung, war es eine Frage von Monaten, bis die Machthaber ihre Ämter räumen mussten. Gibt es ein besseres Argument für die urdemokratische Qualität der Motive und die Sinnhaftigkeit kollektiver Informationsangebote der neuen Wertegemeinschaft als das Erringen von Freiheit durch Unterdrückte?

Little Brother Is Watching You: Die zunehmende Transparenz der Eliten

Bei aller Freude auch seitens der Politik über das Ende dieser Gewaltherrschaften: Wo es ihnen selbst zunehmend an den Kragen geht, nehmen die Machthaber auch in den demokratischen Staaten die neue Stimme der Masse mit wachsendem Unbehagen zur Kenntnis. Auch wenn es offiziell anders klingt: Dass man Facebook und Twitter überall auf der Welt habe und dass es zunehmend schwer werde, den Zugang zu solchen Netzwerken in Ländern wie China, Ägypten oder Tunesien zu sperren, „das ist auch ein kleines bisschen unser Verdienst."[67] Sagte Angela Merkel, in ihrer Rede auf der Münchner Sicherheitskonferenz im Februar 2011. Obwohl sich mir nicht erschließt, welchen Anteil Frau Merkel am Erfolg sozialer Netzwerke gehabt haben soll: Freuen wir uns doch über so viel Fortschrittsglauben unserer Kanzlerin! Oder?

■ Das Wikileaks-Signal

Warum müssen wir angesichts dieser Aussage unwillkürlich schmunzeln? Zum Beispiel, weil wir wissen, wie sich Angela Merkel zur Wikileaks-Frage positioniert hat: „Ein großer Teil dessen, was wir in Deutschland über uns erfahren haben, ist Bestandteil jeder besseren Party, und insofern hat uns das jetzt nicht so aufgeregt."[68] Eine so demonstrativ gelassene Haltung einzunehmen geruht die Kanzlerin besonders dann, wenn es brenzlig wird. Wie US-amerikanische Entscheidungsträger die Vertreter der Bundesregierung einschätzen, dürfte kaum belanglos sein – auch wenn die Urteile Angela Merkel tatsächlich nicht sonderlich überrascht haben mögen. Nachgewiesen ist die Nervosität im Hintergrund schon dadurch, dass die Bundesregierung schon im Vorfeld der Veröffentlichungen durch Wikileaks einen Drei-Punkte-Plan beschlossen hatte, um der Lage Herr zu werden.[69] So ließ der von den Diplomaten in den internen Dokumenten besonders gescholtene Außenminister Guido Westerwelle denn auch schnell verlauten, er bedauere ebenso wie die US-Regierung „die Veröffentlichung vertraulicher diplomatischer Berichte"[70]. Dass die Mächtigen allzu viel Transparenz bedauern – das wiederum vermag uns in der Tat nicht zu überraschen.

Wie auch immer man sich zu den Enthüllungen von Wikileaks und der internationalen politischen Jagd auf deren Initiator Julian Assange stellen mag, der sicher nicht frei ist von eigenen Machttrieben: Die politische Elite nicht nur in Deutschland, sondern weltweit, steht spätestens seitdem unter verschärfter Beobachtung und ist sich dessen endlich auch bewusst. Wie immer neue Enthüllungen über Korruption und unheilige Bündnisse vor allem zwischen Politik und Hochfinanz zeigen, ist das, bei aller Sicherheitsrelevanz solcher Enthüllungen, auch mehr als gut so. Und die Politiker sind nicht die einzigen, die ihre unethischen Spuren immer öfter nicht mehr verwischen können, bevor die neue Transparenz sie ereilt: Auch in der Wirtschaft muss man heute stärker auf der Hut sein als je zuvor. Oder, und das wäre doch mal was: Man lässt sich gar nicht erst etwas zu Schulden kommen.

Netzwerke jenseits des Netzes: Stuttgart 21 und die Wiederbelebung der Protestkultur

Nicht nur im Internet läuft die Wertegemeinschaft immer öfter zur Höchstform auf. Auch die gute, alte Protestkultur, die in Deutschland eine äußerst erfolgreiche und glücklicherweise – im Gegensatz zu anderen Ländern – auch friedliche Tradition vorzuweisen hat, kommt nach langen Jahren der Abstinenz wieder zunehmend in Schwung.

■ Das Stuttgart-21-Signal

Ob in Stuttgart das rechte Maß demokratischen Dialogs auf beiden Seiten eingehalten wurde, darf man bezweifeln. Und dennoch ist die durch friedliche Proteste in Gang gekommene Diskussion um Sinn oder Unsinn des Bahnhofsneubaus ein erfreuliches demokratisches Signal: In Deutschland machen die Menschen auch außerhalb der Anonymität des Netzes wieder kollektiv den Mund auf.

Über die Zukunft der Demokratie sagt das vor allem eines aus: Dass die Menschen hierzulande ihre Werte verloren hätten, ist Unsinn. Sie verfügen über Werte wie eh und je, und sie wollen, dass die Politik diese Werte wieder wahrnimmt. Auch wenn der im politischen Debattieren nicht unbedingt sonderlich geübte deutsche Volksmund nicht immer gleich den rechten Ton treffen mag und man ihm seitens der Politik aufgrund des national-

sozialistischen Traumas noch immer nicht gern über den Weg traut: Nichts ist wichtiger für eine Demokratie, als dass die Masse der Bevölkerung sich als demokratische Gemeinschaft versteht, die über ihre Werte diskutiert und diese Werte auch der Politik kommuniziert. Und das tut sie dieser Tage wieder.

Entsprechend kontraproduktiv für die Effizienz der politischen Kultur und die Gesundheit des gesellschaftlichen Klimas sind Kommentare wie der des *FAZ*-Autors Oliver Hoischen, der den Deutschen den Mund am liebsten gleich wieder verbieten würde: „So mancher Bürgermeister mag neidisch nach China blicken, wo neue Projekte nicht jahrelang genehmigt werden müssen. Doch in Deutschland ist nach der Wahl immer vor der Wahl. Manchmal haben die Politiker regelrecht Muffensausen, wenn sie ihre Arbeit tun ... Das Volk sitzt den Politikern im Nacken, in Umfragen wird es ständig zu allem befragt.“[71]

Wenig verwunderlich, dass die Medien unter einem Imageproblem leiden, wenn sie nichts Besseres zu tun haben als ihren Lesern nahezulegen, dass es unserem Land besser ginge, wenn ihre Meinung nicht gehört würde und die Politiker von ihren Wählern ungestört und ethisch unbehelligt einfach machen dürften, wie sie möchten.

Dem Volk aufs Maul geschaut: Wie die Instanzen sich mühen, die Stimme der Masse zu erwidern

Dass die breite Bevölkerung sich der Tatsache noch nicht in vollem Ausmaß bewusst ist, dass in ihrem Innern eine neue Wertegemeinschaft zunehmend an Einfluss gewinnt, tut der Wirksamkeit des lauter werdenden Rufs nach demokratischer Erneuerung in der Welt keinen Abbruch: Politiker, Wirtschaftsunternehmen und sogar die Kirche fühlen sich inzwischen zumindest ansatzweise bemüßigt, dem Volk wieder öfter aufs Maul zu schauen und mehr oder weniger direkt in den Dialog mit der Bevölkerung zu treten.

Dass auch die Eliten in diesem Dialog erst einmal den rechten Umgang mit ihren Gegenübern lernen müssen, zeigt den realitätsfernen Abstraktionsgrad, der in ihrem Stil der Machtausübung bis heute zum Ausdruck kommt. Während das Feuilleton darüber stritt und bis heute darüber streitet, ob die Stuttgarter Demonstranten nun „Wutbürger" oder „Mutbürger" seien, herrscht Einigkeit über die Unflätigkeit der Äußerungen von Politikern wie Guido Westerwelle („spätrömische Dekadenz"[72]) und Gordon Brown („bigoted woman"[73]) über ihre Schäflein.

Geradezu absurd wird das Aufeinandertreffen von Bürgern und Vertretern der Eliten, wenn letztere statt mit offenem Dialog mit unbeholfenen Anbiederungsversuchen die schwindende Gunst der Massen zurückzugewinnen versuchen. Beim katholischen Weltjugendtag in Madrid im August 2011 stellte die Kirche allen Ernstes mitten auf einer öffentlichen Straße in Madrid „mobile Beichtstühle"[74] in einer Reihe auf, die in etwa so würdevoll wirkten wie eine Reihe von Dixi-Klos auf einem Heavy-Metal-Festival. Die so zur Beichte Aufgeforderten dürften eher das unreine Gefühl gehabt haben, sich auf einem modernen öffentlichen Pranger zu entblößen, als sich ihrem Herrn mitten in der kosmopolitischen Hektik der Metropole ein Stück näher zu fühlen – was wohl die eigentliche Botschaft der Stühle sein sollte.

Ungeachtet der politischen Ausrichtung im Einzelfall: Weitaus kreativer in der Kommunikation ihrer Werte ist oft die junge Generation, die in die Ära der neuen Wertegemeinschaft hineinwächst. So organisierten kürzlich Gegner des Projekts Media-Spree in Berlin, die sich gegen die Gentrifizierung des Bezirks Friedrichshain-Kreuzberg aussprechen, eine äußerst gewandte PR-Aktion: Sie sprachen Touristen auf der Straße an und verteilten Flyer für eine Demonstration, die auf die Bedrohung der alternativen Szenekultur des Stadtteils durch die demografische Aufwertung und steigende Mieten ausginge. Die Aktion war ein voller Erfolg: Viele der Touristen, die eben wegen seiner szenigen Tradition den Stadtteil besuchten, beteiligten sich an der Protestkundgebung – und trugen mutmaßlich ganz nebenbei auch die Botschaft von der lebendigen Berliner Demokratie in die Welt.

Wie man es auch dreht und wendet: Wahre demokratische Erneuerung kann die Mitte einer Gemeinschaft, die für gemeinsame Werte einsteht, erheblich besser als ihre Eliten. Was nicht verwunderlich ist, denn die sind mit dem Machterhalt beschäftigt, während es der Bevölkerung um Werte geht, die ihr Leben täglich prägen und beeinflussen – existenzielle Werte, zu denen elitäre Instanzen in vielen Fällen jegliche Bindung verloren haben und die sie stattdessen nur mehr als öffentlichkeitswirksame Feigenblätter verwenden, um ihre eigentlichen Motive zu verschleiern.

Deshalb kommt das neue Wertebewusstsein aus der Mitte der Gemeinschaft – so wie jede bedeutsame Werterevolution.

08 Der Mensch lebt nicht vom Geld allein: Wie die nachwachsende Generation Erfolg neu definiert

Auf die Absicht aller Dinge, nicht auf den Erfolg blickt der Weise.
[Lucius Annaeus Seneca]

Erfolg ist, ähnlich wie viele ethisch aufgeladene Vokabeln, im Laufe der Zeit zu Tode gedeutet worden. Vor allem aber ist er in der westlichen Welt zu einem Imperativ geworden, der anstatt zur Errungenschaft leicht zur Belastung werden kann. Das kann so weit gehen, dass bestimmte Symbole, Bekanntenkreise und andere Beweisführungsketten vonnöten sind, damit uns Erfolg überhaupt geglaubt wird. Das ist immer dort der Fall, wo Erfolg mit Reichtum oder mit Status verwechselt wird. Je nach Sichtweise der demografischen Gruppe, in die wir uns einordnen, kann sein Fehlen zum sozialen Ausschlusskriterium werden.

Ebenso aber ist es möglich, dass der Erfolg uns sozial ausgrenzt, wenn wir beneidet und unsere Worte und Taten auf die Goldwaage gelegt werden, weil wir vermeintlich auf der Sonnenseite leben und keinen Grund zur Klage mehr haben dürften. Diese Tendenz zum Sozialneid ist in Deutschland viel weiter verbreitet als etwa in den USA. Dafür ist Erfolg in den USA stärker noch als bei uns ein Bestandteil des individuellen Selbstverständnisses, dessen Ausbleiben das Selbstwertgefühl gefährlich beeinträchtigen kann.

Diese Art, über Erfolg zu denken – als Erfolgsdogma –, passt hervorragend in die Werteinterpretationsmuster der alten Schule, ganz besonders im Wirtschaftskontext. Wo Werte als Verschleierungstaktiken für Machtspielchen verwendet werden, wird gern auch Erfolg vorgeschützt, wenn die ethische Legitimation von Handlungsweisen hinterfragt werden soll. Er dient dann als Wundermittel gegen ethische Verfehlungen: Wer als erfolgreich und gesellschaftlich etabliert gilt, ist schwer zu stürzen – und wenn er sich noch so sehr daneben benimmt, indem er zum Beispiel Unsummen an Schmiergeldern verteilt, um an lukrative Aufträge zu kommen.

Selbst juristisch kommen hochrangige Wirtschaftssünder meist viel glimpflicher davon als Otto Normalbürger. So geschehen etwa im Fall des Siemens-Telekommunikationsvorstands Thomas Ganswindt, der laut Staatsanwaltschaft von Schmiergeldern in Höhe von rund 1,3 Milliarden Euro gewusst hatte, die von seinem Unternehmenszweig auf aussichtsreiche Märkte verteilt worden waren. Das überraschende Urteil im Strafprozess: Die *Financial Times Deutschland* berichtete, „gegen Zahlung einer Geldauflage von 175.000 Euro werde das Verfahren eingestellt“[75]. Der einfache Angestellte hingegen, der ausnahmsweise sein Handy im Büro aufgeladen hat, wird aufgrund Vertrauensbruchs gegen seinen Arbeitgeber auf der Stelle gefeuert. So interpretiert, ist Erfolg nichts weiter als eine traurige Mischung aus Geld und ethischer Immunität.

Dabei gibt es so viele Auslegungen von Erfolg, wie es Menschen auf der Welt gibt. In schwierigen Zeiten überhaupt in Lohn und Brot zu stehen, reicht manchen schon. Ein geregeltes Leben mit ausreichendem Einkommen, einer hübschen Frau, zwei Kindern und Reihenhaus empfinden viele als Ziel, das es zu erreichen gilt. Andere wiederum mögen nicht ruhen, bis ein teurer Sportwagen vor der Tür steht. Wieder andere sind zufrieden, wenn sie alle Achttausender erklommen haben. Einige wollen ihren Namen einmal im Fernsehen hören, um das Gefühl zu haben, sie hätten es geschafft. Und dann gibt es noch die, die sich für all das gar nicht interessieren und Erfolg damit definieren, dass sie von aller Welt unbehelligt in einer gottverlassenen Gegend am äußersten Zipfel der Welt über das Dasein meditieren können.

Der langen Rede kurzer Sinn: Erfolg im tradierten Sinn ist für sich genommen kein Wert. Ihn dennoch dazu machen zu wollen und sogar zum Imperativ ganzer Manager- und Mitarbeitergenerationen erhoben zu haben, ist eines jener fragwürdigen Verdienste, die das Statusgehabe von Managern alter Schule über uns gebracht hat. Wir erinnern uns: Die alte Schule besteht aus jenen, die Werthülsen vor sich hertragen anstatt Werte zu leben. Erfolg ist so eine Werthülse. Zu einem Wert wird er erst, wenn er von uns individuell mit jenen Werten befüllt wird, nach denen wir leben möchten, damit wir unsere Existenz als sinnvoll betrachten. Dann nämlich wird aus Erfolg Erfüllung.

■ Das Erfolgs-Signal

Genau an diesem Punkt unterscheidet sich die nachwachsende Generation gewaltig von den Etablierten. Ihr gilt Erfolg nicht mehr nur als Status und Reichtum, sondern immer öfter als das Ausleben jener Werte, für die sie individuell und kollektiv steht. Doch auch eine wachsende Zahl jener vermeintlich „Erfolgsverwöhnten" bricht unter dem Erfolgsdruck ihres Umfelds zusammen oder hat die stereotypen Erfolgszwänge einfach satt, denen viele unreflektiert ihr Leben geopfert haben, und steigt aus, um sich über die eigene Definition von Erfolg klar zu werden. Die Gemeinschaft, die diese Gruppe bildet, hat es sich zur Aufgabe gemacht, Erfolg neu zu definieren. Jeder einzelne Definitionsversuch auf diesem Weg ist ein Flickering Signal, das auf den gesellschaftlichen Richtungswechsel hin zu gelebten Werten hinweist.

⊙ Erfolg

Erfolg bedeutet für die Mitgestalter der Wertegemeinschaft, ihre individuellen Werte gemeinsam mit anderen zu leben, die sie teilen. Dieser Erfolg kennt vielfältige Formen der Erfüllung neben dem alten Modell des rein an der Karriereleiter orientierten Erfolgs. Er setzt sich in der

Regel aus einer Kombination verschiedener Erfüllungsmechanismen zusammen. Sie entsprechen den individuellen Wertmustern, die jeder Einzelne und die Gemeinschaft, die er für sich erwählt, aus der Interpretation seiner jeweiligen Erfahrungen generiert. Wir können ihn deshalb auch als ganzheitlichen Erfolg oder Erfüllung bezeichnen.

Damals war alles besser: Warum die Skepsis vor der Jugend die Alten aufs Abstellgleis verbannt

Es gibt wenige schwachsinnigere Behauptungen als jene, die Jugend von heute kenne keine Werte mehr. Werte stammen aus Prägungen, die wir in die Wiege gelegt bekommen oder im Laufe unseres Lebens entwickeln – oder aber uns selbst aneignen. Das tun wir unter anderem in Abgrenzung zu jenen Werten, die all die antreiben, von denen wir uns nicht leiten lassen wollen. In jedem Fall aber werden uns Werte vorgelebt – oder eben nicht.

Wenn also die jeweils ältere Generation der jeweils jüngeren Generation vorhält, sie habe keine Werte mehr, dann kann das dreierlei Ursachen haben: Entweder hat es ihr schlicht an Werten gemangelt, die die jüngere Generation hätte übernehmen können. Oder sie hat Werte in einer Form vorgelebt, die der gesellschaftlichen Entwicklung nicht mehr standhalten kann und es den Jüngeren schlicht unmöglich macht, sie zu übernehmen, ohne ihren zeitgemäßen Lebensstil zu kompromittieren. Oder aber sie hat Werte nicht authentisch vorgelebt, sondern rhetorischen Rohrstöcken gleich auf die Jüngeren einprasseln lassen, ohne sie mit greifbaren Erfahrungsbezügen und Glücksmomenten zu untermauern.

Wer seine vermeintliche Sehnsucht nach Werten damit legitimiert, die Jüngeren würden ihr Vermächtnis verraten, der ist ein Heuchler. Oft sind diese Heuchler selbst daran gescheitert, ihre persönlichen Werte auszuleben – oder auch nur zu finden. Wer zu seinen Wertvorstellungen steht und sie lebt, hat keinen Grund, die Werte anderer an den eigenen zu messen und für minderwertig zu befinden. Er wird aufgehen in einer Gemeinschaft, die für die gleichen Werte steht wie er selbst. Wenn eine solche Gemeinschaft nicht in Sicht ist – dann fehlt es ihm an gelebten Werten, die den sozialen Bezug herstellen könnten.

Besonders hart trifft es die Eliten unter den Älteren, die durch eine neue Wertegemeinschaft nach und nach verdrängt werden und akzeptieren müssen, dass ihr hierarchiegläubiges Vermächtnis sich in rasendem Tempo überholt. Es wird viel Zähnefletschen geben beim Übergang von Machterhalt zu Wertebewusstsein, viele gegenseitige Vorhaltungen und wenig Kompromissbereitschaft. Wir werden eine Phase des Übergangs erleben – nein, wir erleben sie schon jetzt – in der beide Modelle nebeneinander bestehen und sich mit Unverständnis gegenseitig argwöhnisch beäugen. Wenn aber die Zeit kommt, in der die alte Schule einsehen muss, dass die neue Wertegemeinschaft gesellschaftlich die Oberhand gewinnt, wird der Generationenkonflikt des 21. Jahrhunderts noch einmal schlimmer werden, bevor er besser wird.

Die Ironie der Demografie: Warum die Überzahl kein Ruhepolster für die Elterngeneration sein kann

Wenn ganze Gruppen innerhalb einer Generation sich darauf ausruhen, Erfolg nicht anzuerkennen, weil man den eigenen vielleicht überlebt hat, ist das bedauernswert. Wenn diese Gruppen eine demografisch relevante oder gar übermächtige Zahl annehmen, wie es in den nächsten Jahrzehnten noch mehr als bisher zu erwarten ist[76], ist das destruktiv und sozial gefährlich – nicht etwa für die Jüngeren, die unter den Tiraden zu leiden haben, sondern vielmehr für die Alten selbst. Die Generation der Kinder und Enkel kann sich helfen – die Generation der Eltern und Großeltern bleibt oft ihrer Verbitterung überlassen. Es mag jene verbitterte Generation sein, die Dirk Kurbjuweit meinte, als er im Kontext der Proteste um Stuttgart 21 und der Diskussion um die Thesen von Thilo Sarrazin den Begriff des „Wutbürgers“[77] prägte.

Eine demografische Dominanz macht nämlich noch keine gesellschaftliche Deutungshoheit. Wie wir schon gesehen haben, haben die alten Eliten trotz ihrer demografischen Unterzahl die gesellschaftlichen Geschicke über Jahrzehnte dominiert. Die neue Wertegemeinschaft wird ebenso gesellschaftlich bestimmend sein. Nicht wegen ihres Machtstrebens allerdings, sondern wegen der Kongruenz ihrer Werteorientierung.

Das, was die jüngere Generation als ihre Werte definiert, macht der älteren Generation oft Angst. Warum eigentlich? Warum fühlen sich so viele bedroht von dem, was sie vermeintlich nicht kennen? Was ist so fremd an den Jüngeren, was so verwerflich an gesellschaftlicher Erneuerung? Was sind das für wilde, neumodische, erschreckende, unerhörte, ja gefährliche Werte, auf denen viele von uns heute ihr Lebensglück aufbauen?

Das ist die absurde Pointe des ewigen Generationenkampfs um die Festlegung der „richtigen" Werte, dem ewigen Streit um den Titel der „erfolgreicheren" Generation: Es sind keine anderen Werte als vor 100 Jahren. Oder den 100 Jahren davor. Der Unterschied liegt allein in ihrer individuellen Ausprägung, die sich von Generation zu Generation, von Krise zu Krise, von Wirtschaftsära zu Wirtschaftsära verschiebt.

Die Weisheit der Jugend: Warum wir Erfolg heute aus eigenen Werten bauen, anstatt ihn uns vorsetzen zu lassen

■ Das Wikipedia-Signal

Noch in der Generation unserer Großväter und sogar Väter war Wissen – in einem akademischen Sinne – ein Gut der Privilegierten. Heute ist das anders. Weil wir inzwischen über ganz andere Zugänge zu Wissen verfügen, ist Wissen per se kein elitäres Gut mehr; allenfalls gibt es eine Unterteilung in verfügbares Wissen und Elitenwissen. Selbst über den Schritt der Verfügbarkeit sind wir inzwischen hinaus und dazu übergegangen, Wissen selbst gemeinschaftlich zu beschaffen, zu sammeln, zu veröffentlichen und zu interpretieren. Auch wenn es inzwischen bei weitem nicht mehr das einzige enzyklopädische Online-Angebot ist, ist Wikipedia noch immer das beste Beispiel für diese Entwicklung.

Welche Auswirkungen die Allverfügbarkeit von Wissen auf die Demokratisierung der Meinungsbildung hat, hat Wikipedia-Gründer Jimmy Wales auf den Punkt gebracht, als er dem *Focus* im Juni 2011 in einem Interview folgende Antwort auf die Frage gab, wer der Generation Internet noch Zusammenhänge erkläre: „Die findet sie zunehmend selbst. Die Menschen werden immer besser darin, sich die benötigten Fakten selbst zusammenzustellen, damit sie daraus richtige Schlüsse ziehen können. Wer diese Fähigkeit besitzt, muss nicht mehr alles glauben."[78]

Die Tragweite dieser Aussage geht weit über die reine Wissensvermittlung im Netz hinaus. Sie impliziert auch, wie heute Erfolg entsteht. Noch vor einigen Jahrzehnten beruhte er darauf, Wissen und oft sogar die daraus erwachsenen Erfahrungen von denen einzusammeln, die Zugriff darauf hatten. Erfolg bestand darin, an diesen Erfahrungen sekundär teilhaben zu dürfen. Man galt als erfolgreich, wenn man es denen gleichtat, die aus diesen Erfahrungen ihre Wertmuster gesammelt hatten. Die meisten verfügten also nicht nur über das gleiche Wissen, sondern vertrauten auch der gleichen, elitär geprägten Interpretation.

Selten dagegen bestand Erfolg darin, bei gleichem Wissensstand ganz andere Erfahrungen zu machen und bei deren individueller Interpretation zu ganz unterschiedlichen Wertmustern zu gelangen. Die eigene Definition von Erfolg gab es in der Regel nicht. Erfolg war oft eine gesetzte Größe, die weitervererbt wurde – von Vater zu Sohn, von Chef zu Nachfolger, von Unternehmergeneration zu Unternehmergeneration.

Ganz anders heute: Der verfügbare Wissensstand aller nähert

sich mehr und mehr an; wir tragen ihn sogar gemeinsam zusammen und sorgen dafür, dass er jedem zur Verfügung gestellt wird. Der Eintritt in eine Elite ist nicht mehr notwendig, um informiert zu sein. Mit dieser Verfügbarkeit von Wissen ist auch die Notwendigkeit verloren gegangen, Interpretationen mit zu übernehmen. Da wir keine Elite mehr brauchen, die, weil im Besitz des Wissens, auch im Besitz der Deutungsmacht wäre, interpretieren wir selbst – und kommen naturgemäß zu sehr unterschiedlichen Auslegungen jenes Wissens. Das liegt daran, dass wir das Wissen in unterschiedlichen Kontexten erwerben, aus unterschiedlichen Quellen, oft genug in unterschiedlichen Ländern, und innerhalb unterschiedlicher Gemeinschaften, die sich auf unsere Perspektive auswirken.

Das alles geschieht heute zudem rasend schnell. Wissensquellen und Erfahrungsräume überschneiden sich schon früh in der Biografie, sodass wir meist schon in recht jungen Jahren so viele bedeutsame Stationen durchlaufen haben wie frühere Generationen in ihrem Leben nicht. Noch bevor wie die 30 überschreiten, waren unser Kopf und unsere Seele an so unterschiedlichen Orten und so unterschiedlichen Hinterfragungen und Bestätigungen ausgesetzt, dass zwei insgesamt gleiche Wertmuster bei zwei Menschen praktisch unmöglich zustande kommen können. Deshalb ist Erfolg für uns nicht mehr das Set von Werten unserer Vorfahren, sondern vielmehr eine individuelle, von sehr unterschiedlichen Werten beeinflusste Interpretation all jener Erfahrungen, die wir im Rahmen unserer Lebenszeit gemacht haben. Und, soweit es die Berührungspunkte unserer Seele mit anderen Seelen und deren Prägungen betrifft, weit darüber hinaus.

Ich war schon zigmal in New York: Die Angst vor der Globalisierung ist ein Mythos der Alten

Zu den Symbolen des Erfolgs gehört in den Kreisen der Etablierten bis heute, dass man am besten die ganze Welt gesehen hat. Je mehr Flugmeilen ein Manager auf dem Konto hat, desto erfolgreicher ist er vermeintlich. Bemerkenswert ist allerdings, dass diese Reisefreude der „Erfolgstypen" sich recht wenig auf ihre Wertmuster auswirkt. Die Globalisierung bleibt unverändert ein heißes Eisen in den Kreisen jener, die nicht zuletzt durch sie zu großen Erfolgen gekommen sind. Sie gilt manchen als Zukunft der Gesellschaft, anderen als Grab der Werte, wieder anderen als das Feuer unter dem Schmelztiegel, in dem wir alle zu einer Suppe verkocht werden, und wieder ganz anderen gilt sie gar als schon wieder beendet.

Fakt ist, die Globalisierung hat unseren Wertehorizont geöffnet und den Weg für die weltweite Vernetzung der neuen Wertegemeinschaft geebnet. Das bedeutet, dass unsere Werte tatsächlich einander ausgesetzt sind; es bedeutet aber keineswegs, dass sie miteinander verschmelzen. Die Theorie des Melting Pot[79] ist sozialwissenschaftlich längst der Theorie der Salad Bowl[80] gewichen, und bei dieser Metapher lohnt es sich einen Moment zu bleiben. Wenn nämlich unterschiedliche Kulturkreise, Lebensstile und erfahrungsbedingte Prägungen in einer großen Schüssel landen, entsteht noch lange kein Einheitsbrei. Es entsteht eine bunte Mischung an Werten, die miteinander in Berührung kommen. Einige werden zueinander passen, andere gehören eher in ein anderes Rezept, wo sie aber wiederum mit noch einmal anderen durchaus harmonieren werden.

Will heißen: Es liegt keineswegs nahe, dass die Globalisierung uns auf Dauer alle in die gleiche große Schüssel wirft. Vielmehr ist davon auszugehen, dass wir uns in vielen unterschiedlichen Schüsseln wiederfinden werden. Der Erfolg der Globalisierung beruht nicht auf einer großen Vermengung, sondern auf einer Neusortierung in viele kleine Gemeinschaften, die nebeneinander und an ihren Schnittpunkten auch miteinander existieren können, ohne wie früher argwöhnisch Distanz voneinander zu halten. Wir sehen das daran, dass in Städten wie New York auch nach 200 Jahren noch immer eine tendenzielle Ballung von Bevölkerungsteilen ähnlicher oder auch gleicher Herkunft besteht, obwohl die Möglichkeit der Vermischung durchaus gegeben ist.

Sie geschieht, aber sie geschieht nicht ohne Grund und System. Und ganz eindeutig geschieht sie nicht ohne Rücksicht auf die unterschiedlichen Wertmuster, die dort aufeinandertreffen. Vielmehr zeigt sich, dass bestimmte Formen von Gemeinschaften – Mischfamilien oder internationale Freundes- und Kollegenkreise etwa – aufgrund gemeinsamer, über den Kulturkreis hinausgehender Werte zueinander finden.

Nach dem gleichen Prinzip findet auch die neue Wertegemeinschaft nach und nach zueinander, obwohl dieser Prozess noch in den Kinderschuhen steckt und wohl auch gar nicht mehr großartig thematisiert werden wird. Ein Aspekt des Erfolgs dieser neuen Gemeinschaft besteht in genau dieser Selbstverständlichkeit. Globalisierung hat für die nachwachsende Generation keine touristische oder gar koloniale Funktion mehr, sondern eine diskursive. Anstatt sich gegenseitig zu bereisen und die eigenen Wertmuster auf externe Gemeinschaften übertragen zu wollen, kommt es der neuen Wertegemeinschaft eher darauf an, sich durch Differenzen intern zu bereichern.

■ Das Wahlgemeinschafts-Signal

Am besten lässt sich dieses Phänomen wohl mit dem Begriff „lokalglobalisiert" beschreiben. Freundes- und auch Kollegenkreise sind heute über das Stadium hinaus, in dem sie über den Erdball verteilt waren und sich hier und da einmal begegneten. Wir haben den Punkt erreicht, an dem eine globale Gemeinschaft durchaus in der gleichen Stadt, sogar im gleichen Stadtteil wohnen kann, ohne immer wieder auseinandergerissen zu werden – und wenn doch, dann nicht zwingend aufgrund der unterschiedlichen Herkunft. Diese Gemeinschaften leben zusammen, weil sie durch gemeinsame Werte verbunden sind, die mit ähnlichen Bildungs- oder Lebenswegen zusammenhängen. Oder aber damit, dass sie beispielsweise im gleichen Unternehmen arbeiten, dass sich durch Werte auszeichnet, die kulturkreisübergreifend Bindung erzeugen können.

Diese neuen Wahlgemeinschaften sind ein Grundstein des neuen Wertebewusstseins, und nicht etwa der Untergang der Werte, wie Kritiker der Globalisierung gern behaupten.

Damit sind wir bei einer weiteren Definition von Erfolg angekommen, die das neue Wertebewusstsein auszeichnet: Wir lassen uns bei der Wahl unserer Wertbezüge nicht mehr durch die Vorprägung unseres Kulturkreises oder Vorurteile aus der Frühphase der Globalisierung (oder noch älterer Prägung) einschränken. Wir betrachten uns unter anderem deshalb als erfolgreich, weil wir die Freiheit genießen, uns unsere kulturellen Bezüge und damit die Quellen unserer Werte auszusuchen – ohne Rücksicht auf Nationalität, Hautfarbe oder Religion. Wir betrachten uns als erfolgreich, weil wir die Globalisierung nicht mehr bewerten, sondern uns an ihr messen und unsere Wertmuster in ihrem Kontext bewerten lassen. Wir betrachten uns als erfolgreich, weil wir von der Globalisierung profitieren, anstatt sie von außen zu diskutieren und uns von den Reibungen ihrer politischen Dynamik abschrecken zu lassen. Die Freiheit liegt für uns nicht mehr in der Möglichkeit der Globalisierung, sondern im freien Bekenntnis zu globalen Werten, die die Globalisierung uns zu leben ermöglicht hat.

Und das soll alles gewesen sein? Warum Karriere immer unwichtiger wird

Ähnlich wie der Erfolg selbst haben seine diversen Begriffsneuschöpfungen in den letzten Jahren verschiedenste Deutungen erfahren. Den meisten von ihnen gemeinsam ist die Tendenz zu weniger Erfolg, sprich: einer Erfolgsdiät. Die wenigsten von ihnen haben dagegen den Erkenntnissprung gewagt, dass Erfolg – da er kein Wert an sich ist – gar nicht quantitativ, sondern nur qualitativ gemessen werden kann. Ist jemand, der nach einem Burnout die Karriere zurückfährt und halbtags Rosen züchtet, weniger erfolgreich als jemand, der sein Leben lang in Vollzeit Börsenkurse vergleicht? Wie will man Erfolg mit solchen Variablen messen – woher holt man einen Vergleichswert?

■ Das Downshifter-Signal

Eines der zahlreichen Erklärungsmuster ist die so genannte Bewegung der „Downshifter“[81]. Sie werden in der öffentlichen Wahrnehmung bis heute in eine Exotenrolle gedrängt, weil ihre bewusst getroffene Entscheidung, nicht etwa aufs Karriere-Gaspedal, sondern auf die Bremse zu treten, nicht zur statusorientierten Erfolgsdefinition der Wirtschaft alter Prägung passt. Dabei sind die Downshifter gerade deshalb eine interessante Gruppe für die Zukunft der Wirtschaft. Wer nämlich den Schritt wagt, auf das Prestige eines noch höheren Postens, ein noch höheres Gehalt und noch mehr Einfluss auf möglichst viele operative Entscheidungen innerhalb der Firma zu verzichten, hat einen großen Problemkomplex überwunden, der die stagnierende Führungselite der alten Schule auszeichnet: Er hat die Ego-Themen hinter sich gelassen. Und gefährdet deshalb strukturelle Erneuerungen seines Unternehmens und die Potenzialentwicklung seiner Mitarbeiter nicht mehr dadurch, dass er karrierestrategisch Positionen besetzt hält und dem Konkurrenzdruck mit Innovationsblockaden begegnet. Das macht ihn zu einer äußerst interessanten Alternative bei der Vergabe von Führungspositionen: Er hat Wege der Erfüllung seelischer Bedürfnisse gefunden – am häufigsten werden von den Downshiftern Familie und andere soziale Bezugspunkte, immer öfter auch das Ehrenamt als Motivation für den Ausstieg oder die Reduzierung benannt – die sein seelisches Gleichgewicht fördern und die er nicht mehr am Arbeitsplatz kompensieren muss.

Downshifter ⊙

Der Downshifter hat Erfolg individuell umdefiniert: von einem rein beruflichen Statusmarathon, der auf einer stetig nach oben zeigenden Karrierekurve verortet wird, hin zu einem persönlichen, Berufliches und Privates gleichermaßen einbeziehenden Weg der seelischen Erfüllung, der mit oben oder unten nichts mehr zu tun hat. Deswegen ruhen

Downshifter nachhaltiger in sich und haben eine höhere Präsenz in ihrem (Arbeits-) Umfeld als die alten „Erfolgstypen".

Zudem trägt er Randerfahrungen ins Unternehmen hinein, die die kreative Lösungsfindung befördern und die Realitätsanbindung des Managements sichern. Das besteht bisher nämlich oft aus Vollblutkarrieristen, die außerhalb ihres Postens immer weiter den Realitätsbezug verlieren – was für kein Unternehmen dieser Welt gut ist, denn in der Realität tummeln sich die Kunden ebenso wie die Mitarbeiter.

■ Das Aussteiger-Signal

Randerfahrungen sind auch die Hauptmotivation derer, die – anstatt das Arbeitspensum systematisch zu reduzieren – für begrenzte Zeit komplett aussteigen. Immerhin 38 Prozent der Deutschen ziehen das laut einer Forsa-Umfrage aus dem Jahr 2009 in Erwägung.[82] Bisher tun es die wenigsten von ihnen tatsächlich, doch die Tendenz ist steigend. Es gibt unzählige Arten, diesen Weg zu beschreiten – vom Rucksack-Trip quer durch Asien bis hin zum Schafehüten in Apulien. Auch die Aussteiger kommen sowohl mit einem erweiterten Horizont zurück, der sich besonders auf kreative Unternehmenspositionen direkt auswirkt, als auch mit einem gestärkten Selbstbewusstsein. Beides resultiert aus der Bewältigung eines alternativen Lebensstils und der Realisierung persönlicher Träume und Leidenschaften.

Die Befürchtung, Aussteiger kämen unter Umständen gar nicht zurück und stellten ein Risiko für Arbeitgeber dar, hat sich dagegen in der Praxis bisher nicht bewahrheitet: „Irgendwann merkte ich: Ich will weder ganz aussteigen noch ständig arbeiten. Ich will in der Mitte glücklich werden. Und dafür brauche ich Projekte"[83], zitierte *Spiegel online* den Aussteiger Christoph Pokrandt.

Einen temporären Ausstieg zur Wahrnehmung persönlicher Interessen ermöglicht die Boston Consulting Group allen angestellten Beratern bereits seit Ende der 90er Jahre. Mit dem Aufstieg auf jede nächsthöhere Stufe in der Berater-Hierarchie geht dort die Option eines drei- bis sechsmonatigen Sabbaticals einher, den die Berater jederzeit relativ spontan einlegen können. Manche nutzen diese Zeit, um mit dem Rucksack durch die Welt zu reisen – und eben nicht in Fünf-Sternehotels zu übernachten, manche, um die Geburt und die ersten Lebensmonate ihrer Kinder intensiv mitzuerleben. Ich habe viele Kollegen diesen Schritt gehen sehen. Ich kann mich an keinen erinnern, der ihn bereut hätte oder anschließend benachteiligt worden wäre. Dafür an viele, die dafür bewundert wurden von denen, die sich nicht trauten – aus Angst, etwas zu verpassen oder den Anschluss zu verlieren.

Viele, denen der berufliche Ausstieg oder Downshift als Alternative zur Highspeed-Karriere noch zu gewagt erscheint, entscheiden sich für Ausstiegsszenarien aus der gesellschaftlich verordneten Status- und Fortschrittsspirale anhand alternativer Freizeitszenarien und Lebensstile. Die Stadtflucht ist ein Beispiel für einen solchen Lebensstil, der die Hektik modernen Berufslebens kontrastieren will. Viele verbinden diesen Schritt sogar mit der Rückkehr in die Selbstversorgung. Auch dieser Weg, Erfüllung neu zu definieren, ist klar wertegetrieben: Er ist gekennzeichnet durch die Rückbesinnung auf eine ursprünglichere Existenzform, vor allem jedoch auf ökologische und ökonomische Unabhängigkeit. Auch dies ist eine Art, Erfolg und Ego neu zu denken: Wer in der Lage ist, sich und seine Familie selbst zu versorgen und damit ein großes Stück Unabhängigkeit vom monetären Aspekt des Karrieredrucks zu gewinnen, gewinnt Distanz von der Komplexität operativer Abläufe und innerbetrieblicher Egothemen. So kann er sich besser auf die eigentlichen Inhalte seiner Arbeit besinnen – und sich entsprechend freier in die Struktur der Gemeinschaft des Unternehmens einbringen.

Wenn Erfolg an der Erfüllung der individuellen Wertmuster hängt und auf dieser Grundlage die Zugehörigkeit zu einer Wertegemeinschaft bedingt – anstatt umgekehrt – wie können wir dann feststellen, wer erfolgreich ist und wer nicht? Was ist, unter diesen Vorzeichen, eine Karriere?

Karriere

Karriere ist im Sinne des neuen Wertebewusstseins einer von vielen verschiedenen Erfüllungsmechanismen, die uns zum Ausleben unserer individuellen Wertmuster zur Verfügung stehen. Nicht mehr, und nicht weniger. Die neue Wertegemeinschaft betreibt mehrere dieser Erfüllungsmechanismen parallel zueinander, und verteilt auf diese Weise die persönliche Interpretation von Erfolg auf mehrere Standbeine, wodurch der Druck auf jedes einzelne dieser Standbeine erheblich reduziert wird. Erfolg wird dadurch einfacher, vielfältiger und entspannter und geht nicht mehr mit der Gefahr des Realitätsverlusts und des egozentrierten Tunnelblicks einher. Karriere bemisst sich in Zukunft nicht mehr an der Position innerhalb der Unternehmenshierarchie, sondern an der Vernetzung, der Einbindung und dem persönlichen „impact" auf das Unternehmen.

Sowohl die Downshifter als auch die Aussteiger und die Stadtflüchter haben Erfolg umdefiniert, indem sie ihre Zugehörigkeit zur Gemeinschaft des Unternehmens durch die Zugehörigkeit zu anderen Gemeinschaften ergänzt haben. Ihre Definition von Erfolg ist deshalb vielfältiger und weniger existenziell von der beruflichen Erfüllung abhängig. Sie werden, das zeigen die Geschichten der Aussteiger, keineswegs unproduktiver, weil es ihnen etwa plötzlich an beruflichem Ehrgeiz mangeln würde. Sie werden vielmehr – und das ist ein wichtiger Aspekt zukunftsorientierter Personalführung – kreativer und freier innerhalb ihres Aufgabenbereichs und ihrem operativen Instrumentarium. Diejenigen von ihnen, die den Schritt bewusst gehen, wollen in aller Regel nicht mehr zurück zum alten Modus – weil sie sich nicht weniger erfolgreich, sondern im Gegenteil im Sinne ihrer persönlichen Wertmuster erfolgreicher fühlen als zuvor.

Erfolg ist kein Egotrip: Warum Einbringen wichtiger ist als Macht

Die Downshifter und Aussteiger bedienen sich verschiedener Möglichkeiten, der Ära des neuen Wertebewusstseins nicht nur individuell, sondern auch innerhalb des Unternehmens gerecht zu werden. Sie haben sich zu konkreten Werten bekannt, die sie neben der Karriere – oder auch außerhalb der Karriere – bewusst leben. Die Mehrzahl der Manager und Mitarbeiter aller Ebenen ist jedoch bestrebt, ihre Werte innerhalb der Karriere und damit innerhalb ihres Unternehmens zu leben. Die Entscheidung besteht für die meisten nicht darin, Karriere oder Werte zu leben, sondern Werte in der Karriere zu leben. Dieser Effekt des neuen Wertebewusstseins ist der Dreh- und Angelpunkt jeglicher zukunftsorientierter Unternehmenskultur – und wo er es noch nicht ist, wird er es werden müssen.

Auch die Mitarbeiter, die nicht den Mut zu den extremen Formen der Veränderung ihres Alltags haben wie die Downshifter, werden von ihren Unternehmen zunehmend ein Bekenntnis zu klaren Werten fordern oder tun dies schon jetzt. Sie werden die Entscheidung über die Wahl ihres Arbeitsplatzes immer stärker von diesem Bekenntnis abhängig machen. Wenn die Arbeitswelt sich so verändert – und darauf deutet alles hin – wird die Arbeit der Zukunft immer weniger auf einer Ellbogenmentalität beruhen und immer stärker im Einbringen in die Gemeinschaft des Unternehmens und des jeweiligen Teams bestehen.

Erfolg wird, im Gegensatz zur Statusorientierung der bisherigen Wirtschaft, wieder stärker eine Frage des Teamgeists werden. Dabei sind die verbreiteten Ansätze der aufgesetzten „Familiarität", die letztlich nur künstliche Loyalität und Verantwortungsgefühl bei den Angestellten erzeugen soll, keine Hilfe mehr. Ihre sozialen Gemeinschaften finden Menschen heute in vielfältigen Formen der Wertegemeinschaft; der Arbeitsplatz stellt hier nur mehr eine von vielen Alternativen dar. Der Charakter der Arbeit wird sich vielmehr hin zum gemeinschaftlichen Einsatz für eine gemeinsame Sache entwickeln. Unternehmen, die keine „Sache", also keine Werte anzubieten haben, für die die Mitarbeiter sich zu engagieren bereit sind, werden beim Kampf um die besten Kräfte in den nächsten Jahren zunehmend schlechte Karten haben.

Die Verteilung der schon heute wachsenden Zahl unbesetzter Stellen zeigt, dass Arbeitnehmer – je qualifizierter, desto mehr – durchaus wieder eine Wahl haben zwischen Stellen, die zu ihren Wertmustern passen, und der Alternative, lieber ganz und gar beruflich umzusatteln. Viele wagen schon heute angesichts der zunehmend locker ausgelegten akademischen Qualifizierung den Quereinstieg in eine andere Branche oder auch den Schritt in die Selbstständigkeit. Branchen, die ihre besten Kräfte dadurch vergraulen, dass sie nicht in der Lage sind, ihnen eine wertbasierte, ganzheitlich erfolgversprechende Tätigkeit anzubieten, werden unter dem Druck dieser Neugründungen und dem resultierenden Kreativitäts- und Innovationseinbruch innerhalb des Unternehmens früher oder später massiv zu leiden haben.

09 Mission Possible: Führung im Zeichen des neuen Wertebewusstseins

Versuch nicht, ein Mann des Erfolgs zu werden. Werde lieber ein Mann von Wert. [Albert Einstein]

Wie wir im vorigen Kapitel gesehen haben, reicht der tradierte Begriff des Erfolgs in der neuen Businesswelt nicht mehr aus, um eine Aussage über den Wert einer Unternehmung zu machen. Der Mitarbeiter, der Manager, der Mensch, der sich bewusst für die Zugehörigkeit zu einer Wertegemeinschaft entscheidet, sucht sich seine gesellschaftlichen Ankerpunkte ganz gezielt nach ihrer Werthaltigkeit aus. Immer mehr Unternehmer haben deshalb erkannt, dass sie potenziellen Mitarbeitern ethische und anderweitig wertreflektierende Anreize bieten müssen, um sie für ihr Unternehmen zu begeistern. Für die Orientierung bestehender Unternehmen sind deshalb besonders jene Businessideen Vorbild und Wegweiser, die von vornherein auf Werten aufgebaut sind, anstatt allein auf die Profitabilität der Unternehmung zu schauen.

Der wachsende Erfolg solcher Unternehmungen verdeutlicht: Die Investition in Werte lohnt sich. Nicht nur im Sinne eines besseren Betriebsklimas, höheren kreativen Outputs und (kunden-) freundlicher Mitarbeiter – sondern auch monetär. Finanzieller Erfolg stellt sich bei diesen Unternehmen durchaus ein, wie bei jeder guten Geschäftsidee. Der Unterschied besteht darin, dass Wachstum bei den neuen, wertebewussten Unternehmungen nicht dadurch erreicht wird, dass er in den Mittelpunkt gestellt wird – sondern dadurch, dass Werte im Mittelpunkt stehen, deren Zugkraft die Profitabilität nach sich zieht. Die neuen Unternehmer legen jedoch großen Wert darauf, dass ihr Erfolg nicht allein darin besteht, sondern zuerst einmal darin, dass das

Unternehmen als Wertegemeinschaft funktioniert und gesellschaftlich bedeutsamen Fortschritt produziert. Wem das gelingt, dem folgt in aller Regel auch das Geld – und die besten Mitarbeiter. Dies ist ein grundlegendes Unterscheidungsmerkmal der neuen Chefs von den Bossen alter Schule: Sie sind keine schwarzen Ritter der Kennzahlen, und generieren Wachstum auf andere Weise.

Das Ende der Vorbilder, wie wir sie kennen: Warum Status immer weniger Menschen beeindruckt

Status ist oft das Gegenteil von Werthaftigkeit, denn übermäßig statusorientierte Menschen neigen dazu Werte vorzutäuschen, anstatt sich an ihnen zu orientieren. Simples Beispiel: Ein Handelsvertreter, der Ihnen einen Blumenkohl über die Nachhaltigkeit seiner Produkte ans Ohr quasselt und dann im 911er Porsche vom Hof fährt, schert sich einen Dreck um Nachhaltigkeit. Ein Unternehmensberater, der Ihnen rät, Sie mögen die Preise verdoppeln, um Qualität zu suggerieren, dafür aber ab sofort billige Rohstoffe zweifelhafter Provenienz für Ihre Produkte verwenden, um doppelt abzukassieren, rät Ihnen zur Statustrickserei anstatt zur werteorientierten Verbesserung Ihres Images. Früher hat profitables Wirtschaften sehr oft genau so funktioniert. Heute weiß der Kunde das, hinterfragt deshalb – und kauft im Zweifel woanders.

Vorbei ist auch die Zeit der glitzernden Statussymbole. Wenn Politiker sich heute goldbehangen in Talkshows setzen, um über Sozialabgaben zu debattieren, bekommt das ihrem Image sehr schlecht – weil die Menschen sehen können, dass diesem Politiker die Verteidigung der Höhe seiner Diäten letztlich wichtiger ist als die Sozialverträglichkeit seiner Gesetzesvorlage.

Der Niedergang des Statusdenkens ist aus dem gleichen Grund im vollen Gange, aus dem insbesondere Führungskräfte, die schon weit gekommen sind und wohl noch weiter kommen könnten, ihren Erfolg nicht mehr durch immer mehr Macht, immer mehr Geld und eben immer mehr Status definieren. Sondern durch immer mehr Zeit für die Beschäftigung mit dem, was Ihnen persönlich das Wertvollste ist. Anders herum formuliert: Das pure Statusgehabe, dass die Zugehörigkeit zu einer bestimmten Elite suggeriert, ist es ihnen schlicht nicht mehr wert, dafür die wirklichen, intrinsischen Werte in ihrem Leben zu opfern.

Status an sich hat nämlich keine gesellschaftliche, und noch nicht einmal eine persönliche Erfüllungsfunktion. Status ist kein Wert. Status ist, im ethischen Sinne, Blendwerk – und sonst gar nichts. Status ist lediglich ein Vehikel der Zugehörigkeit zur Gruppe der im herkömmlichen Sinne Erfolgreichen. Und genau deshalb ist er für die Mitglieder der neuen Wertegemeinschaft uninteressant und gilt manchen sogar als Ausschlusskriterium: Status ist an die Zugehörigkeit zu einer Elite gebunden, die im Niedergang begriffen ist. Wer sich von dieser Elite und ihren unethischen Geschäftspraktiken absetzen möchte, verweigert deren Statussymbole – vor allem aber braucht er kein Statusgehabe, um im Sinne seiner Gemeinschaft als erfolgreich zu gelten. Wer hier dazugehören will, muss sich an seinen Werten und deren Erfüllung messen lassen, nicht an der Suggestion von Erfolg. Für die wird er lediglich belächelt werden.

Und ganz nebenbei ist Status auch noch verdammt anstrengend. Oder räkeln Sie sich zu Hause freiwillig in Anzug und Krawatte auf dem Sofa?

Die neuen Chefs: Das Ende des Machtgehabes

So manchen Boss der neuen Schule würden Sie denn auch nicht für einen „erfolgreichen“ Unternehmenslenker halten, wenn Sie ihm auf der Straße begegnen. So, wie sie auf Status pfeifen, können viele der neuen Unternehmer nämlich auch auf die Gesten der Macht verzichten, durch die sich die gefürchteten alten Bosse oft auszeichneten. Wenig verwunderlich – ihre Machenschaften waren oft genug denen der Mafia ähnlicher als denen des ehrbaren Kaufmanns.

Der Grund, warum Macht nicht mehr das zentrale Arbeitsinstrument der neuen Unternehmenslenker ist, liegt im Verhältnis dieser Bosse zu ihren Mitarbeitern. Der wertebewusste Unternehmer stellt seine Leute auf der Basis ihrer zum Unternehmen passenden Wertmuster ein und ist deshalb sicher, dass sie durch die gleichen Werte angetrieben werden wie er selbst. Deshalb kann er sich auf etwas verlassen, das die alte Schule ihren Mitarbeitern oft ganz und gar nicht zu geben bereit war: Vertrauen.

Nicht nur für den Angestellten, der so wesentlich angstfreier und dadurch kreativer arbeiten kann, sondern auch für den Unternehmer selbst ist das, bei geschickter Umsetzung der Unternehmenswerte in die operativen Prozesse, ein riesiger Effizienzgewinn. Wie wir schon festgestellt haben, produzieren Kennzahlen keine Kreativität, Werte dagegen sehr wohl. Ein Unternehmer, der seinen Angestellten dahingehend vertraut, dass ihre Kreativität den gleichen Zielen folgt wie sein unternehmerischer Instinkt, schafft ein innovationsfreundliches Grundklima – und damit die Grundlage für eine zukunftsorientierte Produktivität und Profitabilität seines Unternehmens.

■ Das Zappos-Signal

Ein Unternehmer, der das vorlebt, ist Tony Hsieh, CEO von Zappos.com, dem größten Online-Schuhversand der USA und Autor des *New-York-Times*-Bestsellers „Delivering Happiness", in dem er seine Führungsphilosophie und die Unternehmensphilosophie von Zappos transparent macht. Zappos erreichte unter Hsieh einen Milliardenumsatz, weil der CEO alles daran setzte, dass seine Kunden mit glücklichen Angestellten in Kontakt kamen. Er stellte mit seinen Partnern eine Liste von „Core Values"[84] auf, die sich für Unternehmer der alten Schule lesen dürften wie eine Hippie-Agenda; sie funktionierten auf Anhieb, und schossen Zappos.com innerhalb kürzester Zeit in den Olymp der umsatzstärksten Online-Händler. Die „Core Values" basieren auf Werten wie Spaß, Verrücktheit, Ehrlichkeit, Leidenschaft

und Demut. Sie funktionieren – mit geradezu atemberaubender Effizienz.

Tony Hsieh sieht man denn auch nicht in Anzug und Krawatte vor seinen Angestellten paradieren; vor allem sieht man ihn tatsächlich. Er bewegt sich zwischen seinen Angestellten als einer von ihnen; er hat keine Berührungsängste, er hat nichts zu verbergen – er ist einfach Teil des Teams. Und das, obwohl er schon vor der Gründung von Zappos durch den Verkauf seiner früheren Firma LinkExchange an Microsoft 265 Millionen Dollar schwer war.[85]

Hsiehs Beispiel zeigt: Werteorientierte Führung bedeutet auch einen Verzicht auf die weitverbreitete unternehmerische Arroganz, die kennzeichnend insbesondere für die Monopolisten und Großkonzerne der alten Schule ist. Bei einem Unternehmen zu arbeiten, dass sich einer Wertegemeinschaft zuordnet, heißt in der Konsequenz nämlich nicht, sich in erster Linie diesem Unternehmen zugehörig zu fühlen – sondern den Werten verpflichtet, für die auch das Unternehmen steht. Die Arroganz von Unternehmen – oft genug sogar in der Unternehmenskommunikation zur Schau gestellt –, die behaupten, sie seien für Kunden wie Mitarbeiter alternativlos, weil sie eben X seien, lockt heute weder Kunden noch Mitarbeiter. Ganz im Gegenteil: Unternehmen, die die Zugehörigkeit zu einer Wertegemeinschaft mit Markenhörigkeit verwechseln, geraten seit Neuestem leicht ins Visier einer propagandaskeptischen, weil wertebewussten Öffentlichkeit.

Ein Unternehmer, der seinen Angestellten Machtgehabe vorlebt, hat zudem sehr schnell ein internes Problem: eine vergiftete Unternehmenskultur. Mittlere Manager und ehrgeizige Angestellte werden unter seiner Führung versucht sein, sich ihre Sporen so zu verdienen, wie ihr Chef es ihnen vorlebt – sie werden zu Machtspielchen greifen und beginnen, ihren Weg nach oben im Unternehmen mit den gleichen unlauteren Mitteln zu erlangen, die ihr „Vorbild" augenscheinlich in diese Position gebracht haben. Der so künstliche gesteigerte Konkurrenzdruck kann erhebliche Auswirkungen auf die Motivation der Mitarbeiter haben, ganz besonders jedoch aufs mittlere Management: „54 Prozent der Manager, die in der Sandwich-Position zwischen Vorstands- und Teamleiter-Ebene stecken, fühlten sich von Konkurrenzdenken im Kreis ihrer Kollegen und Vorgesetzten belastet"[86], zitierte der Focus im Juni 2011 aus einer Studie unter 560 Führungskräften, in der die größten Belastungsfaktoren leitender Angestellter ermittelt wurden.

Ein Chef dagegen, der seinen Angestellten verbindlich jene Werte vorlebt, die er von ihnen einfordert, wird nicht gefürchtet, sondern respektiert – und kann glaubwürdig als Führungspersönlichkeit auftreten und für Ordnung sorgen, wenn seine Mitarbeiter sich einmal nicht an die ethischen Regeln des Unternehmens halten. Um eine solche ethisch transparente Beziehung jedoch überhaupt erst aufzubauen, muss eine Führungskraft nahe an ihren Mitarbeitern sein. Steile Hierarchien sind dazu nicht geeignet; ständiges Eingreifen in die Verantwortungsbereiche des mittleren Managements ebenso wenig. Wer von seinen Angestellten ein firmenkompatibles Werteverständnis verlangt, wird auch daran gemessen, dass er selbst diesen Werten treu ist. Rolf Heiler, Gründer und Vorstandschef der Heiler Software AG, formuliert die Verantwortung des Chefs so: „Sie können Mitarbeitern viel erzählen; sie werden immer unglaubwürdig sein, wenn sie es nicht vorleben. ... Vorbild wird man durch das Bild, das man abgibt, und nicht die Worte, die man sagt."[87]

Werte sind Chefsache: Warum Unternehmenswerte die Aufgabe des CEO der Zukunft sind – und nichts anderes

Die Aufgabe des Machtdenkens ist jedoch nicht der einzige Aspekt, in dem sich der Unternehmenslenker der Zukunft von dem der alten Schule massiv unterscheiden muss. Die Top-Manager der alten Garde, die in den letzten Jahren durch Skandale aufgefallen sind – von Sal. Oppenheimer bis Siemens – eint, dass sie ab einem gewissen Level der dynastischen Verstrickung offenbar glauben, eine Generalamnestie von den ethischen bis hin zu den juristischen Anforderungen an ihr Amt zu genießen. Insbesondere, wenn sie sich auf korrupte Praktiken mit politischem Machtanspruch einlassen. Wie ihre Praktiken des Machterhalts und der persönlichen Bereicherung nach außen hin wirken, scheint ihnen oft nicht nur egal zu sein – sie scheinen gar kein Gefühl mehr für ethisches Verhalten zu haben.

Das liegt nicht zuletzt daran, dass das mittlere Management, das sie nach ihrem Vorbild erziehen, jegliche Einwirkung der Realität aus der Kommunikation nach ganz oben herausfiltert. Ein CEO, dem die mittlere Führungsebene im Sinne des eigenen Positionserhalts nach Kräften heile Welt vorspielt, mag oft tatsächlich nicht wissen, wie es um die Arbeitsbedingungen der unteren Unternehmensebenen, geschweige denn die Bedürfnisse der Kunden bestellt ist – und deshalb das Gefühl dafür verlieren, welche Maßnahmen für seine Angestellten noch vertretbar sind und welche nicht.

Ein Unternehmenslenker, der sich dieser Betriebsblindheit nicht widersetzt, hat in einer werteorientierten Wirtschaft jedoch keinen Platz mehr. Vielmehr ist es seine Aufgabe, die Grundwerte des Unternehmens vor Mitarbeitern und Öffentlichkeit sowohl vorzuleben als auch einzufordern.

■ Das Allianz-Signal

Um das Innenleben seines Unternehmens und den Antrieb seiner Mitarbeiter wirklich kennenzulernen, ist Michael Diekmann, CEO der Allianz-Gruppe, weit gereist. Als er den Posten 2003 antrat, fuhr er erst einmal 100 Tage lang quer durchs Land und bereiste so viele Allianz-Niederlassungen wie er nur konnte. Auf jeder Station veranstaltete er Feedback-Versammlungen; nicht etwa nur mit den örtlichen Chefs, sondern mit Angestellten von jeder Ebene des Unternehmens. Er hörte sich ihre Anliegen an. Er forderte Feedback ein. Und tut es noch heute, in Form von Feedback-Mails, die seine Angestellten an ihn schicken. Diekmann

unterscheidet sich in dieser Hinsicht ganz massiv von der Masse der Top-Manager alter Schule. Er führt nicht vom Elfenbeinturm aus. Er betrachtet sich nicht als von der Unternehmensbasis abgehoben. Er weiß sehr genau, welche Werte in seinem Unternehmen gelebt werden – weil er sich aktiv um dieses Wissen bemüht hat, bevor er überhaupt mit der operativen Arbeit begann. Und er hat sich von Anfang an um einen offenen Umgang bemüht – nicht nur in der Chefetage: „Ich will nicht, dass schlechte Nachrichten erst nach und nach durchsickern – das gilt für mich genauso wie für Mitarbeiter."[88]

So überrascht es auch nicht, dass Diekmanns Erwartungshaltung an seine Mitarbeiter sich auf gelebte Unternehmenswerte bezieht: „Dass sie bereit sind, Veränderungen mitzutragen, und konstruktiv an Verbesserungen mitwirken. Das klingt jetzt sehr pauschal, aber jeder kann seinen Beitrag zum Erfolg leisten. Jeder kann das Thema Kundenfreundlichkeit zu seinem machen. Das muss allen bewusst sein."[89]

Diekmanns Strategie hat sich als weise erwiesen: Die Branche betrachtet seinen Führungsstil und seinen Komplettumbau der Allianz als „kleine Kulturrevolution"[90]. Er wurde zum Manager des Jahres 2005 gekürt – nicht für seinen monetären Erfolg, seit er das Unternehmen in einer prekären Phase übernahm, sondern in erster Linie für seine ungewöhnlichen Methoden. Diekmann ist einer, der nicht über Macht nachdenkt, sondern über Lösungen. Und er ist einer, der erkannt hat, dass diese Lösungen an Werten festgemacht werden. Gewonnen hat er diese Erkenntnis nicht zuletzt aus seiner eigenen, eher unkonventionellen Biografie heraus. Dazu befragt, sagte er in einem Interview: „Was bei aller Planung wahnsinnig wichtig ist, ist, dass der Kern, der Sie ausmacht, authentisch bleibt. Und dass Sie sich daran auch messen lassen."[91]

Was Diekmann für den Einzelnen formuliert, gilt auch für die Seele eines Unternehmens. Betrachten wir die gesammelten

Kernwerte als Unternehmensagenda, so ist der CEO der Zukunft in erster Linie ein Agenda Manager. Wenn Kennzahlen nicht einmal in den operativen Prozessen eines Unternehmens ausreichen, um langfristig produktivitätssteigernde Effekte zu erzielen, so gilt dies umso mehr für die oberste Führungsposition im Unternehmen: Ein Chef, der noch nicht einmal die Kernwerte seines Unternehmens glaubwürdig vertreten kann, wird mit Kennzahlenreiterei erst recht keine Erfolge erzielen können. Denn er hat keine Chance, sich als Führungspersönlichkeit den Respekt der Angestellten zu erarbeiten. Der aber ist zwingend vonnöten, um die ständige prozessuale Anpassung moderner Unternehmen an sich wandelnde Marktbedingungen intern durchsetzen zu können – was, wie wir festgestellt haben, nur durch eine stabile Wertekultur im Unternehmen möglich ist. Nur sie sorgt bei den Angestellten für die Bereitschaft zur Erneuerung im Glauben an Werte, auf deren langfristige Tragfähigkeit sie sich verlassen können.

Dafür jedoch braucht der CEO eine Basisanbindung. Nicht einmal im Jahr bei einer Mitarbeiterversammlung, deren Redner von vornherein gefiltert werden, sondern in der ständigen Kommunikation mit seinen Mitarbeitern. Er gehört in die Produktionshalle genauso wie in die Marketingabteilung, wenn er am Puls seiner Mitarbeiter bleiben will. Zu dieser Verpflichtung gegenüber den Mitarbeitern kommt dieselbe ethische Verpflichtung gegenüber den Kunden: Ein Boss, der ihre Bedürfnislage nicht kennt und sich nicht aktiv um deren Erleben bemüht, wird in Zukunft kein lukratives, geschweige denn mit einem positiven Image gekröntes Unternehmen leiten können.

Vom Wert der Wertearbeit: Das ethisch korrekte Chefgehalt

Top-Manager, die mit ihrem Verhalten in der Öffentlichkeit angesichts von geradezu fiktiv überhöhten Gehältern das Gegenteil von gemeinschaftlichen Werten, nämlich Sozialneid schüren, werden in der Ära der neuen Wertegemeinschaft ebenso der Vergangenheit angehören.

Dass Führungskräfte besser bezahlt werden als Fließbandarbeiter – daran wird sich auch zukünftig nichts ändern. Allerdings gibt es einen Unterschied zwischen verschiedenen, realistisch argumentierbaren Gehaltsabstufungen, und der Differenz zwischen Mindestlohn und absurdem Abkassieren. Das Problem der leistungsorientierten Entlohnung von Managern und Vorständen liegt darin, dass bei fehlender ethischer Anbindung der Bosse an die gesamte, aus allen Mitarbeitern bestehende Gemeinschaft des Unternehmens auch das Gefühl für die sozial gerechte Verteilung von dessen erwirtschaftetem Gewinnen fehlt.

In einer Gemeinschaft, die sich durch Konkurrenzdruck, Machtspielchen und Positionsgeschacher auszeichnet, denkt grundsätzlich jeder an seinen eigenen Vorteil – auch beim Gehalt. Das führt dazu, dass Führungskräfte – einmal mehr auf Basis der Kennzahlenreiterei – sich oft unethischer Tricks bedienen, um bestimmte Margen und Steigerungsraten künstlich hochzurechnen und so ihre Boni zu steigen. Bei den Mitarbeitern der unteren Ebenen kommt dagegen absolut nichts an – im schlimmsten Fall sogar fallende Löhne, denn auch damit lässt sich schließlich der Unternehmensgewinn in die Höhe treiben.

Doch nicht nur die Manager, sondern auch die Low Performer bedienen sich genau dieser Lücke im System: Ihre Gehaltsstufe mag die gleiche sein wie die der fleißigen Kollegen, aber effektiv bekommen sie das gleiche Geld für weniger Arbeit – verdienen also unterm Strich besser als die Mitarbeiter, die sich tatsächlich an ihrer Leistung messen lassen und das Unternehmen im Gegensatz zu den Abhänger-Kollegen mit ihrem Einsatz nach vorn bringen.

■ Das Gehälter-Signal

Bereits 2008 diskutierte die *FAZ* den Vorschlag der Ökonomen Bruno S. Frey und Margit Osterloh, die mit dem provokanten Vorschlag Furore machten, Manager wie Bürokraten zu bezahlen. In einer Wirtschaft, die noch von Egothemen und Konkurrenzdruck

beherrscht ist, mag diese These absurd wirken und auch nicht direkt umsetzbar sein. In einer zukünftigen Wirtschaft jedoch, in der Leistung vorausgesetzt werden kann, weil die Mitarbeiter auf allen Ebenen sich durch gemeinsame Ziele verbunden fühlen und schon deshalb an einem Strang ziehen – sprich, auch ohne besonderen Anreiz Leistung bringen – mag dieses Modell mit einiger theoretischer Kompromissbereitschaft durchaus einer neuen Überlegung wert sein.

Die soziale Dimension, die Frey und Osterloh dem Modell der leistungsabhängigen Bezahlung entgegensetzen, spricht glaubwürdig für eine kontraproduktive Wirkung leistungsabhängiger Bezahlung innerhalb der Unternehmensgemeinschaft. Viel effektiver für die Gesamtleistung des Unternehmens sei die intrinsische Motivation der Mitarbeiter – was auf nichts anderes hinausläuft als auf deren gemeinsame Werteorientierung. Die *FAZ* fasste die Thesen der Forscher zusammen: „Viele Experimente zeigen, dass Menschen auch intrinsisch motiviert sind und nicht nur die egoistischen Nutzenmaximierer sind, welche die Idee der leistungsabhängigen Entlohnung unterstellt – Menschen engagieren sich für ‚ihr' Unternehmen aus freien Stücken, weil sie Freude daran haben und ihre Kollegen mit ihnen am gleichen Strang ziehen. Diese Experimente zeigen auch, unter welchen Umständen ein solches Engagement ausbleibt: Zum einen können Belohnungen intrinsische Motivation zerstören, zum anderen sinkt diese Form der Motivation umso mehr, je mehr Kollegen Egoisten sind, denen ‚ihr' Unternehmen herzlich egal ist."[92]

Die Lücke des Modells der leistungsabhängigen Bezahlung von Managern besteht laut Frey und Osterloh darin, dass Leistungsprämien nicht etwa langfristig motivierend auf die Führungskräfte wirken, sondern sogar den gegenteiligen psychologischen Effekt haben und sich negativ auf deren Identifikation mit den Unternehmensergebnissen auswirken. Konkret führen sie aus, dass „Leistungslöhne die intrinsische Motivation und das soziale Gewissen der Manager dämpfen – der Blick geht nur noch zum

Geld und dem eigenen Einkommen, nicht zum Unternehmen, was wiederum kein Vorbild für die anderen Beschäftigten ist. Zudem demotivieren solche Leistungsprämien, indem sie suggerieren, dass man bereits für seine Pflichterfüllung extra entlohnt werden muss, sie schaffen einen Markt für Leistungen, auf dem freiwillige, intrinsisch motivierte Leistung deplatziert wirkt, und führen dazu, dass sich die Vorstände in Zweifelsfällen – wenn auch unbewusst – eher zugunsten der eigenen Brieftasche als zugunsten des Unternehmens entscheiden."[93]

Ein einfacher erster Schritt der Distanzierung des neuen Managertypus von unethischen Gehaltsrechnungen ist die Abkoppelung ihrer Bezahlung vom Aktienwert ihres Unternehmens. Das Argument, leitende Angestellte börsennotierter Unternehmen müssten die Angst der Aktionäre teilen, um im Sinne des Unternehmens zu handeln, ist ethisch ohnehin nicht haltbar: Sie werden auf dieser Grundlage höchstens Schritte unternehmen, um kurzfristig den Wert der Aktie zu stabilisieren und ihre Gewinne in trockenen Tüchern zu halten. Langfristig erfolgreiche Strategien werden in Zukunft jedoch immer mehr von Umstrukturierungen abhängen, die der Werteorientierung der Kunden und der Mitarbeiter Rechnung tragen. Diese Umstrukturierungen können und werden nicht immer kurskompatibel sein. Notwendig sind sie dennoch. Eine Führungskraft, die dann aufgrund ihrer Gehaltsstruktur geradezu dazu angehalten ist, auf die eigene Brieftasche zu schielen anstatt auf die langfristige Gesundheit des Unternehmens, wird den Wandel der Wirtschaft unter Umständen verschlafen – und das Unternehmen mitsamt seiner Aktionäre in ernste Schwierigkeiten bringen.

Werte sind Gold wert: Warum ohne ethischen Kompass kein Geld mehr zu verdienen ist

Falls aus den Ausführungen dieses Kapitels der Eindruck entsteht, Unternehmensführung habe in Zukunft weit mehr mit Ethik zu tun als mit Gewinnerzielung, dann ist dieser Eindruck ganz richtig – und auch wieder nicht. Management, ja die ganze Kunst unternehmerischen Handelns, war immer schon ein Spagat zwischen den Bedürfnissen einer Gemeinschaft (also Werten) und den nackten Zahlen (also Wertschöpfung). Das eine ist ohne das andere nicht denkbar – nicht, wenn Unternehmen auf freien Märkten miteinander in Konkurrenz stehen. Das wird sich auch in Zukunft nicht ändern. Was sich ändern wird, ist dennoch ein Paradigmenwechsel in der Wirtschaftsführung: weg vom Primat der Zahlen und hin zum Primat der Werte.

In einer Wirtschaft, ja einer Gesellschaft, die sich zunehmend über ihr Wertebewusstsein definiert, reichen Kennzahlen als Erfolgsfaktoren nicht mehr aus, um langfristiges Wachstum zu erzielen. Und das wird, allen Unkenrufen zum Trotz, auch die Unternehmen neuer Prägung ereilen, die sich durch ihre Werteorientierung eine gute Marktposition erkämpfen. Benchmarking ist letztlich immer nur ein Weg, sich an anderen zu messen. Diese Orientierung an Fremdwerten ist nicht dazu geeignet, sich durch eine intrinsische, originäre Unternehmensmotivation von der Konkurrenz abzusetzen – sie unterdrückt sie vielmehr.

Vor allem aber sind überwiegend kennzahlenorientierte Unternehmen nicht innovationsfähig genug, um sich gegen Konkurrenten durchzusetzen, denen der besagte Spagat gelingt. Werte sind nämlich – und das ist die Einschränkung der Aussage, Werte seien wichtiger als Gewinnmargen – durchaus effizienzfördernd, und damit auch äußerst lukrativ.

Für die neuen Bosse bedeutet das: Gute Führung wird sich vom Dogma der Kennzahlen verabschieden und sich stattdessen am Leuchten der Werte ausrichten, die der Gemeinschaft dienen, für die das Unternehmen Leistung erbringt. Leben Führungskräfte ihren Mitarbeitern diese Werte vor, fühlen auch sie sich in der Gemeinschaft des Unternehmens aufgehoben und verzichten ebenfalls auf Machtspielchen alter Prägung – was zweifellos zu einer erhöhten Leistungsbereitschaft für ihr Unternehmen führt.

Der CEO, Vorstandsvorsitzende oder geschäftsführende Gesellschafter, mehr als alle anderen jedoch der Inhaber der Zukunft, als Leitstern der untergeordneten Managementebenen, hat die großartige Aufgabe, die Werte seines Unternehmens zu repräsentieren – und nichts anderes. Diese Prognose spricht dafür, dass wir uns nach Jahrzehnten der Verbitterung über eine ethikfreie, abgehobene Wirtschaftselite schon bald auch in den Spitzenpositionen der Wirtschaft öfter über jene Unternehmertypen werden freuen können, die in kleineren und mittelständischen Unternehmen rund um den Globus bereits ihren Siegeszug angetreten haben: eine Riege charismatischer Führungspersönlichkeiten, die den Wert der Werte erkannt haben. Jeder Einzelne von ihnen ist ein Flickering Signal der Ära des neuen Wertebewusstseins in der Wirtschaft.

10 Wir haben die Wahl: Arbeiten im Zeichen des neuen Wertebewusstseins

Arbeit um der Arbeit willen ist gegen die menschliche Natur.
[John Locke]

Arbeit ist heute nicht mehr alternativlos. Bevor Sie jetzt an meinem Verstand zweifeln, versuchen Sie erst einmal, vorurteilsfrei darüber nachzudenken: Selbst wenn Sie morgen in Ihrem Job aufhören, geht die Welt nicht wirklich unter. Nein, tut sie nicht.

Noch für unsere Eltern, ganz und gar für unsere Großeltern galt eine einmal gewählte Karriere als einzige biografische Option im Sinne des Broterwerbs für die Familie; zumal, wenn es nur einen Verdiener in der Familie gab. Verlor der Mann im Haus die Arbeit, stand alles Kopf – im schlimmsten Fall gab es schon Tage später kein Essen mehr auf dem Tisch. Ein solches Szenario haben wir heute im Normalfall nicht mehr zu befürchten. Dass eine Entartung des Sozialstaats darin besteht, dass manche es sich auf genau dieser Tatsache bequem machen, kann man als Beweis für das Scheitern des Systems werten. Oder aber als gesellschaftlichen Kompromiss, wenn wir die Alternativen betrachten: noch mehr Kriminalität, noch mehr Schwarzarbeit, noch höhere Selbstmordraten. Doch das ist ein anderes Thema und ein anderes Buch.

Werte statt Wertschöpfung: Wofür wir wirklich arbeiten

Festzuhalten bleibt: Wir arbeiten heute nicht mehr in erster Linie fürs blanke Überleben. Wir arbeiten, um uns ein gutes, ein angenehmes Leben zu ermöglichen anstatt eines Lebens am so genannten Existenzlimit. Um uns Wünsche zu erfüllen, wenn dieses Existenzlimit überschritten ist. Um unseren Kindern einen guten Start ins Leben zu ermöglichen. Um uns Luxus leisten zu können, was auch immer jeder Einzelne darunter versteht. Doch wie anspruchsvoll wir auch immer sein mögen: Irgendwann endet diese Aufzählung. Irgendwann finden wir keine sinnvolle finanzielle Rechtfertigung mehr dafür, dass wir noch arbeiten *müssten*.

Wir malen uns das gern aus: Wenn ich im Lotto gewinne, dann schmeiße ich den Job hin und ... Füllen Sie die Lücke nach Belieben. Die Realität sieht jedoch anders aus: Millionäre hören in aller Regel keineswegs auf zu arbeiten. Selbst Milliardäre nicht, die so viel Geld haben, dass sie es auch mit einem noch so verschwenderischen Lebensstil nie mehr ausgeben könnten.

Wir arbeiten auch für unsere Werte. Selbst wenn wir morgens aufstehen und fluchen, weil wir keine Lust haben oder der Chef gerade wieder besonders unausstehlich drauf ist, gehen wir trotzdem ins Büro. Es gibt Werte jenseits des Geldes, die uns dazu veranlassen, das zu tun. Gibt es sie nicht, arbeiten wir tatsächlich nur noch des Geldes wegen, und werden früher oder später todunglücklich im Job. Es gibt immer mehr Menschen, die diese Logik bis in ihre letzte Konsequenz durchdenken und auch danach handeln.

Immer mehr Menschen – und zwar nicht ausschließlich Besserverdienende – lassen sich von alten Normen, nach denen man brav in der Ursprungskarriere zu verharren hat, bis man für alles andere zu alt ist, nicht mehr blenden. Wenn die Werte, die sie morgens aufstehen lassen, an ihrem Arbeitsplatz nicht mehr gelebt werden können, kündigen sie und suchen sich stattdessen einen Job, wo das der Fall ist – oder machen sich selbstständig. Oder aber sie bleiben, solange es geht, und kämpfen mit vollem Risiko dafür, dass Werte zu einem festen Bestandteil des Unternehmensalltags werden. Sie zwingen also ihre Unternehmen, mit der Zeit zu gehen. Im Gegensatz zu dem Job, den sie machen, sind hochqualifizierte *und* seelisch geeignete Arbeitskräfte nämlich immer öfter sehr schwer zu ersetzen. Und sie haben erkannt, dass sie die Wahl haben.

Unsere Wirtschaft braucht diese Menschen, denn sie verbessern die Arbeitsumstände aller. Sie brechen alte Strukturen auf. Sie haben den Mut zur Veränderung. Sie sind näher an den Konsumenten, weil sie nicht nur funktionieren, sondern Werte achten und in den Mittelpunkt stellen. Sie machen unsere Wirtschaft besser. Ihnen ist dieses Kapitel gewidmet.

Das Ende der Prostitution: Wie wertebewusste Unternehmen um die besten Mitarbeiter kämpfen

Talent Management war früher eines dieser Softie-Themen, die Human-Ressource-Managern aufs Auge gedrückt wurden, um dem Unternehmen zu einem besseren Ansehen und vor allem zu besserer Presse zu verhelfen. Personalvorstände in den Betonbunkern der alten Schule sind bis heute mit der Frage überfordert, warum um alles in der Welt man Mitarbeiter über ein tragbares Gehalt hinaus nun auch noch kostenintensiv weiterbilden und innerhalb des Unternehmens flexibel einsetzen soll – Arbeitskräfte gibt es schließlich wie Sand am Meer. Sollen die jungen Wilden das machen und sehen, wie sie die Kosten wieder reinholen.

Womit so mancher Personaler sicher nicht gerechnet hat, ist eingetreten: Die jungen Wilden haben das tatsächlich gemacht. Und sich damit vordere Plätze in den Rankings der Mitarbeiterzufriedenheit gesichert. Nicht wenige junge Wilde sind genau deshalb heute Platzhirsche.

Achso, und Arbeitskräfte gibt es auch nicht mehr wie Sand am Meer.

Das Great Place to Work Institute Deutschland erstellt jährlich gemeinsam mit dem Handelsblatt Listen der besten Arbeitgeber in Europa und in Deutschland, unterteilt nach Unternehmensgröße.[94]

■ Das noventum-Signal

Im Jahr 2011 eroberte bei den Unternehmen bis 500 Mitarbeiter die noventum consulting GmbH den Spitzenplatz. In dieser Beratungsfirma gibt es neben inzwischen als sprichwörtlich etablierten dezentralen, flachen Strukturen, einer unternehmensinternen Akademie und persönlichen Paten für neue Mitarbeiter vor allem ein klares Bekenntnis zu jenen Werten, auf die hochqualifizierte Mitarbeiter heute einen Anspruch erheben: „Zusätzlich zu fachlichen Fähigkeiten erwartet noventum von allen Mitarbeitern eine offene Kommunikation und einen fairen Umgang miteinander. Denn noventum ist eine lernende Organisation, die zum einen von der Bereitschaft ihrer Berater lebt, ihr Wissen zu teilen, und zum anderen von ihrem Willen abhängt, kontinuierlich Know-how aufzubauen. Grundvoraussetzung für dieses „Knowledge Management" ist ein starkes Vertrauensverhältnis der Mitarbeiter untereinander.“[95]

Offenheit, Fairness, Vertrauen – was ist denn da los? Wie wir schon festgestellt haben, schreiben sich unzählige Unternehmen diese und ähnliche Werte inzwischen in ihre Leitbilder; doch damit ist das Thema Wertebewusstsein im Unternehmensalltag dann oft auch schon wieder abgefeiert. Die Bestenlisten des Great Place to Work Institute hingegen basieren auf Mitarbeiterbefragungen und stellen somit ein Gütesiegel nicht für Leitbildwerte, sondern für gelebte Werte in den gelisteten Unternehmen dar. Der Stellenwert der Mitarbeiter bei noventum consulting ist denn auch schon auf der Unternehmenswebsite klar ablesbar: Statt einem überladenen, realitätsfernen Leitbild findet man dort eine Abbildung, auf der die Buchstaben USP mosaikartig mit Abbildungen der Angestellten ausgefüllt sind. Die Mitarbeiter sind die USP des Unternehmens. Eine deutliche Botschaft.

Das SMA-Signal

Dass sich auch Großunternehmen heute nicht mehr allein auf dem Status „Traditionsunternehmen“ ausruhen können, zeigt die Tatsache, dass sich ähnliche Werte wie beim noventum auch beim Sieger 2011 in der Kategorie der Unternehmen mit über 5000 Mitarbeitern finden. Unter dem Schlagwort „Unternehmenskultur“ steht dort auf der Unternehmenswebsite zu lesen: „Die Unternehmenskultur von SMA basiert auf kooperativer Unternehmensführung: Bei uns steht der Mensch im Mittelpunkt. Wir handeln fair, freundlich, partnerschaftlich und gehen respektvoll miteinander um – ob mit Kollegen, Dienstleistern oder Zulieferern. Wir kommunizieren offen und üben konstruktive Kritik. Unsere Ziele verfolgen wir gemeinsam. Und feiern auch unsere Erfolge zusammen.“[96]

In diesen wenigen Sätzen aus der Unternehmensphilosophie von SMA steckt gleich eine Handvoll jener Werte, die wir bisher als zentrale Merkmale der neuen Wertegemeinschaft identifiziert haben: Kooperative Führung, also Führung, die gegenseitige Orientierung bietet, anstatt im Sinne des Verantwortungsdogmas zu regieren. Fairness – ebenso wie bei noventum -, Partnerschaft, die gemeinsame Aufgabe und Respekt. Handlungsleitend ist also der Gemeinschaftsgedanke, das Miteinander statt das Gegeneinander. Wichtiger als Durchsetzungsvermögen bis hin zu den gespitzten Ellenbogen – ein Einstellungskriterium der alten Schule – sind hier also Kommunikationsfähigkeit und Empathie. Die offene Kommunikation greift den Transparenzgedanken auf, der auch bei noventum formuliert wird.

Arbeit darf nicht, sondern muss Spaß machen!

Und dann kommt noch ein Aspekt dazu, der in meinen Augen in keinem Unternehmen zu kurz kommen sollte: „Arbeit soll auch Spaß machen!“ Nicht im Kleingedruckten weggenuschelt, sondern als Überschrift und mit Ausrufezeichen. Und unter dieser

Überschrift heißt es: „Das ist eine der Maximen unseres Vorstands. Daher lassen wir vieles weg, was uns den Spaß verdirbt: Lange Entscheidungswege zum Beispiel. Festgefahrene Strukturen, Bürokratie oder unnötige Reglements. Stattdessen: Viel Vertrauen und gegenseitiger Respekt. Selbstbestimmtes Denken und Handeln. Außerdem schaffen wir Freiräume, zum Beispiel durch flexible Arbeitszeitkonten. Mit Ausnahme der Produktion, wo in Schichten gearbeitet wird, können viele Kollegen selbst bestimmen, wann und wie sie ihre Aufgaben erledigen. Natürlich gibt es auch bei uns mal Probleme oder Schwierigkeiten. Aber wir sprechen sie offen und direkt an und lösen sie gemeinsam.“[97]

Ich könnte darauf wetten, dass nicht wenige Leser bei der Begriffskombination „Arbeit + Spaß“ erst einmal zusammengezuckt sind. Soll's bloß der Chef nicht mitkriegen ... Tatsächlich gilt noch heute in vielen Unternehmen Spaß als klares Anzeichen von Unproduktivität: Wenn die Mitarbeiter Spaß haben, sind sie wohl nicht ausgelastet. Das wird dann zügig geändert. Selbst Spaß bei der Firmenparty: Bloß nicht zu viel davon, sonst kommt der Chef auf die Idee, es ginge uns zu gut – wenn wir mal tagsüber so viel Energie an den Tag legen würden.

Wer dagegen schon einmal in einem Umfeld gearbeitet hat, wo jeder Kollege echte Leidenschaft für seine Aufgabe empfindet, weiß: Erst wenn die Arbeit Spaß macht, sind wir richtig gut in unserem Job. Nur wenn wir innerlich zentriert und frei von existenziellen Sorgen und Nebenkriegsschauplätzen voll auf die Sache fokussiert sind, kommen unsere Talente wirklich zur Entfaltung. Erst dann kann die Seele schwingen und hat freie Kapazitäten, um an andere schwingende Energieträger – Kollegen mit komplementären Fähigkeiten etwa – anzudocken. Diese Freiheit, dieses Schwingen der Seele ist die Voraussetzung für Leistung, Kreativität und Innovation.

Damit wird auch klar, warum die Unternehmen der alten Schule, wie komplex ihre tradierten Strukturen auch immer sein mögen, oft so ineffektiv sind: Zum Lachen geht man dort meist in den Keller. Zumindest, wenn der Chef in der Nähe ist.

Werte kann man fühlen: Die Bedürfnisse der Unternehmensgemeinschaft

Dem aufmerksamen Leser wird es nicht entgangen sein: Auch das Vertrauen tauchte sowohl im Statement von SMA als auch in dem von noventum auf. Dieser Wert scheint also unabhängig von der Dimension der Unternehmensstrukturen äußerst gefragt zu sein. Dass der Durst nach Vertrauen so groß ist, deutet schon darauf hin, dass es in der Arbeitswelt der alten Schule daran gemangelt hat. Tatsächlich ist Vertrauen – ebenso wie der gerade erwähnte Respekt – ein häufiges Schlagwort im Kontext des neuen Wertebewusstseins. Beiden haben gemeinsam, dass sie sich nicht einfach in Leitbilder pressen und rhetorisch simulieren lassen. Vielmehr handelt es sich bei beiden Werten um Haltungen, die man sich verdienen und die man in erster Linie vorleben muss, um sie auch von seinem Gegenüber entgegengebracht zu bekommen.

Mit ein bisschen Bussi-Bussi und Schleimerei ist es also bei weitem nicht getan, wenn es darum geht, den Respekt und noch mehr das Vertrauen von Kollegen oder auch Kunden zu gewinnen. Respekt wie auch Vertrauen muss man empfinden; sie gehen von der Seele aus, nicht vom Verstand. Haltungen muss man leben, nicht nur denken. Am Beispiel des Respekts hat der Kommunikationstrainer René Borbonus den Unterschied so formuliert: „Respekt meint nicht Anbiederung; er meint nicht geheuchelte Bewunderung, Nutzdenken und leere Worthülsen. Er bezeichnet vielmehr eine kommunikative Aufgabe, eine Verpflichtung dazu, sein Gegenüber wahrzunehmen und in seiner Persönlichkeit, seiner Menschenwürde und seinem Anliegen ernst zu nehmen. ... Respekt ist keine Maske, die wir aufsetzen und wieder abnehmen können, wie es uns beliebt. Er ist eine Haltung, weil er gleichzeitig ein grundlegendes menschliches Bedürfnis ist.“[98]

Auch das Vertrauen ist ein solches menschliches Grundbedürfnis. Vertrauen ist das Erkennungsmerkmal von Gemeinschaften. Die engsten Gemeinschaften bilden wir mit den Menschen, denen wir am meisten vertrauen: mit der Familie, mit dem Partner, mit Freunden. Arbeiten wir in einem Unternehmen, in dem die Kollegen einander wirklich vertrauen können, wird auch das Unternehmen zu einer sinngebenden Gemeinschaft. Gehaltserhöhung, Aufstiegschancen, Führungsverantwortung, Einfluss, Dienstwagen, Technologie, Reputation, Gleitzeit, Work-Life-Balance, Brand Image – was haben die Personaler nicht alles versucht, um noch dem monotonsten Job einen „Sinn“ zu geben. Alles nix, ohne Vertrauen in unseren Arbeitsbeziehungen. Sie sind es, die uns das Gefühl geben, dass unser Tun einen wirklichen Sinn hat. Mit dem Sinn ist es nämlich wie mit dem Vertrauen und dem Respekt: Man muss ihn fühlen können, um ihn wirklich zu leben. In der Seele spüren, nicht im Portemonnaie.

Mal ehrlich – haben Sie jemals eine Gehaltserhöhung, Ihren Dienstwagen oder Ihr Brand Image in der Seele gespürt? Wohl kaum. Haben Sie dagegen das Vertrauen für einen Kollegen gespürt, auf dessen Zuspruch Sie sich jederzeit verlassen können, und gehen deshalb viel entspannter zur Arbeit als in einem Haifischbecken? Ich hoffe es für Sie. So oder so – Sie können den Unterschied nachfühlen. Gemeinschaften sind sinngebend. Assets sind es nicht. Es sei denn, Sie sind Gordon Gekko.

Respekt, Vertrauen, Sinn – Sie erkennen das Muster: Bei der Arbeit im Zeichen des neuen Wertebewusstseins geht es um seelische Bedürfnisse. Vom Arbeiter in der Produktion bis zum Vorstandsvorsitzenden. Es geht um Beiderseitigkeit: Unternehmen, als strukturelle Einheiten, haben abstrakte Bedürfnisse, die sich um Zahlen und Forderungen drehen und schnell in Ausbeutung umschlagen. Diese Einseitigkeit ist nicht mehr zeitgemäß. Es geht nicht mehr in erster Linie um Strukturen, Effizienz, Benchmarks und Umsatzziele. Zahlen und Richtlinien machen keinen Mitarbeiter glücklich. Mitarbeiter aber sind der einzig wahre Motor des Unternehmenserfolgs. Und Mitarbeiter haben andere Bedürfnisse:

reale, seelische. Respekt etwa ist weltweit der größte Treiber der Mitarbeitermotivation, variable Vergütungs- und Bonusmodelle hingegen liegen auf dem letzten Platz dieses Rankings.[99] Eine Statistik, die Bände spricht.

Wenn Sie Erfolg haben wollen, machen Sie Ihre Mitarbeiter glücklich. Sage ich. Sagt Tony Hsieh. Sagen noventum und SMA. Sagt Ihnen jeder Mitarbeiter, der unter solchen Bedingungen arbeitet. Sagt Ihnen jede Führungskraft, die im 21. Jahrhundert angekommen und trotzdem noch – oder endlich – bei klarem Verstand ist. SMA ist übrigens Marktführer im Bereich Solartechnologie. Wir reden hier nicht über softe Modethemen. Wir reden über knallharte Erfolgsfaktoren, denn wir reden über Mitarbeiter.

■ Das Ferrero-Signal

Manche Unternehmen – oft gerade traditionsreiche Familienunternehmen – mussten nicht einmal bis ins 21. Jahrhundert kommen, um zu erkennen, dass gelebte Werte die zugkräftigsten Instrumente einer gesunden Unternehmenskultur sind und für eine positive Mitarbeiterbindung sorgen. Eines dieser Unternehmen ist Ferrero. Carlo Vassallo, Geschäftsführer von Ferrero Deutschland, in einem Interview mit der *FAZ* zum Thema Mitarbeiterbindung im Juni 2011: „Während etwa börsennotierte Konzerne das Thema ‚Employer Branding‘ erst vor einiger Zeit entdeckt haben, gehört es bei uns seit der Firmengründung vor 60 Jahren zur Unternehmenskultur dazu, wird kontinuierlich erneuert und aktualisiert. Wir leben das vor.“[100] Vorleben – das ist das Schlagwort in diesem Zitat.

Welche Werte da vorgelebt werden, erläutert Vassallo ebenfalls; nach der Lektüre des Bisherigen werden Ihnen hier die Ohren klingeln: „[Ferreros] Ethik des Handelns basiert auf den Werten Respekt und Verantwortung, Loyalität und Vertrauen, Integrität und Ernsthaftigkeit sowie Forschung und Innovation. Das be-

zieht sich auf das Außenverhältnis ebenso wie auf das Innenverhältnis, also auf die Art, wie wir mit Geschäftspartnern und mit Mitarbeitern umgehen. ... Wir schreiben es nicht nur auf Papier, sondern wir handeln danach.“[101]

Auch wenn sich die Verantwortung hier wieder in die Aufzählung eingeschlichen hat – richtig interpretiert, im Sinne einer Verantwortung für die Gemeinschaft, ist sie ein wichtiger Bestandteil dieser Aufzählung. Auch sie bedient innerhalb einer Gemeinschaft ein Bedürfnis, solange sie nicht zum sinnentleerten Führungsdogma wird.

Glückliche Mitarbeiter – das neue Statussymbol der Marktführer

Zu einem Bedürfnis wird, was uns erfüllt. Im besten Fall ist uns deshalb sogar die Arbeit selbst ein Bedürfnis. Ein Unternehmen, das es schafft, bei seinen Mitarbeitern dieses Bedürfnis zu wecken, wird nicht nur vor Produktivität strotzen – es kann sich sogar eines sauberen Gewissens rühmen. Denn auf Mitarbeiter, die ohne Mühe erfüllen oder sogar übererfüllen, obwohl sie nicht müssen, darf man stolz sein. Um Mitarbeiter, die Überstunde um Überstunde schruppen, weil sie müssen, muss man sich dagegen zu Recht sorgen machen. Nicht, weil sie potenzielle Masochisten, langsam oder unfähig sind, sondern weil mit der Unternehmenskultur offensichtlich etwas nicht stimmt.

Gestresste, überforderte, ausgebrannte, überarbeitete, innerlich gekündigte Mitarbeiter – das ist, in dieser Reihenfolge, die Abwärtsspirale der schlechten Unternehmenskultur mit falsch platzierten oder schlecht geführten Mitarbeitern – sind nicht etwa ein Statussymbol für ein Unternehmen, wie viele Manager lange Zeit geglaubt haben. Im Finanzsektor, in Unternehmensberatungen, in vielen weiteren Branchen und ohnehin in den meisten Führungsetagen ist das bis heute so, und man ist noch stolz darauf. In Wirklichkeit sind Mitarbeiter mit Augenringen und gebeugtem Gang aber nichts anderes als ein Armutszeugnis – für ihr Unternehmen, wohlgemerkt.

Ein Statussymbol im Wirtschaftszeitalter des neuen Wertebewusstseins ist es hingegen, wenn Mitarbeiter morgens lächelnd in der Firma ankommen und abends immer noch lächelnd wieder gehen. Wenn Sie als Führungskraft die Energie eines Mitarbeiters spüren können, wenn sie seinen Raum betreten. Wenn Präsentationen beseelt sind anstatt dröge, überladen und technisiert. Und, auch das: Wenn Ihr Mitarbeiter in der Feedbackrunde offen und ehrlich seine Meinung sagt, anstatt Ihnen nach dem Mund zu reden oder gar Probleme zu verschleiern, um sich – oder, noch schlimmer, Ihnen – Ärger vom Hals zu halten. So geht man in einer Gemeinschaft nicht miteinander um. Jedenfalls nicht in einer Gemeinschaft, die von Offenheit, Transparenz, Fairness, Vertrauen und Respekt gekennzeichnet ist. Und alles andere, machen wir uns nichts vor, ist nicht wirklich eine Gemeinschaft.

Wenn Sie selbst sich in Ihrem Unternehmen zu einem solchen Verhalten genötigt sehen, dann sind Sie eigentlich schon ziemlich verzweifelt. Möglicherweise ist es Ihnen gar nicht bewusst, weil Sie es nicht wagen, darüber einmal wirklich unbefangen zu meditieren. Ich rate Ihnen jedoch dazu. Und gebe Ihnen diese einfache Faustregel mit auf den Weg: Wenn Sie an Ihrem Arbeitsplatz von morgens bis abends denken, aber nie etwas fühlen außer Stress, Konkurrenzdruck und Unzufriedenheit, dann sind Sie wahrscheinlich nicht am richtigen Platz.

Unglücklich? Kündigen Sie!

Womit wir wieder bei meinem Rat vom Beginn dieses Kapitels wären: Wenn Ihr Job Sie fertig macht, wenn die Arbeit, die Sie gerade verrichten, an Ihrer Persönlichkeit mehr Schaden anrichtet als sie ihrer Entwicklung dient – kurz, wenn Sie unglücklich sind – dann kündigen Sie. Schluss, aus, fertig. Das meine ich ganz ernst. Wenn Sie alle Faktoren abwägen und zu dem Schluss kommen, dass Ihre Bedürfnisse in diesem Job entschieden zu kurz kommen und sich daran auch nie etwas ändern wird, dann treffen Sie falls nötig die notwendigen Vorkehrungen und hören Sie auf, so schnell wie eben möglich. Aber wirklich: schnell.

Ich garantiere Ihnen: Sie sind mit der Entscheidung nicht allein, und werden es vor allem in Zukunft nicht sein. Noch einmal Carlo Vassallo: „Viele Arbeitnehmer werden sich aussuchen können, wo sie ihr Geld verdienen wollen. Und sie werden das Unternehmen wählen, wo sie das Gefühl haben, dauerhaft gut aufgehoben zu sein."[102] Das nämlich ist der Sinn und Zweck einer (Werte-) Gemeinschaft: Man ist darin gut aufgehoben. Sind Sie es in Ihrem Unternehmen nicht, gehen Sie.

Diesen Rat gebe ich Ihnen deshalb, weil ich selbst einmal viel zu lange damit gewartet habe. Und das hat sich seelisch und auch körperlich gerächt. Diese Erfahrung hat mich viele wertvolle Lektionen gelehrt und mich letztlich dahin gebracht, wo ich heute bin. Dennoch würde ich niemandem empfehlen, die Grenzen des Machbaren soweit zu überdehnen, wie ich es damals getan habe.

11 Wir können auch anders: Wie werteorientierte Businessmodelle die Märkte umkrempeln

Überraschung und Verwunderung sind der Anfang des Begreifens.
[José Ortega y Gasset]

Werte verändern die Wirtschaft. Wer sich dieser Tage offenen Auges in der Werbung, in der HR-Abteilung fortschrittlicher Unternehmen, aber auch auf Fachtagungen, Podiumsdiskussionen und in Fachpublikationen umsieht wird nicht umhin kommen zu bemerken, dass Werten plötzlich sehr viel Wert beigemessen wird. Studien wie etwa der Unternehmensberatung Roland Berger befassen sich mit Corporate Volunteering anstatt mit Benchmarking; Forschungsberichte wie die der *MITSloan Management Review* in Kooperation mit der Boston Consulting Group erklären Nachhaltigkeit zum Wirtschaftsfaktor der Zukunft, sogar die SPD lässt sich von der Unternehmensberatung McKinsey unterstützen, um den Servicegedanken der Partei zu stärken. Überall stellen erfolgsverwöhnte Verantwortungslastenträger fest, dass sie ein Problem damit haben, den nachwachsenden Generationen mit ihren hölzernen Businessphilosophien gerecht zu werden. Ein Werteproblem. Über das Beispiel der „McKinsey-Kur für die SPD" schrieb *Spiegel online*: „Die Partei wirkt wie eine Firma, die den Anschluss verpasst hat."[103]

Und von letzteren gibt es wahrlich genügend. Welche Unternehmen aber können sich rühmen, den Anschluss nicht verpasst zu haben? Und was unterscheidet sie von den Nachzüglern? Dass es um Werte geht, haben die meisten PR-Verantwortlichen begriffen. Auch dass man ins Netz schauen sollte, wenn man den Werten der neuen Gemeinschaften auf die Spur kommen will, ist bei den Marketingexperten angekommen.

Dass messbare Unternehmenserfolge aber nicht durch das Abfragen und rhetorische Bedienen von Werten durch Keywords auf den richtigen Plattformen erzielt werden – und schon gar nicht durchs Toddiskutieren in irgendwelchen internen Gremien –, das haben viele noch nicht verstanden.

Betrachten Sie es einmal so: Wenn Sie etwas Leckeres mit Fleisch kochen wollen, gehen Sie ja auch nicht zum Zoologen, sondern zum Metzger. Kunden und Mitarbeiter jagen Werte, die ihnen wichtig sind, nicht durch die Google-Suche und schauen, was dabei rauskommt. Sie denken nicht über ihre Werte nach, sondern fühlen sie und leben sie. Sie kaufen und arbeiten so, wie es sich für sie gut anfühlt. Deshalb werden sie von Unternehmen geradezu magisch angezogen, die ihre Geschäfte so machen, dass es ein Prickeln bei ihnen auslöst – oder zumindest nicht im Widerspruch zu ihrer Persönlichkeit steht. Diese Unternehmen sind und produzieren die Flickering Signals der Wirtschaft; das Aufblitzen der neuen Ordnung unter dem Geröll der alten Schule.

Die Trägheit der Masse: Warum die kleinen Fische den Haien immer öfter das Wasser abgraben

Schuhe sind eine äußerst emotionale Angelegenheit. Dieser Aussage würden wohl nicht nur Frauen zustimmen, die 200 Paare davon im Schrank haben, sondern auch Manager, die es gewöhnt sind, dass stilbewusste Geschäftskontakte durchaus einmal nach unten schauen um festzustellen, wie weit oben ihr Gesprächspartner angesiedelt ist. Schuhe gelten manchen als wichtigstes Mode-Accessoire, anderen als Gesundheitsfaktor erster Güte, wieder anderen als Statussymbol. Viele glauben an den Schuhen sogar den Charakter des Trägers ablesen zu können. Um kein anderes Kleidungsstück ranken sich so viele Mythen, keinem anderen Bestandteil unserer Garderobe wird auch fernab von Trendfragen so viel Bedeutung beigemessen. Cowboys drücken mit ihnen ihr Lebensgefühl aus, It-Girls definieren sich geradezu über sie, und James Bond bringt damit auch mal einen Gegner zur Strecke. Kurzum: Mit Schuhen lässt sich ganz wunderbar Geld verdienen – wenn man sie als das sieht, was sie sind: Als werthaltige Ausdrucksform des schuhbegeisterten Kunden.

Womit wir wieder bei Tony Hsieh und seiner Firma Zappos wären. Dort nämlich wurde vorgemacht, was kleine Unternehmen besser können als große. Zappos jedenfalls macht das mit den Schuhen (und, seit einigen Jahren, auch mit Kleidung) so gut, dass es sogar einen Konkurrenten wie Amazon auf diesem Markt in die Knie zwingen konnte. Wie hat Hsieh das angestellt?

Schon der Titel des Buches, in dem er seine Erfolgsgeheimnisse publik gemacht hat, gibt darüber Aufschluss: „Delivering Happiness: A Path to Profits, Passion, and Purpose“[104]. Eine Botschaft enthält vor allem der Untertitel: Der neuen Business-Avantgarde, die Werte zum obersten Erfolgsfaktor erkoren hat, wird gern vorgeworfen, sie laufe Gefahr, den „Netzkommunisten“ aufzusitzen und dabei das eigentliche Ziel des Wirtschaftens aus den Augen zu verlieren: Geld zu verdienen. Dass das Verhältnis von Werteorientierung und Werthaltigkeit genau umgekehrt ist, zeigt das Beispiel von Zappos eindrücklich. Schon wenige Jahre nach der Gründung 1999 machte die Firma so beeindruckende Umsätze, dass Amazon einen ersten Übernahmeversuch unternahm – und an Tony Hsieh scheiterte, der die Bedingung gestellt hatte, Zappos als eigenständiges Unternehmen unter dem Dach von Amazon weiterführen zu können, anstatt sich einfach einverleiben zu lassen. Amazon versuchte daraufhin, Zappos mit der Plattform Endless den Markt abzugraben – und scheiterte kläglich. Als Hsieh im Jahr 2009 schließlich der Übernahme durch Amazon zustimmte, wurden seine Bedingungen erfüllt – höchst unüblich für die Akquisitionspolitik von Amazon-Chef Jeff Bezos. Vor allem aber die Kaufsumme lässt erahnen, wie viel Profit Amazon sich von der Marke Zappos verspricht und trotz all seiner

Markenmacht auf dem Schuh- und Bekleidungsmarkt selbst nicht annähernd generieren konnte: 1,2 Milliarden US-Dollar.

■ Das Service-Signal

Profit ist sehr wohl ein steuerbarer Effekt der Werteorientierung, die im Titel von Hsiehs Buch durch die Worte „Passion“ und „Purpose“ ausgedrückt wird und im Claim von Zappos zu einer einzigen strategischen Priorität zusammenfließen: „Powered by service“.

Schon im vorigen Kapitel haben wir ausführlich betrachtet, welchen Effekt die Priorisierung der Mitarbeiter auf den Unternehmenserfolg haben kann. Zappos ist dafür ein Paradebeispiel. Was Hsiehs Firma nämlich vor allem vom Giganten Amazon unterscheidet, ist das Vertrauen des Unternehmens in die Service-Qualitäten und das Bauchgefühl seiner Mitarbeiter – anstatt in die High-Tech-Strategien des IT-fokussierten Servicemodells von Amazon. Angestellte nämlich können ganz im Gegensatz zu Computern auf die Bedürfnisse des einzelnen Kunden eingehen – die Bedürfnisse der Kunden wirklich verstehen. In einem Interview mit der Wirtschaftsplattform Business Insider erläuterte Hsieh, warum das gerade bei emotional aufgeladenen Konsumgütern wie Schuhen und Kleidung so wichtig ist: „For soft goods I think a lot of that is really based on our relationships with our vendors and our customers and our buyers and merchandisers. It's really half art and half science. You can't just have a machine decide what inventory to buy."[105]

Dass Zappos den Markt einzuschätzen weiß, ist also dem Bauchgefühl seiner Angestellten zu verdanken. Wie aber kommt dieses Bauchgefühl zustande? Wie liest Zappos die Gedanken seiner Kunden? Die Antwort aus dem Munde Tony Hsiehs mag nicht so sexy sein, wie Sie hoffen; dafür zeigt sie einmal mehr den Wert der persönlichen Beziehung zwischen Unternehmen und Kunde:

„Amazon takes more of the high tech efficiency approach, where the more they can accomplish in an automated way, the better the customer experience is, from their perspective. Whereas for Zappos we really take a high touch approach, ... because we actually want to talk to our customers. And that's how we develop that personal emotional connection with them. ... The telephone is actually one of the best branding devices out there, because you have the customer's undivided attention for five to ten minutes."[106] Während andere Unternehmen in zielloser Technikgläubigkeit also Unmengen von Zeit und Geld in den Aufbau ihrer Social-Network-Präsenzen stecken, verwendet Zappos die Zeit, um mit seinen Kunden zu sprechen – die rufen nämlich sowieso an, um Schuhe zu bestellen.

Beziehungsarbeit, Gratistelefonate, emotionale Kundenbindung, Glück, Bauchgefühl – nach hartem Business, zumal eines IT-basierten Unternehmens, klingt das alles nicht. Genau das aber ist es, bei Zappos. Business im Wert von 1,2 Milliarden US-Dollar. Diese Effizienz der Werte ist in Hsiehs Logik keineswegs überraschend: Bei Zappos hat man einfach darüber nachgedacht, was der Schuhkunde wünscht. Und das können Angestellte, die jeden Tag an ihren eigenen internen Beziehungen, der Identifikation mit ihrem Unternehmen und mittels einer verbindlichen Liste von Kernwerten arbeiten, eben deutlich besser als die Rechner in einer Serverfarm in Seattle.

Schuhe sind nun einmal eine äußerst emotionale Angelegenheit.

Die Wiederentdeckung des Konsumenten: Wie werteorientierter Service Bedürfnisse bedient, anstatt sie zu erfinden

Was in der Unternehmensphilosophie von Zappos bereits anklingt, ist für Dienstleistungsunternehmen noch weitaus bedeutsamer, die mit immateriellen Gütern arbeiten: Service mit Gefühl für die Bedürfnisse der Kunden. Eine Charme-Offensive startete auf genau dieser Grundlage im Jahr 2010 die Versicherungsgruppe ERGO. Und stellt sich damit gegen die jahrzehntealten Geschäftspraktiken einer ganzen Branche, die sich vor allem durch eines auszeichneten: Maximale Kundenignoranz statt maximaler Kundenorientierung.

Nicht umsonst gelten Versicherungsvertreter als unsympathischste und vertrauensunwürdigste Spezies auf dem Planeten. Die Versicherungspolicen, die sie uns zur Unterschrift vorlegen, gehören zu den unverständlichsten Traktaten, die die Menschheit hervorgebracht hat. Nicht zufällig, sondern ganz gezielt: Je weniger der Kunde versteht, desto besser für die Versicherung.

Denkste. Solange ein ganzer Branchenklüngel sich auf diese Binsenweisheit verständigen konnte und die Kunden keine Alternativen hatten, hat dieses Rezept funktioniert. Die neue Generation werteorientierter Kunden jedoch stürzt sich auf Unternehmen, die Verständnis für ihre Anliegen aufbringen und denen sie vertrauen können – im Falle einer Versicherung also nicht nur bis zum Eintritt des Schadenfalls, sondern gerade dann, wenn die Luft brennt. Genau das hat ERGO erkannt, und seine gesamte Unternehmensphilosophie – nicht nur die Markenkommunikation – darauf ausgerichtet: „Unser Ziel ist es, unsere Kunden vom ‚Hä?' zum ‚Ah!' zu bringen."[107] Besser kann man den Claim, seine Kunden verstehen zu wollen, nicht auf den Punkt bringen.

■ Das Transparenz-Signal

Neben der Verstehensgarantie bietet ERGO seinen Kunden noch einige andere Instrumente, die die eisernen Grundsätze des Versicherungswesens geradezu zu torpedieren scheinen: Vom „Kundenanwalt" über den „Kundenbeirat" bis hin zur „Klartext-Initiative". Was den Kunden hier suggeriert wird, sind maximale Transparenz und Lösungsorientierung: Wir lassen Euch nicht nur in unsere Karten schauen – wir wollen auch, dass Ihr mitspielt. Der Kunde wird ernst genommen; er wird respektiert. Auch auf die Geschäftsberichte, die Vergütungsstruktur des

Vorstands und den Verhaltenskodex der ERGO-Mitarbeiter hat der Kunde über die Unternehmens-Website freien Zugriff. Die Summe der Maßnahmen des Verhaltenskodex heißt bei ERGO „Wertemanagement". Ein deutliches Signal.

Selbst die unsympathischste Spezies auf Erden, der Versicherungsvertreter, wird bei ERGO an den Maßstäben ethischen Wirtschaftens gemessen – und zwar unter Rückgriff auf ein Businessmodell, das so alt ist wie die Erfolge der Urväter der deutschen Wirtschaft. Im „Verhaltenskodex für den selbständigen Außendienst der ERGO Gesellschaften" heißt es: „Integrität und die Bindung an die Grundsätze eines ehrbaren Kaufmannes sind neben einer angemessenen Qualifikation die Basis jeder Geschäftsbeziehung. Dies gilt gegenüber unserem ERGO Vertragspartner genauso wie gegenüber den Verbrauchern. Diese Regeln, dem Grunde nach eine Selbstverpflichtung eines ehrbaren Kaufmannes, sollen nicht nur unsere integre und herausgehobene Position am Vermittlermarkt unterstreichen, sondern zugleich auch als Richtschnur für die Umsetzung des ERGO Leitbildes dienen."[108]

Der Versicherungsvertreter, ein ehrbarer Kaufmann? Das laute „Ha!", das Ihnen dieser Vergleich entlocken mag, zeigt vor allem eines: Wenn das neue Wertebewusstsein auf die Geschäftspraktiken der alten Schule trifft, prallen Welten aufeinander. Wir trauen uns kaum, uns das vorzustellen. Was aber, wenn ein Versicherungsvertreter tatsächlich das leistet, was ihm die ERGO als ersten Verhaltensgrundsatz gegenüber den Versicherten mitgibt: „Die Beachtung der berechtigten Interessen der Versicherten, die Vorrang vor den eigenen Interessen haben, muss der wichtigste Geschäftsgrundsatz jedes Vertriebspartners sein. Er hat sich stets zu bemühen, das Vertrauen seiner Kunden zu erlangen, zu verdienen und zu erhalten."[109]

Dann bekommen Versicherte von Versicherungen tatsächlich den Service, für den sie eigentlich erfunden wurden. Und die

Gemeinschaft der wertebewussten Konsumenten hätte einen echten Sieg errungen. Ob die ERGO ihrem Anspruch als vertrauenswürdiges, transparentes und verständnisorientiertes Unternehmen gerecht werden kann, werden die Versichertenstatistiken der nächsten Jahre zeigen. Schon jetzt gehört ERGO zu den größten Versicherungsgruppen Europas.

Yes to values: Wie die neuen Wertewächter den Halunken das Leben schwer machen

Neben den neuen Businessmodellen selbst etabliert sich im Dunstkreis der Wirtschaft auch ein neuer, unabhängiger und äußerst unbürokratischer Typus der ethischen Qualitätskontrolle: Aktivistengruppen, die sehr pragmatische und unmittelbar wirtschaftsbezogene Formen des Protests gegen den Wertemissbrauch in die Öffentlichkeit tragen.

■ Das Yes-Signal

Die berühmteste Gruppe in diesem Feld sind die US-amerikanischen „Yes Men". Sie verzichten gänzlich auf den erhobenen Zeigefinger und verschwenden auch keine Zeit mit dem Versuch, Einfluss über den Amtsweg in Gremien und politischen Institutionen zu nehmen. Die Yes Men haben einen zeitgemäßen und deshalb äußerst effektiven Weg gefunden, ihre Botschaft direkt in die Öffentlichkeit zu transportieren: „Impersonating big-time criminals in order to publicly humiliate them. Our targets are leaders and big corporations who put profits ahead of everything else."[110] Diese aggressive Form der Wirtschaftskritik nennt die Organisation „Identity Correction".

Die Yes Men schlagen zu bei großen Wirtschaftskonferenzen, in Fernsehsendungen, auf der Straße, in sozialen Netzwerken – überall da, wo durch den Live-Charakter ihrer Happenings keine vorgeschaltete Zensur möglich ist. Dem Ölriesen Chevron etwa kamen sie 2010 durch einen Insider mit dessen eigener PR-Kampagne um einige Stunden zuvor – mit dem Ergebnis, dass die Medien die satirischen Versionen der Originalposter zuerst in Händen hielten und diesen massive Verbreitung sicherten. Die Kampagne erfüllte ihr Ziel: Mit maximaler Aufmerksamkeit machten die Organisatoren auf die unethischen, gesundheitsgefährdenden Geschäftspraktiken des Ölkonzerns aufmerksam. Mit Slogans wie „Oil companies should end the wars they helped start" simulierten die Aktivisten jene Ehrlichkeit und Transparenz von den Wirtschaftsprotagonisten, die die Wertegemeinschaft gern bei diesen selbst spüren würde, und trafen damit einen Nerv bei Millionen von Bürgern.

Ob Yes Men oder oder Guy-Fawkes-Maskenträger bei Anti-Bankenprotesten: Die radikalen Vertreter des neuen Werteverständnisses treffen nicht immer den richtigen Ton, meist aber den Nagel auf den Kopf. Auch die Grünen galten als radikal, bevor sie zu einer Massenpartei wurden; auch die Piratenpartei wurde nicht ernst genommen, bevor sie ins Berliner Abgeordnetenhaus einzog. Radikale Gruppierungen haben selten ein schönes Gesicht, aber auch sie gehören zu einer Revolution wie das Salz in der Suppe, und auch sie helfen das Gedankengut zu verbreiten, das den Wandel vorantreibt. Weil die neuen Aktivisten sich gezielt unethische Wirtschaftspraktiken vornehmen, haben sie ihre Existenzberechtigung nicht nur innerhalb unserer politischen, sondern auch innerhalb unserer Wirtschaftsordnung – und in diesem Kapitel.

Teamwork statt Mobbing: Wie der Gemeinschaftsgedanke zum Erfolgsfaktor der Zukunft wird

Die Erfolgsfaktoren der neuen Businessmodelle, die wir in diesem und im vorigen Kapitel identifiziert haben – Vertrauen, Respekt, Verständnis, Empathie, Transparenz, Bedürfnisorientierung – laufen auf einen Begriff hinaus, den ich als den prägendsten Faktor jener Veränderung des Wertebewusstseins in

Gesellschaft und Wirtschaft betrachte: Gemeinschaft. Sie ist die Summe aller Maßnahmen und das erklärte Ziel all jener wertebewussten Unternehmen, die den Wandel erkannt haben und die Wirtschaft der Zukunft mitgestalten.

Gemeinschaft: Das Wir in Wirtschaft

Eine Gemeinschaft ist im Kontext der wertebewussten Wirtschaft ein lebendiges System, das sich eher durch seine Offenheit als durch seine Abgrenzung auszeichnet. Im ersten Schritt vereint es all jene, die an ein gemeinsames Wertmuster glauben und bereit sind, dafür einzutreten. Im zweiten Schritt aber ist es gleichzeitig flexibel und stabil genug, um der Anpassung des Umgangs mit diesen Werten gerecht zu werden, die gesellschaftliche und wirtschaftliche Veränderungen erfordern – solange den Kernwerten, die konstituierend für diese Gemeinschaft sind, kompromisslos entsprochen wird. Innerhalb einer solchen Gemeinschaft werden Verstöße nicht vertuscht, sondern gerade aufgrund des Gemeinschaftsgedankens offengelegt und gegebenenfalls auch abgestraft. Die Zugehörigkeit zur Gemeinschaft ist eine Haltung, kein Imperativ. Vor allem aber ist die Gemeinschaft keine Instanz, sondern ein Bekenntnis. Sie braucht keine Regulierung, weil sie über sinngebende Werte verfügt. Sie braucht keine Kontrolle, weil sie auf Selbstverantwortung beruht. Sie braucht keine Obrigkeit, weil sie keine Hierarchien kennt. Sie kann ein Unternehmen sein, ein Freundeskreis, ein Medium der öffentlichen Meinungsbildung oder auch rein virtuell. Die Gemeinschaft, die sich durch das neue Wertebewusstsein auszeichnet, ist eine solche virtuelle Gemeinschaft; sie besteht aus vielen kleineren lebensweltlichen Gemeinschaften und Individuen, die ihre Werte leben – oft noch unbewusst, zukünftig immer gezielter und selbstbewusster. Die Gemeinschaft steht für das Wir in Wirtschaft.

■ Das dm-Signal

Besonders interessant ist für uns deshalb das Beispiel eines Unternehmens, das den Begriff Gemeinschaft schon heute zur Grund-

lage seiner gesamten Unternehmensphilosophie erklärt hat: die Drogeriemarktkette DM. Ihr Gründer Götz W. Werner, der 2008 von der Geschäftsführung in den Aufsichtsrat des Unternehmens wechselte, gehört heute zu den prägendsten Wirtschaftsvordenkern des Landes. Nebenbei hält er eine Professur der Universität Karlsruhe und leitet u. a. die Initiative „Unternimm die Zukunft". Bis heute wird er in Wirtschaftsmedien gern sarkastisch als „Menschenveredler" bezeichnet – ein Ruf, der letztlich nur die Zugkraft seiner Philosophie unter Beweis stellt.

Der Gemeinschaftsgedanke ist bei DM sinngebend für die Unternehmenskultur: „Im Grunde geht es bei jedem Unternehmen darum, dass man eine Gemeinschaft bildet, um ein bestimmtes Ziel zu erreichen und Erfolg zu haben. Und Ziele können Sie nur erreichen, wenn sich alle damit identifizieren."[111]

So weit, so gut. Dass Unternehmer sich wünschen, dass die gesamte Belegschaft mit Haut und Haaren für das Unternehmen lebt, ist nichts Neues. Wie aber überträgt man den Gemeinschaftsgedanken auf die Mitarbeiter? Welchen Grundsätzen von Führung und Zusammenarbeit folgt ein Unternehmen wie dm, das nicht auf Regierung und Gefolgschaft baut, sondern darauf, dass eine werteorientierte Gemeinschaft auf kollektive Ziele hinarbeitet, anstatt sich an Nebenkriegsschauplätzen abzuarbeiten? Ganz einfach: Diese Vorleber unterscheiden sich von den Forderern – zu denen nicht zuletzt der Konkurrent Schlecker gehört – dadurch, dass sie Strukturen der Zusammenarbeit schaffen, die die Identifikation mit den Unternehmenswerten tatsächlich zu leben ermöglichen; und durch eine Führung, die diese Identifikation vorlebt. Gründer Werner formulierte es in einem Interview mit der *Süddeutschen Zeitung* so: „Der Einzelne muss sagen: ‚Hier mache ich mit!' Mitarbeiter sollen sich nicht als Arbeitstiere für dm fühlen, weil sie Geld verdienen müssen. Vielmehr versuchen wir in den Filialen möglichst eine Arbeitsatmosphäre zu schaffen, in denen die Arbeitsziele auch mit den Lebenszielen des Mitarbeiters in Einklang gebracht werden können."[112]

In diesen wenigen Sätzen fasst Werner einige der wichtigsten Aspekte zusammen, die die neue Wirtschaft ausmachen: Die Angestellten sollen weggeführt werden vom „Ich gehöre hier nicht hin, aber ich muss." und hin zum „Ich gehöre dazu!". Sie sollen bei dm arbeiten, weil sie dort eine Heimat für ihre gemeinsamen Werte sehen – nicht, weil sie ihren Lebensunterhalt verdienen müssen. Das ist die sinngebende Komponente der Gemeinschaft, von der im vorigen Kapitel die Rede war. Und es soll eine Atmosphäre – respektive Unternehmenskultur – herrschen, die sich dadurch auszeichnet, dass man für gemeinsame Ziele eintritt anstatt für den materialistischen Götzen des Profits, der niemandes Seele zu berühren imstande ist.

Auch Werner muss sich, wie viele der Early Adopters des neuen Wertebewusstseins, den Vorwurf gefallen lassen, seine Soft-Factor-Ansätze seien mit der harten Realität der globalisierten Wirtschaft nicht vereinbar. Von der *SZ* gefragt, wie es um den gemeinschaftsorientierten Umgang mit dem Personal unter realwirtschaftlichen Bedingungen stehe, reagiert Werner jedoch mit der Gelassenheit dessen, der sich auf der zukunftssicheren Seite seiner Definition von Unternehmenskultur weiß: „Ich habe es doch in meinem immer größer werdenden Konzern selbst praktiziert. In der dialogischen Führung steht nicht die Direktive im Vordergrund, nicht der Direktor. ... Das bedeutet übrigens auch Entlastung. Leider sind wir in der Geschichte der Industrialisierung so sehr auf hierarchisches Denken und weisungsgebundene Arbeit fixiert, dass man sich schwer davon trennen kann."[113]

Werner geht jedoch noch weiter, und fordert einen gesamtwirtschaftlichen Wandel in der Führungskultur: „Jeder, der am Arbeitsprozess beteiligt ist, hat seine Wichtigkeit an seiner Stelle - gleich, ob es der Vorstandsvorsitzende ist oder der Auszubildende. Leider funktionieren große Konzerne häufig noch wie in der Planwirtschaft recht technokratisch von oben nach unten."[114] Wie sich der Führungsstil der alten Schule auf die Leistungsbereitschaft von Mitarbeitern auswirkt, formuliert Werner in einer überraschend klaren Diagnose: „Das Problem heute ist oft, dass die Maxime gilt: ‚Vertrauen ist gut, Kontrolle ist besser'.

Misstrauen ruiniert jede Leistungsbereitschaft in Führungsverhältnisse."[115] Auch die extremen Entartungen der Führungskultur wie eine Kameraüberwachung der Angestellten sieht Werner durch sein Führungsmodell ausgemerzt: „Mitarbeiterüberwachungen sind die Folge eines Denksystems, in denen dem Vorgesetzten allein die Verantwortung zukommt. ... In einer Kultur des Zutrauens zu den Mitarbeitern ist das aber nicht nötig."[116]

Wertebewusste Geschäftsmodelle: Wie der Mensch in den Mittelpunkt rückt

Was eint die Geschäftsmodelle, die wir miteinander verglichen haben? Wo liegt der gemeinsame Nenner? Was ist demzufolge das Erfolgsgeheimnis der wertebewussten Unternehmen, das Erfolgsgeheimnis der Zukunft?

Die kurze Antwort: Sie.

Die lange Antwort: Eine Unternehmenskultur darf in Zukunft nicht mehr als solche bezeichnet werden, wenn sie in Wirklichkeit eine Kultur des fragmentierten Debattierens ist. Eine Marketingabteilung darf nicht Werte kommunizieren, die mit den Werten des Geschäftsmodells nichts zu tun haben. Die Buchhaltung darf keine Kürzungen vornehmen, die in der Produktion nicht abzubilden sind. In einer Gemeinschaft dürfen solche banalen Fehler nicht mehr passieren. In vielen Großunternehmen sind sie noch heute an der Tagesordnung.

In erfolgreichen Businessmodellen ist strategisch, vor allem aber bei der Zielorientierung, alles aus einem Guss: Wenn in den Corporate Values etwas von Vertrauen steht, dann muss auch der Lagerist dem Vorstandsvorsitzenden vertrauen. Der Marktleiter muss seinen Verkäufern vertrauen. Und die müssen ernsthaft daran interessiert sein, dass der Kunde ihnen vertraut. Wenn die

Corporate Values von Transparenz erzählen, dann muss der Kunde das Gehalt des Vorstands kennen. Und so weiter, und so fort.

Der kleinste gemeinsame Nenner wertebewusster Geschäftsmodelle aber ist der Mensch. Alle genannten Beispiele haben – mit unterschiedlicher Gewichtung – die Mitarbeiter und die Kunden im Fokus. Das liegt daran, dass, wenn es um Werte geht, die Gemeinschaft den einzig sinnvollen Katalysator für den Unternehmenserfolg darstellt. Bilden Mitarbeiter mit Mitarbeitern und Mitarbeiter mit Kunden keine Gemeinschaft, ist alle Werteorientierung für die Katz'. Werte sind der Bindungsfaktor einer Gemeinschaft. Ohne Gemeinschaft keine Werte. Ohne Werte kein Profit. Die Zauberformel erfolgversprechender Businessmodelle der Zukunft lautet deshalb: Finde Deine Werte, und dann finde Deine Gemeinschaft. Dass Wirtschaft dann, ganz nebenbei, auch zum echten Vergnügen werden kann, ist kein Zufall – wenn nicht alle miteinander Spaß an ihrer Wertegemeinschaft haben, dann haben Sie kein erfolgreiches Geschäftsmodell.

Vom Bauchgefühl der Einkäufer über ehrliche Vertreter bis hin zu einer Führungskultur des Vertrauens: Die wertebewusste Wirtschaft der Zukunft ist eine äußerst emotionale Angelegenheit. Ziehen Sie sich den Schuh an – Sie werden spüren, wie gut es sich darin läuft.

12 Social Business: Leuchtturm einer Wirtschaft der Zukunft

Tätig ist man immer mit einem gewissen Lärm. Wirken geht in der Stille vor sich. [Peter Bamm]

Von den Flickering Signals einer zukunftsorientierten Art des Wirtschaftens, die wir schon heute beobachten können, strahlt eines besonders hell und wird trotzdem immer noch zu wenig wahrgenommen: das Feld des Social Business. Dass es bis heute von vielen als quasi-sozialistische Kommunitarismus-Fantasie belächelt wird, hat vor allem zwei Gründe: Zum einen ist der Begriff ein wenig irreführend. Dem Adjektiv „sozial" haftet bis heute der Beigeschmack von Patschuli und Hippiekommunen an. Das Territorium des sozialen und das Territorium des Kapitalismus stehen seit jeher auf politischem Kriegsfuß miteinander: Wer weit nach links neigt, ist meist latent kapitalismusskeptisch; wer Spaß an der Wirtschaft hat, hält die „Langhaarigen" oft für realitätsfremd.

Dabei gibt es inzwischen genügend Beispiele dafür, dass sich beides mit hoher Effizienz vereinen lässt. Ich möchte in diesem Kapitel so weit gehen zu sagen, dass der Ansatz des Social Business Signalwirkung für die Zukunft der gesamten Wirtschaft hat. Und zwar dort, wo er auf soliden Businessmodellen fußt und sich die Vorteile des Kapitalismus zunutze macht, anstatt sich als Gegenmodell zu dessen Verfehlungen oder gar arrogant als Charity-Mission zu inszenieren.

Diese Fehlpositionierung ist denn auch der Hauptgrund, warum das über Jahrzehnte etablierte Modell der Entwicklungshilfe so grandios gescheitert ist. Hilfsorganisationen, die dem PR-Bemühen von Machtinstanzen entspringen (ob aus Politik oder Konzernwirtschaft), sind zum Scheitern verurteilt. Erstens dienen sie einem anderen Zweck, als sie vorgeben; damit verkommt ihre Werteausrichtung zur Farce, zur bloßen Leitbild-Effekthascherei. Zweitens nehmen sie die falsche Perspektive ein, indem sie nicht etwa gemeinschaftlich, sondern hierarchisch und damit an Partikularinteressen orientiert gedacht sind: Die Starken helfen den Schwachen. Mit Gemeininteressen hat eine solche Ausrichtung nichts zu tun; sie dient eher der Zementierung von Macht. Wo Partikularinteressen die Hauptrolle spielen, obwohl „Helfen" drauf steht, gibt es keine Wertekongruenz. Durch die Komplexität der konzernhaften Strukturen dieser Organisationen liegt auf der Hand, dass das Profit- und Machtstreben Einzelner letztlich die Oberhand gewinnt. Die diversen Skandale der Entwicklungshilfe sind also eigentlich keine Überraschung. Bedauerlich ist der schlechte Ruf, den Gemeinnützigkeit dadurch bekommen hat.

Die Entwicklungshilfe des Westens in Afrika ist zudem ein weiterer Beleg dafür, dass aufgeklebte Werte keine Produktivität erzeugen können, sondern nur gelebte Werte. Die Forderung der sambischen Finanzexpertin Dambisa Moyo ist deshalb nur folgerichtig: Sie fordert einen Stopp der automatisierten Hilfszahlungen des Westens an Afrika und stellt einen berechtigten Vergleich an mit den an Bedingungen geknüpften Staatshilfen für europäische Pleitestaaten: „Wir sollten sagen: Gut, wir helfen euch, aber was tut ihr selbst, um künftig Hungersnöte zu vermeiden? Der Westen achtet doch auch in Griechenland auf strikte Sparauflagen und verlangt Reformen. In Afrika aber fordern wir nichts dergleichen – und deshalb kann man sicher sein, dass es nächstes Jahr wieder irgendwo eine Hungersnot gibt."[117]

Moyos Begründung für diese Forderung offenbart eine weiteren Denkfehler der Entwicklungshelfer, nämlich die Instrumentalisierung von Hilfe als Machtinstrument: „Dieses Geld hat Abhängigkeit und Inflation erzeugt, es lässt die Menschen gar nicht erst produktiv werden. Seit 40 Jahren zahlt der Westen zuverlässig Hilfe, und trotzdem gibt es in Afrika noch immer eine miese

Infrastruktur, schlechte Ausbildung und ein lausiges Gesundheitssystem. Die Armut hat sogar zugenommen, seit Entwicklungshilfe gezahlt wird. ... Weil die Hilfe eben kaum an Auflagen gebunden war."[118]

Man könnte die Forderung der Afrikanerin auch so übersetzen: Wäre die Entwicklungshilfe unternehmerischer – mit Regeln des gegenseitigen Ausgleichs und dem Zwang zur Wirtschaftlichkeit –, würde sie ihren Zweck besser erfüllen.

Das lassen wir uns einmal auf der Zunge zergehen: Gemeinschaftssinn, aber bitte unternehmerisch.

Gemeinschaft und Wettbewerb: Kämpfer, im Siegen vereint

Es wird Sie an diesem Punkt nicht mehr überraschen: Ich glaube, dass die Wirtschaft der Zukunft eine gemeinschaftliche Anstrengung sein muss, in der wir alle an einem Strang ziehen, anstatt uns als Konkurrenten zu bekämpfen (man denke nur an Schwarzes Marketing und andere Entartungen des falsch verstandenen Kapitalismus). Das schließt Wettbewerb keineswegs aus: Auch – nein, gerade – innerhalb guter Teams gibt es den fairen Wettbewerb der Mitglieder untereinander. Und trotzdem kämpfen letztlich alle gemeinsam. Haben Sie sich einmal gefragt, warum die Eröffnungsveranstaltungen von Olympischen Spielen auch hartgesottenen Wettkämpfern Tränen in die Augen treiben? Ganz einfach: Wir sehen bei diesen Gelegenheiten Menschen aus aller Herren Länder in Euphorie vereint, die dennoch kompromisslos und fokussiert für ihren Sieg und für den ihrer Heimat kämpfen.

■ Das Yunus-Signal

Das wirtschaftliche Konzept des Social Business wird in seinen Ursprüngen dem Friedensnobelpreisträger Muhammad Yunus zugeschrieben. Er reagierte damit auf die Realität einer globalen

sozialpolitischen Tendenz, die immer mehr Akzeptanz als zukünftige Aufgabenstellung der Privatwirtschaft bekommt: Unternehmen sollen soziale Probleme lösen und damit gleichzeitig den Kapitalismus zukunftsfähig machen.[119]

Die Wirtschaft springt ein, weil die Politik versagt hat

Dass die verkrusteten Strukturen der Politik der gesellschaftlichen Realität nicht mehr gewachsen sind, haben wir zu Anfang dieses Buches hinreichend erörtert. Die alten Werteinstanzen sind an zentralen gesellschaftlichen Aufgaben schlicht gescheitert. Regierungen sind immer seltener in der Lage, brennende gesellschaftliche Missstände politisch zu lösen. Nicht umsonst ist deshalb in der jüngeren Vergangenheit mehrfach der Ruf laut geworden, Top-Manager für politische Ämter zu gewinnen. Wir haben jedoch auch bereits festgestellt, dass der Kapitalismus alter Schule, der sich an den Hierarchien und Machtspielchen der Politik und anderer Werteinstanzen orientiert und sogar in unethischer Weise mit ihnen verstrickt ist, ebenfalls schon in naher Zukunft ausgedient haben wird. Mit politisch verstrickten Top-Managern, rekrutiert aus dem Klüngel von Unternehmen alter Schule, würde sich also kaum wirklich etwas verändern. Anders formuliert: Die Zukunft der Wirtschaft liegt nicht in der Politik. Vielmehr liegt die Zukunft der Gesellschaft in der Wirtschaft.

Wenn Sie die Angestellten von Social-Business-Unternehmen danach fragen, warum sie in diese Sparte gewechselt haben, bekommen sie unterschiedliche Antworten, die doch alle auf einen gemeinsamen Nenner hinauslaufen: den Gemeinschaftsgedanken. Anhand einiger Merkmale des Social Business möchte ich Ihnen nachfolgend erläutern, warum jedes Unternehmen in Zukunft von mehr „social" profitieren kann, ohne deshalb gleich seine Marktorientierung einschränken zu müssen. Denn so wie das Social Business den Kapitalismus zukunftsfähig machen soll, müssen auch Unternehmen sich selbst zukunftsfähig machen, um in einer gemeinschaftsorientierten Zukunft vorn mitspielen zu können.

Wettbewerb, aber social: Gemeinsame Werte als Unternehmenszweck

Nach Muhammad Yunus unterscheiden sich Unternehmen des Social Business insbesondere in zweierlei Hinsicht von herkömmlichen Wirtschaftsunternehmen:

- Erstens: Ihr Zweck ist ausschließlich die Lösung wichtiger sozialer Probleme.

- Zweitens: Die Investoren von Social Business-Unternehmen verzichten auf spekulative Gewinne.

Wer bis hierhin gelesen hat, wird nicht überrascht sein, dass der zweite Punkt für mich ein Imperativ jeglichen zukunftsorientierten Wirtschaftens ist: Kein Unternehmen darf in seiner Existenz durch Mechanismen gefährdet werden, die Spekulation geradezu fördern, weil bedingungslose Profitmaximierung besser belohnt wird als werteorientierte, wirtschaftlich nachhaltige Unternehmensführung.

Beim ersten Punkt hingegen wird es etwas kniffliger. Natürlich können wir einfach das Wörtchen „ausschließlich“ streichen, und der Satz klingt schon versöhnlicher mit der Marktwirtschaft. Andererseits verwässern wir damit die Botschaft von Muhammad Yunus und öffnen der schwarzen Magie der alten Schule unzählige Hintertürchen.

Wo also können Unternehmer und Führungskräfte ansetzen, die mit mehr „social“ zukunftsfähiger werden wollen? Eigentlich liegt die Antwort auf der Hand: Sie können ihr Unternehmen selbst als virtuellen sozialen Zweck definieren und ihre Unternehmenswerte auf diese Definition ausrichten. Wenn das Unternehmen nämlich einer Gemeinschaft von Kunden und Mitarbeitern gleichermaßen dient, dann ist es ganz und gar nicht abwegig, von einem sozialen Zweck zu sprechen.

Angelehnt an Yunus' Definition ergibt sich folgende Abgrenzung zwischen Social Business und herkömmlicher Marktwirtschaft: Social Business folgt Gemeininteressen, während in Unternehmen der alten Schule Partikularinteressen überwiegen. Mit Partikularinteressen meine ich all jene Individualinteressen und entarteten Unternehmensstrukturen, die ich im ersten Teil des Buches als die großen Blockierer von Innovation und Fortschritt und Verhinderer der Entfaltung von Kreativität und Sinn bezeichnet habe: Machterhalt, tyrannische Hierarchien, Überkomplexität, gewissenloses Profitstreben und Egothemen. Als Gemeininteressen stehen aufseiten des Social Business als Motivatoren dagegen Themen wie Nachhaltigkeit, ökologische Globalisierung, die Verwirklichung individueller Sinnvorstellungen und andere. Vor allem aber eines: In Social-Business-Unternehmen haben die Mitarbeiter nicht nur die Chance, sondern geradezu die Aufgabe, gemeinsame Werte zu leben. Nicht als Sahnestückchen der Unternehmenskultur, sondern als grundlegende, definitorische Werte, auf denen die gesamte Unternehmung beruht.

Wo die Verantwortung in Werten liegt, sind Egospielchen überflüssig

Auch die Definition von „Verantwortung" muss für das Social Business neu gedacht werden. Das Verantwortungsdogma hemmt Führungsarbeit von Managern bis heute und hat neben Burnouts auf der Individualebene auch unzählige Managementblockaden verursacht, die effektive Teamarbeit auf Dauer unmöglich machen. Zudem stützt es die Leistungsverweigerung der Low Performer, die einfach jegliche Verantwortung für die Unternehmenswerte von sich weisen und ihrem Vorgesetzten zuschieben – und dafür nicht selten auch noch belohnt werden, weil Führungskräfte Verantwortung mit Macht gleichsetzen und sich über die braven Schäfchen freuen.

■ Das Unternehmenszweck-Signal

Im Social Business wird die individuelle Verantwortung hierarchieunabhängig durch die kollektive Verantwortung für den Unternehmenszweck ersetzt. Während Angestellte in herkömmlichen Unternehmen in der Regel wenig davon haben, Verantwortung zu übernehmen (die Boni bekommen die Führungskräfte), ziehen im Social Business per Definition alle an einem Strang: Unternehmenszweck und Arbeitsmotivation folgen ein- und demselben Wert. Und damit meine ich nicht „Helfen" – das wäre nur ein neues Paradigma. Menschen mit Helfersyndrom neigen in aller Regel dazu, Bewunderung für ihre Taten einzufordern. Helfen wird so letztlich zum Ego-Thema, und der Machtmissbrauch ist nicht mehr fern.

Im Social Business dagegen arbeiten Menschen, die ihre konkreten Fähigkeiten anstatt für die Profitgier anderer eben lieber für einen Zweck einsetzen wollen, der der Gemeinschaft zugutekommt. Sie wollen Fortschritt und Innovation, sie wollen den Wettbewerb, sie wollen in dem Job arbeiten, für den sie brennen, und sie wollen Geld verdienen. Sie unterscheiden sich nicht von den Mitarbeitern anderer Unternehmen – abgesehen davon, dass sie in einer Gemeinschaft für die Gemeinschaft und einen höheren Sinn arbeiten wollen; und zwar mit Menschen, die dem selben Wert folgen: Einer geteilten Verantwortung für die Gemeinschaft, anstatt einer egozentrierten Verantwortung für eine Gruppe von Unterstellten, mit der es gar keine Wertedeckung gibt. Führung kann deshalb auf einer inhärenten Wertekongruenz aufbauen, die sich herkömmliche Unternehmen mühevoll über die Unternehmenskultur aufbauen müssen.

Warum Unternehmen um „social" nicht herumkommen

Dass die gemeinschaftliche Orientierung von Unternehmen aller Branchen zunehmend gesellschaftlich eingefordert wird, ist ein Anzeichen, warum dieser Aspekt der Unternehmensausrichtung zunehmend auch über das Social Business hinaus an Tragweite gewinnt.

Das Nachhaltigkeits-Signal

Warum sich das für die Unternehmen auch wirtschaftlich lohnt, ist in einem Forschungsbericht der *MIT Sloan Management Review* in Kooperation mit der Boston Consulting Group unter dem Titel „Sustainability: The ‚Embracers' Seize Advantage"[120] nachzulesen. Die Autoren der internationalen Studie kommen zu dem Schluss, dass die Nachhaltigkeitspraxis der „Embracers" ein Schnappschuss des Managements der Zukunft sein könnte. Warum das so ist, wird schnell klar, wenn wir uns die dort zitierten Umfragewerte auf die Frage ansehen, ob Nachhaltigkeitsstrategien einen Wettbewerbsfaktor der Zukunft darstellen: In der Automobilbranche sind 80 Prozent der befragten Führungskräfte dieser Meinung. In Unternehmen der Verbrauchsgüterbranche sind es drei Viertel der Befragten, sogar in der Energiebranche schließen sich 62 Prozent dieser Aussage an. Selbst im eher rohstofffernen Sektor der Finanzdienstleister ist noch knapp über die Hälfte der Führungskräfte der Ansicht, dass Nachhaltigkeit zum Wettbewerbsfaktor geworden ist.

Warum diese Einigkeit bei einem noch vor wenigen Jahren so stiefmütterlich behandelten Thema? Ein Grund dafür ist die Einflussnahme des Gesetzgebers: Besonders in Europa gibt es inzwischen strikte Richtlinien bezüglich der Nachhaltigkeit für Produzenten, die auch für importierte Güter gelten (etwa der Recycling-Zwang für Elektronikhersteller).[121] Auch Investoren üben beim Thema Nachhaltigkeit inzwischen Druck auf die Unternehmen aus: Dem Carbon Disclosure Project beispielsweise, das von Unternehmen die Offenbarung ihrer Klimawandel-bezogenen Risiken verlangt, gehören Investoren mit einem operativen Kapital von etwa 64 Billionen Dollar an.[122]

Der in unserem Zusammenhang interessanteste Faktor jedoch ist der Faktor Mitarbeiter. Im Forschungsbericht heißt es dazu: „As job candidates, they are holding potential employers under increasing scrutiny regarding their track records on sustainability. And while this does not necessarily trump pay and benefits, sustainability credentials are having an increasing influence on the decisions of job seekers."[123]

Damit ist nicht nur die Bedeutung der Nachhaltigkeit nachgewiesen – und, in ihrem Gefolge, auch anderer gesellschaftlich relevanter Faktoren unternehmerischen Handelns – sondern auch der Einfluss der Mitarbeiter, den ich in Kapitel 10 beschrieben habe: Mitarbeiter haben zukünftig immer öfter die Wahl. Wenn sie diese Wahl unter anderem anhand von wertebewussten Kriterien treffen anstatt allein bezahlungsabhängig, stehen Unternehmen unter einem gewaltigen Druck, den besten Arbeitskräften den besten Arbeitsplatz anzubieten. Was in Zukunft – und bei den „Embracers" schon jetzt – auch heißt: Eure Werte sind unsere Werte.

Verlieren Unternehmen diesen Anschluss, gibt es mehr und mehr Alternativen für sinnmotivierte Arbeitnehmer. Eine davon heißt Social Business.

Individualismus und Gemeinschaft – ein Widerspruch?

Ein gängiger Einwand gegen jegliche Theorie von Gemeinschaft innerhalb einer kapitalistischen Wirtschaftsordnung lautet, dass sie den Individualismus eindämme, der ein Markenzeichen des westlichen Erfolgs sei. Natürlich ist es nicht in meinem Interesse, Gleichmacherei zu betreiben und unsere Wirtschaftsordnung jenem ostasiatischen Modell angleichen zu wollen, wo die Angestellten morgens zum Appell antreten dürfen und Abweichler keine Chance haben.

Aber geht es überhaupt anders? Kann unsere individualistisch geprägte Gesellschaftsordnung die Vorteile des Gemeinschaftssinns nutzen, ohne der Uniformität anheimzufallen? Allerdings. Der Drang zur Selbstverwirklichung und die gemeinsame Arbeit für gemeinschaftliche Zwecke schließen sich gegenseitig keineswegs aus – solange es um persönliche Werte geht, und nicht um Partikularinteressen.

Der Unterschied ist fein, aber keineswegs unscharf. Das Social Business – und auch alle anderen denkbaren gemeinschaftliche orientierten Unternehmenszwecke – ist schon heute beinahe ebenso vielfältig wie die herkömmliche Wirtschaft. Märkte gibt es letztlich so viele, wie es Bedürfnisse gibt. Dass wir alle uns zukünftig bei unserer Arbeit stärker an gemeinsamen Werten orientieren, heißt nicht, dass wir uns alle am selben Wert orientieren; oder dass es nur eine mögliche Strategie gäbe, einen Wert umzusetzen und im Unternehmen zu leben.

Der Unterschied zwischen Selbstverwirklichung und der Verwirklichung von Partikularinteressen liegt darin, dass es bei der Selbstverwirklichung um Werte geht, und zukünftig tragfähige Werte sind generell gemeinschaftsaffin. Sie lassen sich am besten gemeinsam leben. Partikularinteressen dagegen sind egoistischer Natur: Sie zielen auf den Vorteil des Einen gegen den Anderen. Um bei unserem Beispiel zu bleiben: Nachhaltigkeit ist ein Wert, an dem wir uns gemeinsam verwirklichen können; niemand kann sie allein stemmen. Machterhalt hingegen ist ein Partikularinteresse, das nur dem nutzt, der Macht ausübt; indem er beispielsweise an seinem Posten klebt, obwohl er ihm nicht mehr gewachsen ist.

Wenn Mitarbeiter Wertebindung nur simulieren, um ihren Marktwert zu erhöhen, können sie schnell enttarnt werden, wenn die Führung ihre Motive hinterfragt und ihr Handeln an ihrer Rolle in der Unternehmensgemeinschaft misst. Schlägt Selbstverwirklichung in Egoismus um, ist Vorsicht geboten. Eine klare Grenze zu ziehen zwischen fairem Wettbewerb und einem „Gegeneinander" ist im Social Business – und in allen Unternehmen, die sich als

Wertegemeinschaft definieren – unabdingbar. Vertrauen, Respekt und Transparenz müssen deshalb integrale Bestandteil der Unternehmenskultur in einem wertebewussten Unternehmen sein.

Social Business: Ein Leuchtfeuer der Zukunft über die Wirtschaft hinaus

Social Business bedeutet aus gesamtgesellschaftlicher Sicht, dass Profis (auch supranationale) Aufgaben im privatwirtschaftlichen Rahmen lösen, an denen die Politik und andere Instanzen gescheitert sind. Warum das so gut funktioniert, ist ein Hinweis auf die Fehlverteilung der gesellschaftlichen Verantwortung ganz besonders in Deutschland, aber auch in anderen – vorwiegend europäischen – Ländern: Die Experten des Social Business sind im Gegensatz zu Politikern, die meist nur als Politiker qualifiziert sind, fachlich für ihre Aufgaben geeignet. Und: Sie stellen sich diese Aufgaben selbst, indem sie ihren persönlichen Werten folgen. Zudem sind sie weitaus schneller handlungsfähig als die Politik, die sich erst an endlosen, auf Blockade angelegten Strukturen abarbeiten muss, bevor sie zur Lösung eines Problems vordringen kann.

Natürlich ist auch das Social Business nicht unfehlbar. Auch hierher verirren sich schwarze Schafe, auch hier gibt es Ausnahmen von der Regel. Das Social Business ist ein Wirtschaftszweig in den Kinderschuhen, mit den entsprechenden Kinderkrankheiten. In seiner grundlegenden Methodik jedoch ist es schon heute in mehrerlei Hinsicht als Zukunftssignal bedeutsam: Erstens, weil es den vermeintlichen Gegensatz zwischen gemeinschaftlichem, werteorientierten Handeln einerseits und Wirtschaftlichkeit und operativer Effizienz andererseits aufhebt, ohne dabei auf korruptionsanfällige Machtstrukturen zurückgreifen zu müssen (wie etwa die Entwicklungshilfe). Zweitens, weil es als Vorbote einer sauberen, besseren Wirtschaft genau deshalb so effektiv in der Problemlösung ist, weil es an den etablierten Instanzen vorbei arbeitet. Drittens ist Social Business bedarfsorientiert; es orientiert sich allein an gesellschaftlichen Mängellagen, die soziale Problemstellungen vorgeben, und trifft daher auf äußerst dankbare, ungesättigte Märkte.

Und schließlich ist Social Business ein sehr konkreter Weg der Einbindung des Einzelnen in die Ära des neuen Wertebewusstseins. Schon heute kann das Social Business vielen eine auch wirtschaftlich lukrative Nische für ihre Werte bieten, die sich der neuen globalen Wertegemeinschaft anschließen wollen.

Je schneller noch mehr Unternehmen jenseits des Social Business sich an diesen Faktoren ein Beispiel nehmen, desto früher wird die wertebewusste Wirtschaft Realität. Und mit ihr die wertebewusste Gesellschaft, denn in der Wirtschaft liegt die Zukunft der Weltgemeinschaft.

13 Wer wagt, gewinnt: Von der angstgetriebenen Wirtschaft zur Unternehmenskultur der Freude

Mut steht am Anfang des Handelns, Glück am Ende. [Demokrit]

Angst ist eine der größten Triebfedern der Wirtschaft der letzten Jahrzehnte. Das ist tragisch, und es ist ein gesellschaftliches Armutszeugnis, aber es ist nicht zu leugnen. Viele Instrumente der alten Schule funktionieren durch Angst: Die Angst vor der Kündigung, die Angst vor finanziellen Nöten, die Angst vor dem Statusverlust, der mit dem Jobverlust einhergeht. Seien wir ehrlich: Arbeit ist ein angstbesetzter Begriff. Aber das muss nicht so bleiben.

Der Analyse folgend, dass weder Karriereumschwünge, noch finanzielle Erwägungen, noch Brüche im Lebenslauf in Zukunft so wirkungsmächtig sein werden, wie es heute oft noch der Fall ist, entzieht besagten Instrumenten einiges an Boden. Ein Mitarbeiter, der statt eines vorgestanzten Karrierepfads seinen Werten folgt, wird weit weniger trauern, wenn sich sein Arbeitgeber als inkompatibel mit seiner Lebenseinstellung erweist. Wer in der Gewissheit lebt, dass ein Neuanfang immer möglich ist und es sich lohnt, in kaltes Wasser zu springen, wird sich weniger Sorgen darum machen, ob es anderswo eine Möglichkeit des Broterwerbs für ihn gibt. In einem gesellschaftlichen Klima, das Wertekongruenz belohnt anstatt stromlinienförmiger Lebensläufe, ist Status kein Argument mehr, dem wir unsere ganze Lebensführung unterordnen müssten.

Die angstgetriebene Wirtschaft liegt in den letzten Zügen. Wenn aber Angst sich nicht mehr als Instrument der Machtausübung in der Wirtschaft einsetzen lässt, müssen Unternehmen andere Wege finden, Produktivkraft steuerbar zu machen. Und das lohnt sich, denn es gibt einen weit besseren Motivator als Angst: Freude.

Angst macht renitent, Freude macht produktiv

Spätestens mit der Finanzkrise ist die Gier zum wunden Punkt der heutigen Beschaffenheit des Kapitalismus geworden; dafür hat sich der Begriff des Turbo-Kapitalismus etabliert, der sich quasi verselbstständigt hat und unzähmbar alles frisst, was Profit verspricht. Dieses Schwarzsehen ist besonders tragisch, wenn man bedenkt, dass die Wirtschaft unverändert die Keimzelle des gesellschaftlichen Erfolgs ist. Und doch ist die Abneigung gegen Spekulation verständlich und konstruktiv: Unten herrscht Angst, weil oben die Gier regiert.

Ich habe ausführlich dargelegt, warum eine Fokussierung von Führung auf die Mitarbeiter anstatt auf Profitmargen keineswegs erfolgsgefährdend, sondern absolut wirtschaftlich ist. Wenn Unternehmen es schaffen, dass Mitarbeiter statt Angst Freude aus der intuitionsgesteuerten Eigenverantwortung der neuen Geschäftsmodelle ziehen, ist das keineswegs nur ein Freundschaftsdienst an den Mitarbeitern. Den größten Gefallen tun Arbeitgeber sich mit dieser Strategie selbst.

Angst hat nur, wer allein kämpft

Wenn Wirtschaft werteorientiert, teamorientiert und spaßorientiert ist, entzieht sie sich nämlich auch der Angreifbarkeit als Ausbeutungsmaschinerie. Das Rollenverständnis als integraler Bestandteil einer funktionierenden Gemeinschaft ist ein weitaus verlässlicherer und vor allem langfristig wirksamerer Grundstein für eine produktive, eigenverantwortliche Arbeitshaltung als die Angst es je sein könnte. Mitarbeiter, die sich nicht als ausgebeutete Mulis betrachten, sondern als Gruppenmitglieder, auf die es ankommt, werden ihre Aufgaben ernster nehmen – und sie trotzdem leichtfüßiger erledigen.

Für Freunde zu kochen macht uns Spaß – für uns allein zu kochen um den Hunger zu stillen empfinden wir dagegen eher als lästige Notwendigkeit. Richtig?

Soweit die Pflicht. Noch viel spannender wird es bei der Kür. Hier kommt wieder der Aspekt des Wettbewerbs zum Tragen, der gegen jedes Modell, das irgendwie sozial daherkommt, gern als Todschlagargument verwendet wird: Gerade in einer Gemeinschaft wollen wir uns hervortun. Je nach Charakter wollen wir vielleicht einfach besser sein als andere und in unserer Rolle herausragen. Viel öfter aber wollen Menschen einfach stolz darauf sein, ihr Team voranzubringen. Ein Teamerfolg ist weitaus erfüllender und trägt viel länger als ein Erfolg als Einzelkämpfer. Mitarbeiter, die von diesem Teamgeist motiviert sind – und das sind letztlich die meisten Menschen, denn er ist ein evolutionärer Bestandteil der menschlichen Seele – leisten nicht weniger, als wenn sie Angst haben. Ganz im Gegenteil: Sie leisten mehr. Und sie haben auch noch Spaß daran. Im besten Fall geraten sie in einen Flow – jenen rauschartigen Zustand, der entsteht, wenn wir voll auf etwas konzentriert sind, dass in unserem innersten Resonanz hervorruft. Sie schöpfen dann aus einer inneren Energiequelle, die kreative Talente freisetzt. Bei Menschen, die angstmotiviert arbeiten, ist der Zugang zu dieser Quelle dagegen abgeschnürt. Dass wertemotivierte Mitarbeiter, die sich als Teil einer Gemeinschaft verstehen und Spaß an der Arbeit haben wollen, an mangelndem Wettbewerbsgeist leiden würden, ist deshalb eine geradezu hirnrissige Annahme. Das Gegenteil ist der Fall.

Die Teamfähigkeit ist schon seit vielen Jahren fester Bestandteil jener Liste an Kriterien, an denen potenzielle Mitarbeiter gemessen werden. Wie die meisten Managementfaktoren, die wir bereits analysiert haben, war auch Teamarbeit jedoch lange Zeit eine Frage der Effizienz. Arbeitgeber – ganz besonders dort, wo Mitarbeiter organisiert sind – blicken oft noch heute eher skeptisch auf die Gruppendynamik in ihrer Belegschaft, denn sie könnte eine Quelle der Renitenz sein, wenn unliebsame Entscheidungen getroffen werden müssen. Dies ist der Punkt, wo auch Führung zu einem angstgetriebenen Modell werden kann. Wenn Führung aber weniger angreifbar ist, weil sie den gleichen Werten folgt und sich genauso als in die Unternehmensgemeinschaft eingegliedert betrachtet wie die Mitarbeiter selbst, verliert auch diese Angstquelle ihren Schrecken.

Die Angst vor dem Wandel: Hinterm Horizont geht's weiter

Bei allem Schaden, den die Angst auf der wirtschaftlichen Mikroebene anrichten kann: Auf der Makroebene hat sie auch ihr Gutes, denn: Aus ihr wird Mut geboren, wenn Menschen aus dem Korsett der Angst ausbrechen und einen neuen Weg gehen.

Auch das ist eine evolutionär unauslöschliche Qualität der menschlichen Seele: Neues beäugen wir argwöhnisch, und tasten uns vorsichtig heran. Nicht jeder ist zum Revolutionär geboren. Und das ist auch gut so, denn dieser Filter erfüllt eine wichtige gesellschaftliche Funktion: Würden wir alle immer gemeinsam wie die Lemminge vorpreschen, würden wir oft zu weit in die falsche Richtung laufen, und müssten den Zeit- und Kraftverlust dann durch übermäßig anstrengende Kurskorrekturen wieder wettmachen.

Doch auch dafür hat die Gruppendynamik eine clevere Lösung zu bieten: In jedem Team gibt es mindestens einen, der vorangeht. Kommt er mit guten Nachrichten zurück, ziehen die anderen in unterschiedlichem Tempo nach. In dieser Phase gibt es immer solche, die den Vorreitern vertrauen, weil sie ihrem eigenen Urteil vertrauen und die Risiken gegen die Gewinnaussichten abwägen können. Und dann gibt es die Renitenten, die sich konsequent dem Wandel verweigern – weil sie ihrem eigenen Urteil ganz und gar nicht vertrauen, geschweige denn dem anderer. Diese Minderheit überwindet entweder ihre Blockaden und lässt sich mitziehen, oder sie verharrt in ihren Nischen und macht weiter wie bisher. Rückständig und ausgegrenzt, aber am Leben. Sie wird es immer geben – auch in dieser Revolution. Früher oder später gelten sie als Kauze, fallen aus der gesellschaftlichen Wahrnehmung und werden als altbacken belächelt. In Bitterkeit hängen sie den alten Zeiten nach – damals, als alles besser war als heute. Bevor es soweit ist, bilden sie den Widerstand gegen die gesellschaftliche Erneuerung, die ihnen Angst macht. Solange gehören sie zum Establishment.

Die Bewegung der neuen Wertegemeinschaft, die Revolution des neuen Wertebewusstseins, hat das Stadium der frohen Botschaften erreicht. Jetzt gilt es, aus den Erfolgen und den Fehlern der Vorreiter zu lernen. In diesem zweiten Teil des Buches haben wir Beispiele und Hintergründe analysiert, die darauf schließen lassen, dass die Arbeit jener Avantgarde schon bald getan sein wird. In vielen kleinen und großen Unternehmen beinahe aller Branchen ist die gute Nachricht angekommen; die Erfolgsmeldungen der Early Adopters, allen voran im Bereich des Social Business, klingen mit steigender Lautstärke in unseren Ohren.

Mut hat ein Zeitfenster: Die Phase der Wertekonsolidierung

Nun ist es an der Zeit für die breite Masse der Bürger, aber auch der Institutionen und Unternehmen, ihre Angst zu überwinden und sich dem Wandel anzuschließen. Der Verdacht einer Modeerscheinung ist widerlegt, die Argumente der Trendverweigerer sind ins Leere gelaufen. Was uns bevorsteht, ist die Phase der Konsolidierung, die bei den Vorreitern schon jetzt im Gange ist. Während die Avantgarden, die zunächst in Nischen operieren (etwa im Social Business) eher auf Probleme auf der Mikroebene treffen (Mangel an geeigneten Managementinstrumenten, intellektuelle Barrieren, bürokratische Schikanen), ist die Phase der gesellschaftlichen Konsolidierung in der Regel von großflächigen Reibungen auf der Makroebene gekennzeichnet.

Ich will Ihnen nichts vormachen: Wir werden es in den nächsten Jahren mit massiven Widerständen bei der Umsetzung unserer Ideen zu tun haben. Wo Werte sich über bestehende Strukturen hinwegsetzen, sind Blockaden vorprogrammiert. Ganz besonders auf politischer Ebene dauert es erfahrungsgemäß lange, bis die Rahmenbedingungen für gesellschaftliche Umwälzungen geschaffen sind. Vor allem dann, wenn die Neuerungen den Machterhalt der Etablierten bedrohen. Viele der Skandale, die uns seit einiger Zeit in den (Wirtschafts-) Nachrichten begegnen, sind bereits auf das Aufbäumen der Verhinderer zurückzuführen – siehe Teil 1 dieses Buches.

Lange wird dieser Widerstand nicht anhalten. Zum Erfolgsrezept der Early Adopters in der Wirtschaft gilt generell, dass sie notfalls einfach an störenden Strukturen vorbei arbeiten. Nehmen Sie nur das Beispiel Nachhaltigkeit: Würden alle Unternehmen darauf warten, dass die Politik endlich die passenden Rahmenbedingungen und staatlichen Förderprogramme zur Verfügung stellt, die die Entwicklung beschleunigen könnten, wäre Nachhaltigkeit noch heute ein Exotenthema. Im letzten Kapitel haben wir gesehen, dass sie über dieses Stadium hinausgewachsen ist und von vielen, besonders den großen Unternehmen, längst als Wettbewerbsfaktor der Zukunft betrachtet und entsprechend vehement vorangetrieben wird. Noch ist es mehrheitlich die Spitzengruppe der Global Players, die sich diesen „Luxus" leisten kann, denn mangels politischer Förderung ist Nachhaltigkeit bisher enorm kostenaufwändig und muss von den Unternehmen oft allein gestemmt werden. In den USA etwa ist die Entwicklung schon weiter – internationale Unternehmen, die hier mithalten wollen, sind schon gezwungenermaßen weiter als solche, die nur auf dem deutschen Markt operieren. Ein kürzlich angestoßenes Programm der Bundesregierung zur Förderung der Nachhaltigkeit in kleinen und mittleren Unternehmen zeigt jedoch, dass die Entwicklung auch hierzulande Fahrt aufnimmt – sogar in der Politik.

Ab diesem Punkt ist es nicht mehr weit, bis Renitenz und verzweifelter Machterhalt keine Überlebensstrategie mehr ist, sondern schlicht unternehmerischer und politischer Selbstmord. Haben die gesellschaftlichen Rahmenbedingungen erst einmal ihren Rückstand gegenüber dem Common Sense aufgeholt, gibt es für die Verweigerer geradezu zwingend ein böses Erwachen. Sind Wertethemen erst in gesetzliche Standards eingeflossen, können sich auch träge Konzerne einen Verstoß nicht mehr leisten. Dass der gesellschaftliche Druck – ganz zu schweigen vom wirtschaftlichen – auch für die Platzhirsche der Wirtschaft durchaus bedrohlich werden kann, zeigt sich an der Härte einiger – leider nicht aller – Urteile des Bundesgerichtshofs über den Tatbestand der Untreue in der Siemens-Bestechungsaffäre. Werteverstöße in der Wirtschaft sind keine Bagatelldelikte mehr – schon heute können sie über unternehmerische Existenzen entscheiden.

Die Lehre des Kapitalismus: Mut wird belohnt

Unternehmen kann ich also nur raten, sich die Bedeutung des neuen Wertebewusstseins klarzumachen, solange es Mut erfordert – wenn erst Sanktionen drohen, sind die Mitbewerber ohnehin längst meilenweit voraus.

Vor allem aber macht Wandel mehr Spaß, wenn man damit Aufmerksamkeit generieren kann. Ist die Konsolidierungsphase fortgeschritten, lässt sich auch eine fundamental werteorientierte Positionierung nicht mehr als Revolution verkaufen. Unternehmen sind deshalb gut beraten, Neuland zu betreten, solange sich dieses Bewusstsein als innovatives Management auch in der Unternehmenskommunikation nutzen lässt. Der so einmal geschaffene Vorteil lässt sich dann nämlich langfristig nutzen: Schon in einigen Jahren werden Arbeitgeber, die auf diesem Feld als Pioniere gelten, einen entscheidenden Vorteil am umkämpften Arbeitskräftemarkt besitzen.

Betrachten Sie es einmal aus der Perspektive der Einstellungskriterien für Mitarbeiter: Bevorzugt wird eingestellt, wer bereits auf Erfahrungen mit neuen Strategien und Skills zurückgreifen kann; nicht, wer gerade erst gelernt hat, was sie bedeuten. Da Arbeitnehmer zukünftig auf die Werteorientierung ihrer Arbeitgeber achten, stehen Unternehmen ab sofort unter einem gewaltigen Druck, schnellstmöglich zu jenen gehören, bei denen die Kinderkrankheiten einer ganzheitlichen Neupositionierung bereits weitgehend ausgemerzt sind. Die Verschiebung der Kräfteverhältnisse zwischen Arbeitgebern und Arbeitnehmern wird absehbar zu den radikalsten Merkmalen des neuen Wertebewusstseins in der Wirtschaft gehören.

Der Erfolg gibt ihnen Recht

Wer nun immer noch einwirft, viele der Flickering Signals, die ich in diesem Teil des Buches aufgezählt habe, könnten sich ebenso gut als schnelllebige Wirtschaftstrends entpuppen, die der ökonomischen Realität der Märkte nicht standhalten können, dem möchte ich entgegnen: Wenn die Flickering Signals Emotionen hervorrufen, haben Sie auch einen Nerv getroffen. Emotional reagieren wir auf Themen, die uns wirklich bewegen. Auch wenn manche der Signale bisher statistisch noch nicht hinreichend belegbar sind: Der Erfolg der Early Adopters ist ein Argument. Die Überlegenheit des Bauchgefühls gegenüber Statistiken, das wir im Kontext der Finanzkrise diskutiert haben, ein weiteres.

Und es gibt ein drittes, das auch die hartnäckigsten Gegner einer kennzahlenskeptischen Wirtschaft nicht werden widerlegen können: Wenn es eine Lehre aus der Geschichte des Kapitalismus gibt, dann wohl die, dass Mut belohnt wird. Denken Sie an die Industrielle Revolution. Denken Sie an die Digitale Revolution. Denken Sie an die Geschichte des Automobils. Als Carl Benz 1885 mit dem sonoren Schnurren seines Patent-Motorwagens erstmals die vom Pferdegetrappel widerhallenden Straßen von Mannheim aufmischte, wurde er belächelt. Wie nannten seine Kritiker noch das Auto? Eine kurzlebige Modeerscheinung.

Freude: Das Erkennungszeichen gelebter Werte

Gegenüber dem ulkigen Motorwagen haben gelebte Werte einen entscheidenden Vorteil: Wir alle können tief in unserer Seele spüren, dass wir sie wollen. Natürlich wollen wir sie. Es ist ein Bauchgefühl, dieses Kribbeln.

Falls Sie nicht zu den Glücklichen gehören, die bei einem der Unternehmen arbeiten, wo gelebte Werte schon heute Realität sind: Versuchen Sie einmal, sich den Arbeitsalltag auszumalen, der dann möglich wäre – ganz konkret, für Ihren Fall. Finden Sie etwa nicht, dass der Vergleich ungefähr genauso krass ausfällt wie der Vergleich zwischen einem alten Zweitakter und einem nagelneuen Sportwagen?

⊙ Freude: Die Energiequelle der Wertegemeinschaft

Freude ist, wenn wir uns im Flow befinden: In einem Zustand, in dem wir ein hohes Maß an Energie ohne Anstrengung und ohne Reibungsverlust einsetzen können. Wenn wir so weit in unser innerstes vordringen können, haben wir Zugang zu unseren inneren Wertekapseln: zu Kreativität und Intuition. Unsere Seele leuchtet dann, unsere Aura ist positiv und stark. Dieser seelische Zustand hat Auswirkungen auch auf unseren Verstand: Unsere Gedanken sortieren sich neu, und wir können unsere Aufgaben und Ziele aus eine konstruktiven Perspektive heraus priorisieren. Vor allem aber ist Freude konstituierend für Gemeinschaft: Wenn wir sie ausstrahlen, üben wir einen Anziehungseffekt aus auf andere positive Menschen und positive Situationen. Freude ist das Erkennungszeichen von Erfüllung.

Das Auto-Signal

In der Werbung kennt man sich traditionell gut mit Emotionen aus. Dort ist längst angekommen, dass Menschen Entscheidungen emotional treffen – und dass Unternehmen auf dieser Tatsache aufbauen können. In die Autowerbung hat der Begriff der Freude schon lange Einzug gehalten – das Auto ist vor Jahrzehnten vom Transportmittel zum Objekt der Begierde avanciert. Ihren Zweck, die schnelle Fortbewegung, erfüllen Autos schon lange. Schon seit etlichen Jahren geht es eher um die Frage, wie sie ihn erfüllen; die Feinheiten des Antriebs, die zusätzlichen Funktionen. Seit einiger Zeit ist jedoch die Frage der Gefühle in den Mittelpunkt gerückt, die der Fahrer mit seinem Auto verbindet. Und da geht es schon längst nicht mehr in erster Linie ums Kräftemessen, um den kompromisslos stärksten Motor. Vielmehr geht es darum, wie sich ein Auto in unser Leben eingliedert: Passt es, über die Spezifika der Fortbewegung wie Geschwindigkeit und Fahrkomfort hinaus, zu meiner Lebensführung? Drückt es meine Persönlichkeit aus? Kann ich meinen Kindern glaubhaft machen, dass dieses Auto kein Frontalangriff auf die Umwelt ist, die ich ihnen hinterlasse, nur damit ich an der Ampel angeben kann? Auf all diese Fragen findet die Autowerbung äußerst kreative Antworten. Fast immer zielt sie auf Gefühle ab – allen voran auf die Freude.

Freude ist auch in der Arbeitswelt kein neues Thema mehr. Allerdings wurde sie, ebenso wie viele andere halbgare PR-Wertkonstruktionen, auf bestehende Strukturen aufgeklebt, anstatt in die grundlegende Unternehmensphilosophie einzufließen. Nicht selten sogar machten sich die Verkünder der neuen Freude am Arbeitsleben gar nicht erst die Mühe, den vermeintlichen Gegensatz zwischen Arbeit und Vergnügen aufzulösen, und rieten einfach, die Anteile im Mischverhältnis Arbeit – Freizeit zu verändern. Work-Life-Balance allein aber reicht nicht, um Freude an der Arbeit zu generieren. Arbeit bleibt Arbeit. Wenn wir Mitarbeiter wollen, die Freude an der Arbeit haben, müssen wir die Arbeit selbst verändern, um von dort aus positiven Einfluss auf ihre Arbeitseinstellung zu nehmen – nicht unseren Leuten erklären wollen, was genau ihnen am Unternehmen Spaß zu machen hat.

Die gute Nachricht lautet: Für diese Freude müssen die Mitarbeiter nach wie vor selbst sorgen. Wir müssen nur die Rahmenbedingungen schaffen. Es ist nicht die Freude, die wir generieren müssen, sondern ein Paradigmenwechsel in der Unternehmenskultur. Wir brauchen ein Klima, das auf Werten beruht und es nicht nur ermöglicht, sondern sogar erfordert, Werte zu leben – Tag für Tag.

Für diese Unternehmenskultur gibt es kein Patentrezept. So wie sich Freude nicht verordnen lässt, lässt sich auch keine Glücksformel festlegen, die in allen Unternehmen funktionieren würde. Wertmuster gibt es so viele, wie es Unternehmen und Menschen in der Wirtschaft gibt. Um aber die Rahmenbedingungen dafür zu schaffen, dass unsere Unternehmen ihre Kernwerte finden können; dass folgerichtig auch die richtigen Leute zu den richtigen Unternehmen finden; und dass jeder Einzelne ebenso wie jedes Unternehmen für seine werteorientierte Positionierung wahrgenommen wird – dafür lässt sich aktiv eine Menge tun. Auf individueller Seite, als Teil der Gemeinschaft; wie auch auf unternehmerischer Seite, durch die Offenheit für gesellschaftliche Bedürfnisse und Entwicklungen.

Was wir dafür brauchen, ist vor allem das Bewusstsein für den Wert der Werte – und deren Pluralität. Regeln und Gesetze haben wir genug – was wir jetzt brauchen, ist das Gesetz der Offenheit. Wir brauchen also Respekt. Wir brauchen die Transparenz in der Wertefindung an den Stellen, wo es gesellschaftlich darauf ankommt: In der Politik, ja. Vor allem aber in der Wirtschaft. Und wir brauchen Vertrauen: Vertrauen in die Wertegemeinschaft, die zwischen dem Geröll der toten Ethik gerade wächst und gedeiht.

Der letzte Teil des Buches soll Ihnen dazu als Wegweiser dienen. Er zeigt auf, an welchen Stellen wir ganz persönlich ansetzen können, um das Wertebewusstsein zu fördern und besser heute als morgen zum Teil einer Gemeinschaft zu werden, die die Zukunft prägt: durch Respekt, Transparenz, Mut und Vertrauen.

Es ist eine mutige Botschaft, aber ohne Mut keine Freude: Wer auf das Wertebewusstsein der Gemeinschaft vertraut, hat nichts zu befürchten. Es hat sich noch immer durchgesetzt.

Bullet Points II

- *Auf die Revolution des Wertebewusstseins müssen wir nicht mehr warten – sie hat bereits begonnen. Schon heute sind Wirtschaft und Gesellschaft reich an Signalen dafür.*

- *Die Wurzeln des neuen Wertebewusstseins liegen in der Mitte der Gesellschaft: beim vernetzten, interpretationsfähigen Informationsbürger.*

- *An die Stelle des status- und geldorientierten Erfolgs- und Karrieremodells der alten Schule tritt die persönliche Erfüllung durch gelebte Werte innerhalb selbst gewählter Gemeinschaften mit vielfältigen kulturellen Schnittpunkten.*

- *Wertebewusste Führung bedeutet in erster Linie, Werten als den härtesten Wirtschaftsfaktoren radikal Priorität einzuräumen und sie aktiv vorzuleben.*

- *Mitarbeiter haben die Wahl zwischen verschiedensten biografischen Optionen. Sie werden von Unternehmen angezogen, die ihnen eine ganzheitlich wertebewusste Heimat bieten und ihnen Freiraum für Randerfahrungen und Schnittstellen mit anderen Wertmustern lassen.*

- *Die innere Freude, die werterfülltes Arbeiten bei den Protagonisten der Wirtschaft auslöst, macht den Pseudomotivator Angst überflüssig.*

- *Die neuen Geschäftsmodelle zeichnen sich durch eine Unternehmenskultur aus, die Werte wie Vertrauen, Ehrlichkeit und Transparenz sowie die Freude am Business in den Mittelpunkt stellt. Kunden und Mitarbeiter gleichermaßen verstehen sich als Wertegemeinschaft, denn sie verbindet ein gemeinsamer Sinn. Dieser Sinn bildet das Kerngeschäft des Unternehmens.*

... dann leben sie noch heute:

Was Sie schon jetzt tun können, um im neuen Wertezeitalter nicht alt auszusehen

14 Ethik braucht keine Instanzen: Plädoyer für ein neues Wertebewusstsein

Man hat nur Angst, wenn man mit sich selber nicht einig ist.
[Hermann Hesse]

Nachdem wir uns im letzten Kapitel die Rolle der Angst in der Wirtschaft alter Schule bewusst gemacht haben, gilt es nun einmal mehr, den Blick aufs große Ganze zu richten. Wenn ein Paradigmenwechsel in der Wirtschaft schon innerhalb unserer Unternehmen mit Zukunftsangst verbunden ist – wie wird er sich erst auf die gesamte Gesellschaft und deren Werteprägung auswirken?

Außer Frage steht: Die herkömmlichen Instanzen dienen uns schon längst nicht mehr als jene gesellschaftlichen Haltepunkte, die sie einmal sein sollten. Wenn wir nach Orientierung suchen, suchen wir dort immer öfter vergebens: Die Politik, insbesondere unter dem Anspruch von Macht, läuft der gesellschaftlichen Wertedynamik meilenweit hinterher und schafft politische – respektive gesetzliche – Rahmenbedingungen erst, wenn Neuerungen bei den Werte-Avantgarden längst die Phase der Konsolidierung erreicht haben. Die Kirchen sind mit ihrer Wertedoktrin vor langer, langer Zeit stehengeblieben. Die Orientierung, die sie bieten, ist statisch, und genau deshalb oft unbrauchbar: Gesellschaftliche Erneuerung geht durch die Möglichkeiten der sozialen Vernetzung so schnell vonstatten, dass jede kodifizierte Wertekonstruktion, die Gremien durchlaufen und auf ihre Traditionskonformität überprüft werden muss, nur zu spät kommen kann.

Leider ist es um die Bildung ähnlich bestellt: Auch sie wird durch die Politik ausgebremst, die sie reguliert. Bildungsförderung ist in Deutschland politisch tendenziös, schon weil sie auf Länderebene als politisches Leitinstrument missbraucht wird: Bildungsprojekte sind Renommierprojekte. Allein dieser Status sorgt dafür, dass sie eher in die Hände politisch passfähiger Beamter gelegt werden als in die Hände der fähigsten Pädagogen – derer, die Bildung als Persönlichkeitsbildung verstehen und den Mut zu neuen Wegen aufbringen. Aber das wäre wieder ein anderes Buch.

Was das Versagen der Instanzen an der gesellschaftlichen Realität in meinen Augen bedeutet, habe ich schon zu Beginn dieses Buches deutlich gemacht: Die Ethik, wie wir sie kennen, ist gescheitert. Beim Schach wäre sie matt – ihr bleiben angesichts ihrer politisch und religiös reglementierten Handlungsspielräume keine Zugmöglichkeiten mehr. Wenn die Ethik ein Unternehmen wäre – don't get me started. Zahlungsunfähig wäre wohl noch geschmeichelt.

Stellen Sie sich einmal vor, die katholische Kirche würde in diesen Tagen gegründet werden, in genau dem Geiste, für den sie heute steht – mit ihrer Haltung zu sexueller Freiheit, zur AIDS-Prävention, in der Abtreibungsdebatte, mit ihren Missbrauchsskandalen: Wie viele Menschen würden ihr wohl beitreten?

Wenn es in Deutschland keine Schulpflicht gäbe – wie viele Eltern würden ihre Kinder angesichts der Verfasstheit des Bildungssystems in öffentliche Schulen schicken?

Oder die Wirtschaft: Wenn man nicht arbeiten müsste, um zu überleben – nein, stopp, das hatten wir doch schon: Muss man ja gar nicht. Niemand verhungert bei uns. Wir gehen trotzdem arbeiten. Deshalb schaue ich auf die Wirtschaft, wenn ich nach Antworten suche. Ich wollte es nur noch einmal betont haben.

Wie aber entsteht die Wertegemeinschaft jenseits der Wirtschaft, auf individueller Ebene? Wie tragen wir das Wertebewusstsein der Wirtschaft hinaus in die Weltgemeinschaft, die Gesellschaft als Ganzes? Oder anders gefragt: Wie findet der Einzelne seinen

Weg in diese Gemeinschaft? Was kann jeder von uns schon heute dafür tun, um die gesellschaftlichen Bedürfnisse, denen zuerst die Wirtschaft Rechnung trägt, in Gemeinschaften jenseits von Unternehmen und Märkten zu transportieren?

Selbst ist die Gemeinschaft: Von der Elitenethik zum gemeinschaftlichen Wertebewusstsein

Was also tun mit der zahlungsunfähigen Ethik? Ein sterbendes Pferd erschießt man und steigt auf ein neues. Persönlich sympathisiere ich mit der Ethik – sie war eine gute Idee. Eine gute Idee in den falschen Händen. Die Lösung kann also nur sein, die Idee einer Ethik in neue Hände zu legen. In die Hände derer, denen sie Orientierung geben soll. In unsere Hände. Die neue Ethik muss eine sein, die nicht von den Instanzen abhängig ist. An der Notwendigkeit von Rahmenbedingungen, im Sinne von Recht und Ordnung, hat sich nichts geändert. Aber Werteprägung in den Händen der Macht? Nein, danke.

Wir brauchen keine Diskussion über alte oder neue Werte. Wir brauchen keine neuen Regelwerke. Wir brauchen keinen rhetorischen Prozess, der sich ohnehin nur auf elitären Ebenen abspielt. Wir brauchen keine Gremien, die politisch modifiziert irgendwann einmal absegnen, was wir täglich leben dürfen. Wir brauchen keine regierungsnahen Ethikkommissionen, keine amtsverdrossenen Brandstifter à la Sarrazin, und wir sind auch nicht Papst. Ich, für meinen Teil, bin jedenfalls nicht Papst. Sie etwa?

Was wir brauchen, ist ein neues Wertebewusstsein. Oder genauer: Einen neuen Umgang mit Werten in dem Bewusstsein, dass jedwede Ethik die Verantwortung des Einzelnen als Teil seiner Gemeinschaft ist. Dieser Umgang kann nur darin bestehen, dass wir individuell die Werte leben, die uns am Herzen liegen und ein Bewusstsein für die individuelle Verantwortung vor der Gemeinschaft entwickeln, die uns genau dieses Leben ermöglicht.

Kurz und schmerzhaft: Wir haben die Elitenethik längst zu Grabe getragen. Es ist Zeit für ein individuelles Wertebewusstsein im Geiste der Gemeinschaft.

Eine Gemeinschaft nämlich ist mehr als die Summe ihrer Teile. Deshalb haben wir auch nicht viel davon, einen großen gesamtgesellschaftlichen Prozess aufziehen zu wollen (nichts anderes versucht Politik, immer wieder), an dessen Ende ein Konsens stehen soll, dem gemäß jeder den gleichen Teil zur Gemeinschaft beitragen soll. Einen solchen Prozess wird es nie geben. Die neue Wertegemeinschaft in der Wirtschaft ist auch nicht auf einer Vereinigung gegründet; sie ist eine Gemeinschaft, die zahlreiche Schnittpunkte hat, aber kein Gründungsdatum und keine Satzung. Die braucht sie auch nicht. Wir könnten neudeutsch von einer virtuellen Gemeinschaft sprechen – und doch ist sie sehr real und sehr wirkungsmächtig.

Die Frage besteht also gar nicht darin, wie wir Teil der Wertegemeinschaft, oder irgendeiner Wertegemeinschaft innerhalb der Wertegemeinschaft werden. Dieser Prozess ist automatisiert: Wir finden aufgrund unseres inneren Kompasses zueinander. Im Unternehmen, im Club, auf dem Spielplatz, im Protest oder im Kampf für eine gemeinsame Sache, notfalls sogar auf dem Golfplatz.

Die Frage ist, wie wir es endlich schaffen, uns vom Wertediktat der Instanzen loszusagen, an das wir längst nicht mehr glauben. Die Frage ist, wie wir das Vertrauen in den Gemeinschaftsgedanken und den Mut aufbringen, unsere eigene ethische Instanz zu werden. Die Frage ist: Woher bekomme ich sie denn, meine Ethik, die mich zu einem konstruktiven Teil der Gemeinschaft macht? Wie entwickle ich ein Wertebewusstsein, wenn ich meine Werte gar nicht kenne? Wie funktioniert der Prozess der Bewusstwerdung?

Diesen und anderen Fragen widmen wir uns in diesem dritten Teil des Buches, mit dem ich Ihnen konkrete Handlungsempfehlungen für Ihren Weg in die Ära des neuen Wertebewusstseins vermitteln möchte. Auf geht's.

15 Die Glücksstrategie: Die Bewusstwerdung der Wertegemeinschaft

Der Ziellose erleidet sein Schicksal – der Zielbewusste gestaltet es.
[Immanuel Kant]

Tatsächlich sind die Antworten auf die Fragen, die ich am Ende des vorigen Kapitels aufgeworfen habe, viel einfacher, als Sie zu hoffen wagen. Den Prozess der Bewusstwerdung nämlich kennen Sie, zumindest im Ansatz. Sie beginnen ihn mehrmals täglich. In unterschiedlicher Qualität und Komplexität zwar – aber prinzipiell jedes Mal dann, wenn sie eine Entscheidung treffen. Das Problem ist, dass er den meisten von uns am entscheidenden Punkt entgleitet.

Die Kunst liegt darin, diesen Prozess der Bewusstwerdung, der paradoxerweise meist unterbewusst abläuft, ans Tageslicht zu holen und zu zelebrieren. Wer diesen Prozess meistert, wird jede Entscheidung mit einem ungeahnten Selbst-Bewusstsein – daher das Wort – treffen können. Vor allem aber ist dieser Prozess die Basis für ein wertebewusstes Leben in der Gemeinschaft. Selbstbewusstsein ist nichts anderes als unser individuelles Wertebewusstsein. Wenn wir es pflegen, können wir uns in der Gemeinschaft entfalten und uns dennoch von jeglicher unerwünschten Konformität abgrenzen. Mit anderen Worten: Wir suchen uns aus, wann wir ganz bei uns selbst bleiben, und wann und mit wem wir konform gehen wollen.

Der Prozess der Bewusstwerdung ist aus meiner Sicht die wichtigste Aufgabe in unserem Alltagsleben – ob privat oder beruflich. Er findet auf unterschiedlichen Ebenen statt.

Die Königsdisziplin ist der übergeordnete Prozess der Bewusstwerdung unserer Kernwerte. Dieser Prozess ist Teil unserer Lebensaufgabe; dementsprechend dauert er mitunter auch sehr lange. Wir können ihn teilweise strukturieren und lenken, aber wir können ihn nicht vorgeben und nicht immer in seiner Gänze erfassen. Im Laufe unseres Lebens passiert zu viel, das wir nicht planen können; zu viel auch, das sich unserem Verständnis oder sogar unserer Wahrnehmung entzieht. Die Bewusstwerdung unserer Kernwerte geht weitgehend emotional, auf seelischer Ebene vonstatten; Paradigmenwechsel in unserer Lebenseinstellung fühlen wir eher, als dass wir sie verstehen.

Was wir jedoch durchaus verstehen können, sind unsere Werte im Kontext unserer aktuellen Lebenssituation, also die Frage: Was ist mir hier und jetzt am wichtigsten? Was für ein Leben möchte (und kann!) ich hier und jetzt führen? Wie möchte ich es führen? Auch die Antworten auf diese Fragen müssen wir letztlich erfühlen, aber wir können sie im Zusammenhang früherer Erfahrungen auch verstehen. Diese Teilprozesse des Erfühlens und Verstehens, die wir letztlich bei jeder Entscheidung durchlaufen, gilt es uns zu vergegenwärtigen und zu begreifen, wenn wir wissen wollen, was uns an einem bestimmten Punkt unseres Lebens antreibt.

Gelingt uns das, können wir bewusst, glücklich und vor allem zielbewusst leben und arbeiten. Und: Wir lernen, unserem Bauchgefühl zu vertrauen. Wenn Ihnen das gelingt, können Sie Ihre nächsten Schritte planen, ohne aus der Balance zu geraten; ohne an sich zu zweifeln, und ohne die Orientierung zu verlieren. Nur, wenn wir Entscheidungen bewusst treffen, können wir verhindern, dass wir von Fremdwerten gesteuert werden anstatt von unseren eigenen.

Lebensaufgabe Wertefindung: Wenn es drauf ankommt, kommt es auf Ihre Werte an

Durchlaufen wir diesen Prozess einmal gemeinsam an einem konkreten Beispiel, das Sie anschließend natürlich beliebig abwandeln und auf jedwede Lebens- oder Arbeitssituation, in der Sie sich gerade befinden, anwenden können.

⊛ Der Prozess der Bewusstwerdung: Werteorientierte Entscheidungsfindung

Die Ausgangssituation

Sagen wir, Sie haben eine berufliche Entscheidung zu treffen, die es in sich hat. Sie haben eigentlich einen guten Arbeitsplatz. Die Bezahlung stimmt, die Aufgaben passen zu Ihrer Qualifikation, das Unternehmen ist renommiert (was immer das bedeutet), und die Arbeitszeiten sind einigermaßen geregelt. Oberflächlich betrachtet gibt es also eigentlich nichts zu meckern.

Wenn da nicht diese Stimme aus dem Bauch wäre: „Ich gehöre hier nicht hin." Oder: „War das alles?" Oder: „Ich finde hier keine Erfüllung." Diese Stimme muss man natürlich erst einmal wahrnehmen. Wenn wir im Prozess der Bewusstwerdung nicht geübt sind, hören wir sie meist erst, wenn es uns schon richtig schlecht geht, weil wir sie zunächst lange Zeit unterdrücken: „Ich habe doch eigentlich ein gutes Leben. Passt schon. War nur ein schlechter Tag. Alles okay, Schatz." Manche tun das ein Leben lang.

Schritt 1: Das Setting

Erfahrungsgemäß verschafft sich die Stimme aus dem Bauch genau dann Gehör, wenn wir nicht damit rechnen: Im Urlaub zum Beispiel. Kein Wunder, denn damit wären wir beim ersten von sieben Schritten des Bewusstwerdungsprozesses: dem Setting. Um Klarheit über unsere Prioritäten zu bekommen, müssen wir die rationalen Muster ausschalten, die wir im Alltag als Überlebensstrategien nutzen. Wir müssen loslassen. Es muss nicht gleich ein Urlaub sein, aber wir müssen den Kopf frei kriegen, damit wir vorbehaltlos in uns hineinhören können. Es gibt ganz Mutige, die allein deshalb einfach mal kündigen. Andere gehen in Meditation oder kontemplieren im Kloster; wieder andere können im Café oder am Strand am besten aus dem Alltag ausbrechen. Wo gelingt es Ihnen am besten, wirklich loszulassen?

Schritt 2: Die seelische Meldung

Sagen wir für unser Beispiel, Sie sind gerade im Urlaub. Eigentlich sollte es Ihnen jetzt blendend gehen. Sie hatten doch so viel geplant für die freie Zeit – aber stattdessen fallen Sie in sich zusammen. Sie fühlen sich physisch schlecht, Ihre Laune ist im Keller, auf Ihre Urlaubspläne haben Sie überhaupt keine Lust mehr. Vielleicht haben Sie sogar Krankheitssymptome. Sie stecken mitten in Schritt 2 des Bewusstwerdungsprozesses: Die seelische Meldung, (die Stimme, die Sie bisher unterdrückt haben), dass Sie nicht hierhin gehören, kommt durch: Sie wird spürbar, weil sie nicht mehr von den rationalen Durchhaltemustern des Alltags überlagert wird.

Jetzt haben Sie zwei Möglichkeiten: Unterdrücken und weitermachen wie gehabt. Oder aber, Sie durchlaufen diesen Prozess dieses Mal ganz bewusst, und treffen eine selbstbestimmte Entscheidung, die auf Ihren Werten beruht, anstatt sich den Wertmustern Ihres Chefs, Ihres Priesters oder weiß der Henker wem zu unterwerfen. Das Verantwortungsdogma, dem wir uns schon im Führungskapitel gewidmet haben, oder andere Ego-Themen sind klassische Muster, die uns an dieser Stelle blockieren und verhindern, dass wir überhaupt in den Prozess eingreifen. Dies ist der Punkt, an dem der Prozess vielen im Alltag entgleitet. Und genau dies ist der Punkt, an dem Sie die Wahl haben. Überlassen Sie sie nicht anderen.

Schritt 3: Der Verstand öffnet sich

Um die seelische Meldung zulassen zu können, müssen Sie sich eines klar machen: Sie fühlen sich in dieser Situation nicht zufällig schlecht. Fragen Sie sich ganz vorbehaltlos: Gibt es eine der üblichen rationalen Erklärungen dafür, dass Sie sich so fühlen, wie Sie sich fühlen? Sie wissen, wie eine simple Erkältung sich anfühlt. Sie wissen, wie eine Migräne sich anfühlt. Sie wissen, wie sich schlechte Laune anfühlt. Was sie gerade erleben, fühlt sich anders an. Was Sie da spüren, ist Ihr sogenanntes Bauchgefühl, das wir hier eine seelische Meldung genannt haben. Ich habe schon erläutert, für wie wichtig ich es halte. Lassen Sie es zu.

Wenn Sie das schaffen, haben Sie den nächsten Schritt schon gemeistert: Sie haben die seelische Meldung auf Verstandesebene zugelassen. Sie wissen jetzt, dass es Ihnen nicht gut geht, und erlauben Ihrem Verstand, sich mit Ihrer Seele zu beschäftigen. Die Statusmeldung steht jetzt schwarz auf weiß an Ihrer Pinnwand: „Ich gehöre hier nicht hin." Oder: „Ich finde hier keine Erfüllung."

Schritt 4: Die Kontextualisierung

Ab jetzt arbeiten Ihre Seele und Ihr Verstand also zusammen. Den aktiven Part übernimmt an dieser Stelle allerdings der Verstand (wenn auch gezügelt, um die Seele nicht „abzuwürgen"): Er kontextualisiert nun die seelische Meldung im Rahmen Ihrer Lebenssituation. Sie überlegen jetzt nämlich, woher das Gefühl, am falschen Platz zu sein, wohl kommen könnte. Ihnen wird klar, dass mit Ihrem oberflächlich betrachtet so guten Arbeitsplatz irgendetwas nicht stimmt. Nehmen wir für unser Beispiel einmal an, Sie haben einen Chef, der Ihnen wenige Freiräume lässt. Da Sie aber eine Tätigkeit ausüben, bei der Sie manchmal ad hoc kreativ reagieren müssten, um die Bedürfnisse des Kunden zu erfüllen, ist dieser Zustand eigentlich untragbar. Jeden nicht standardisierten Arbeitsschritt müssen Sie von Ihrem Chef genehmigen lassen, was in der Praxis aber einfach nicht machbar ist. Also machen Sie alles immer so, wie er es bekanntermaßen akzeptabel findet. Deshalb haben Sie weder Erfolgserlebnisse, noch bekommen Sie jemals Lob von Ihren Kunden für Ihre kreative Lösungskompetenz – die können Sie nämlich gar nicht einsetzen. Wenn aber mal etwas nicht läuft, weil die Standardlösung nicht ausreicht, bekommt Ihr Chef das natürlich sofort vom Kunden zu hören, und Sie dürfen sich für seine Unflexibilität auch noch rechtfertigen.

Viele Ihrer Kollegen finden vielleicht nichts dabei, so arbeiten zu müssen, weil sie gar keine Eigenverantwortung übernehmen wollen. Aber Ihnen geht es gehörig gegen den Strich. Wenn Sie daran denken, verkrampft sich Ihr Magen, und Sie fühlen sich noch schlechter. Wenn es schon richtig schlimm ist, fühlt es sich vielleicht an wie ein Tritt in die Magengrube. Jetzt wissen Sie, dass es Ihnen deshalb schlecht geht.

Ihr Verstand hat die seelische Meldung kontextualisiert und auch die Bedeutung des Bio-Feedbacks wie Magenschmerzen oder Verspannungen erfasst, dass Sie bekommen haben. Sie haben eine Erkenntnis gewonnen.

Schritt 5: Die Argumentation

Nachdem Sie nun klarer sehen, wird Ihr Verstand die gerade getroffene Erkenntnis argumentieren. Da sind die Möglichkeiten unendlich: Sie können alles darauf zurückführen, dass Sie irgendetwas falsch gemacht haben. Sie können sich an irgendein Tschaka-Gefasel halten, von dem Sie mal gelesen haben, und sich sagen: Hey, das musst Du eben aushalten, so ist das nun mal. Sie können sich mit der Erkenntnis trösten, dass Ihr Chef eben einfach ein Arschloch ist, und schon irgendwann versetzt werden wird. Das alles ist aber ziemlich unerheblich. Entscheidend ist, dass Sie bei der Argumentation bei sich bleiben und auch nicht darauf ausweichen, die Schuld bei anderen zu suchen: Ihnen geht es nicht gut, und Sie wissen jetzt auch, warum. Ausflüchte helfen Ihnen da gar nichts. Lassen Sie nicht zu, dass Ihr Verstand sich in dieser Phase der Bewusstwerdung wieder verselbstständigt. Das Bauchgefühl, mit dem alles anfing, ist immer noch der springende Punkt.

Und wenn ich an dieser Stelle argumentativ einspringen darf: Kein Wunder, dass es Ihnen da nicht gut geht. Kein Wunder, dass Sie keine Erfüllung finden. Kein Wunder, dass Sie das Gefühl haben, da nicht hinzugehören. Es ist doch ziemlich offensichtlich: Die Wert, die Sie in diesem Job nicht leben können, heißen Eigenverantwortung, Kreativität und Freiheit. Sie sind qualifiziert, Entscheidungen zu treffen, also wollen Sie das auch tun. Sie haben das Talent, kreativ auf Bedürfnisse zu reagieren, also wollen Sie sich nicht mit halbgaren Standardlösungen zufriedengeben. Und Sie wollen die Freiheit haben, so mit Ihrem Kunden zu arbeiten, wie Sie es für richtig halten. Er ist Ihr Kunde, Sie pflegen die Beziehung, Sie wissen es am besten.

Da haben Sie sie, Ihre Kernwerte – die wahrscheinlich auch der Grund waren, warum Sie diesen Beruf überhaupt ergriffen haben. Nur leben können Sie sie da, wo Sie gerade sind, eben nicht. Das Bauchgefühl hat es Ihnen gesagt und Recht behalten: Sie gehören da wirklich nicht hin.

Schritt 6: Die Lösungsfindung

Noch einen letzten Schritt in diesem Prozess muss nun Ihr Verstand übernehmen: Er muss Lösungsoptionen suchen. Auch hier sollten Sie sich nicht durch Ausflüchte ausbremsen, sondern immer das Bauchgefühl zu Rate ziehen, wenn Ihr Verstand es sich zu einfach machen möchte: Ja, Kündigung ist eine Option. Vielleicht nicht die richtige – vielleicht reicht ein Abteilungswechsel oder sogar ein Gespräch mit Ihrem Chef. Vielleicht ist eine Möglichkeit, sich selbstständig zu machen – maximale Eigenverantwortung, maximale Kreativräume, maximale Entscheidungsfreiheit. Möglicherweise ist eine Option auch eine Auszeit, um mehr Optionen zu finden; oder Sie stellen plötzlich fest, dass Sie erst einmal für drei Jahre in Apulien Schafe hüten könnten. Ich weiß es nicht. Aber ich weiß, dass Sie es wissen, tief in Ihrer Seele: Seien Sie an diesem Punkt für alle Optionen offen.

Schritt 7: Die seelische Rückmeldung

Dann kommt der siebente und letzte Schritt, und der erfordert noch einmal Mut. Wenn Sie wirklich nach Ihren Kernwerten handeln und sich nicht von Fremdwerten irritieren oder gar kontrollieren lassen wollen, ist er jedoch unumgänglich: Sie müssen Ihren Verstand wieder abschalten. Zumindest so gut sie eben können – hundertprozentig wird es Ihnen ohnehin nicht gelingen, denn das lässt unser konditionierter Verstand nicht zu. Aber Sie müssen jetzt wieder auf Ihren Bauch hören, auch wenn es schwer fällt.

Schicken Sie die Lösungsoptionen, die Sie erarbeitet haben, auf die seelische Ebene. Vermeiden Sie logische Denkmuster, und hören Sie auf Ihr Bauchgefühl. Lassen Sie Ihre Seele aus den verstandesmäßigen Optionen auswählen. Versuchen Sie, aus jeder einzelnen Lösungsoption ein fühlbares Zielbild zu machen, und dann hören Sie auf die innere Resonanz dieses Zielbilds. Wie fühlt es sich an, wenn Sie sich im Geiste Schafe hütend in Apulien sehen? Wie wäre das, wenn Sie in Ihrer eigenen Firma Aufträge akquirieren, der Kunde sich für die kreative Lösung bedankt und Ihnen dafür Geld auf Ihr Konto überweist? Was macht es mit Ihnen, wenn Sie sich vorstellen, mit Ihrem Chef Klartext zu reden?

Diese Fragen können Sie nur selbst beantworten. Und sagen Sie jetzt nicht, das sei nicht so einfach: Das ist es am Anfang natürlich oft nicht. Doch ich rate Ihnen ja nicht dazu, sich wahnwitzig zu verhalten. Und die Optionen haben Sie schon verstandesmäßig ausgewählt. Den Rest weiß Ihr Bauch. Fühlen Sie hin.

Noch einmal mit Gefühl: Die 7 Schritte der Bewusstwerdung

→ *Das Setting: Finden Sie einen Modus zum Loslassen.*

→ *Die seelische Meldung: Hören Sie auf die innere Stimme.*

→ *Der Verstand öffnet sich: Akzeptieren Sie die seelische Meldung als real.*

→ *Die Kontextualisierung: Prüfen Sie verstandesmäßig, welche Aspekte Ihres Lebens die seelische Meldung und das schmerzhafte Bio-Feedback auslösen.*

→ *Die Argumentation: Denken Sie darüber nach, warum diese Aspekte Ihnen Schwierigkeiten bereiten, und ziehen Sie daraus Rückschlüsse auf Ihre Kernwerte.*

→ *Die Lösungsfindung: Suchen Sie nach Lösungswegen, und schließen Sie dabei auch wagemutige Optionen nicht von vornherein aus.*

→ *Die seelische Rückmeldung: Verwandeln Sie die Lösungsoptionen in plastische Zielbilder, die Emotionen bei Ihnen auslösen, und lassen Sie Ihr Bauchgefühl über die richtige Option entscheiden.*

Beziehungen als Wertespiegel: Wertebewusstsein und Gemeinschaft

In einer Gemeinschaft sind wir mit unserem individuellen Wertekompass natürlich nicht isoliert von anderen Menschen mit anderen Wertvorstellungen. Auch innerhalb der engsten Gemeinschaft gibt es voneinander abweichende Wertmuster; bei genauer Betrachtung erleben wir ständig Reibungen wegen unterschiedlicher Wertvorstellungen. Doch auch das müssen wir uns erst einmal bewusst machen.

Wenn wir lernen, uns unsere eigenen Werte zu vergegenwärtigen, können wir uns also noch längst nicht entspannt zurücklehnen. Wir müssen uns auch in der Gemeinschaft oder den Gemeinschaften umschauen, in denen wir uns bewegen, und unsere Beziehungen in der Tiefe betrachten. Wir müssen lernen, uns in jeder Beziehung auch der Werte des Anderen bewusst zu werden. Wenn Sie einmal erlebt haben, welchen Bewusstseinsschub Ihnen die Erkenntnis Ihrer innersten Werte bescheren kann, wird es Ihnen nicht schwerfallen, mein Argument nachzuvollziehen: Nur wenn ich auch die Werte des Anderen achte, kann ich ihn wirklich als gleichwertigen Partner wahrnehmen – egal, um welche Art Beziehung es sich handelt.

Wenn es schon schwer ist, zu den eigenen Werten vorzudringen, dann ist es bei anderen natürlich noch um einiges komplizierter. Unsere Interpretation einer Beziehung kann jederzeit von Egothemen überlagert werden und in eine Wertung umschlagen, die dem Anderen gar nicht gerecht wird. Es ist deshalb sehr wichtig, dass wir die Wertmuster hinterfragen, die hinter dem Verhalten des Anderen stehen. Oft hat das Verhalten unseres Gegenübers ganz andere Gründe als die, die wir aus spontanen Regungen unseres Egos heraus hineininterpretieren. Insbesondere bei plötzlichen Verhaltensänderungen unserer Mitmenschen sollten wir deshalb genau hinschauen, bevor wir überstürzt ein Urteil zulassen.

Eines sollten Sie sich immer vergegenwärtigen: Jede Beziehung in unserem Leben, jeder Mensch, dem wir ein Fenster zu unserer Seele öffnen (und sei es noch so klein), ist ein spiritueller Spiegel unserer eigenen seelischen Themen und ein Sparringspartner auf unserem Lebensweg. Die Spiegelung dieser Themen kann dem Anderen schmeicheln oder ihn provozieren; über die Qualität der Beziehung sagt das jedoch noch gar nichts aus. Erst wenn man sich selbst öffnet und auch die Wahrnehmung des Anderen als Gesamtbild seiner Werte zulässt, kommt eine Beziehung auf der seelischen Ebene zustande – eine Beziehung, die eine Wertegemeinschaft möglich macht.

Tun wir das nicht, bleibt es bei zwei Egos, die ihre Themen aufeinander projizieren, ohne den Anderen jemals wirklich wahrzunehmen. Zusammenstöße und Missverständnisse mangels Empathie sind dann vorprogrammiert. Sind wir auf jemanden zornig oder empfinden gar Hass, ist das zum Beispiel ein klares Zeichen, dass eine tiefe seelische Ebene in dieser Beziehung fehlt. Meist liegt das an fehlendem Selbst-Bewusstsein. Leben wir selbstbewusst, können wir mit Egothemen meist gelassen umgehen und den anderen in unser bedingungsloses Vertrauen einschließen.

Wird dieses Vertrauen tatsächlich wiederholt enttäuscht, sind wir in der Lage, eine klare Abgrenzung zu vollziehen – auch das ist eine Fähigkeit, die vielen fehlt, was ihnen eine Menge Kummer bereiten kann. Leben wir selbstbewusst, bleibt uns der Frust aus ungeklärten Beziehungen erspart. Wir beenden Lebenszyklen, indem wir lose Enden schließen, die uns Energie kosten und unsere Ausrichtung blockieren können. Und das gilt nicht nur privat, sondern auch im Berufsleben – wenn das Unternehmen eine Wertegemeinschaft ist.

Werte + Gemeinschaft = Wertegemeinschaft

Die Wertegemeinschaft, von der ich hier spreche; das Wertebewusstsein, das ich hier fordere; das Zusammenleben, das ich uns wünsche, hat nichts damit zu tun, dass bestimmte Werte innerhalb einer Gruppe andere Werte – respektive andere Gruppen – ausgrenzen. Die Gesellschaft der Zukunft, für die ich Anzeichen schon in der Wirtschaft von heute sehe, ist nicht nach Werten sortiert – dann bliebe letztlich alles beim Alten. Das neue Wertebewusstsein schafft deshalb eine Gemeinschaft, weil alle, die sich ihr Anschließen, sich ihrer Werte und der Werte der Anderen um sie herum bewusst sind und in diesem Bewusstsein handeln. Gemeinschaft entsteht nicht durch Gleichförmigkeit; ganz im Gegenteil profitiert sie von Reibung. Gemeinschaft entsteht durch Wertetransparenz ihrer Individuen, Respekt für die Pluralität der Werte und Vertrauen in die Wertekongruenz des Anderen.

Das ist es, was ich mit Wertebewusstsein meine. Das ist die übergeordnete Wertegemeinschaft, von der ich rede. Nur selbstbewusst können wir uns auch als Wertegemeinschaft wahrnehmen. Es liegt also auf der Hand: Ab hier kann es nicht mehr um den kleinsten gemeinsamen Nenner gehen. Sondern um Unterschiede. Und was den Umgang mit denen betrifft, haben wir in der Gesellschaft wie auch in der Wirtschaft noch reichlich Nachholbedarf.

16 Gegensätze ziehen sich an: Für ein besseres Miteinander in der Gemeinschaft

Es gibt keine Freiheit ohne gegenseitiges Verständnis. [Albert Camus]

Kürzlich erlebte ich bei einer Podiumsdiskussion einmal mehr hautnah den Unterschied zwischen den beiden Polen einer Gesellschaftsordnung mit: Freiheit und Regulierung. Die Diskussion drehte sich um den Stand der Implementierung von Nachhaltigkeit und die Messbarkeit von deren Nutzen in Unternehmen. Ein junger Top-Manager, Head of Foundations and Donations eines internationalen Konzerns, hatte gerade erläutert, warum er keinen Sinn mehr darin sehe, die Bedeutung von Nachhaltigkeit als Managementinstrument noch messen zu wollen; dass Nachhaltigkeit ein Erfolgsfaktor ist, sei inzwischen Common Sense.

Eine distinguierte Dame mittleren Alters entgegnete ihm darauf: „Ich bin Anwältin von Beruf, daher hält sich mein Glaube an Common Sense in Grenzen."

Der junge Manager, ein streitbarer Geist mit einem Faible für klare Worte, breitete seine Arme aus und sah die Dame aufmerksam an. Dann entgegnete er ohne zu lächeln und mit fester Stimme: „Deshalb gibt es in unserem Aufsichtsrat keine Anwälte."

So amüsant ich diesen Austausch auch fand, er machte mich auf einen fundamentalen Mangel nicht nur in der Wirtschaft unseres Landes, sondern auch in unserer Demokratie aufmerksam: Die mangelnde Ergebnisorientierung in gemeinschaftsrelevanten Fragen. Anders formuliert: Die mangelnde Zusammenarbeit zwischen Individuen und Gruppen, die auf entgegengesetzten Punkten besagter Skala zwischen Regulierung und Freiheit verortet sind.

Ich bin ganz und gar kein Freund einer überzogenen Debattenkultur insbesondere in der Wirtschaft. Es geht mir nicht um Konsens um jeden Preis. Es geht mir vielmehr um die Lösungsorientierung jeglicher gesellschaftlichen Debatte, die mit Werten zu tun hat. Genau in diesen Debatten nämlich bleiben die Werte in aller Regel außen vor, anstatt die ihnen angemessene Gewichtung zu bekommen: als entscheidende Argumente.

In einer Wertegemeinschaft sieht das anders aus. Der besagte junge Manager sagte in der Diskussion noch etwas, das mich aufhorchen ließ: „Wir glauben an Nachhaltigkeit. Und Glauben kann man nicht messen." Damit hatte er einen entscheidenden Punkt angesprochen: Wenn ein Unternehmen an die Bedeutung seiner Werte glaubt, geht es nicht mehr um einen Konsens, sondern um das Miteinander der Unternehmensgemeinschaft, die diesen Wert hochhält.

Wie wir schon festgestellt haben, ist es diese gemeinsame Leidenschaft, die Werte zu einem Erfolgsfaktor macht. Die Instanzen innerhalb einer Gemeinschaft – etwa die Politik eines Landes – die diese Werteorientierung durch Regulierung vorzugeben sucht, verfehlen nicht nur den Zweck ihrer Bemühungen, sondern kommen in aller Regel auch zu spät. Jene Unternehmen, die Nachhaltigkeit erst zu implementieren beginnen, wenn gesetzliche Auflagen sie dazu zwingen, mögen irgendwann auch etwas weniger umweltschädlich sein. Im Sinne der Wirtschaftlichkeit haben sie aber schon verloren: Die Wettbewerber sind dann längst davongezogen und haben den Erfolgsfaktor Nachhaltigkeit für sich gebucht. Und indem sie mal gerade den Konsens an Auflagen erfüllen, auf den die Politiker und Lobbyisten sich einigen konnten, sind die Nachzügler immer noch umweltschädlicher als alle Konkurrenten, die den Wert der Nachhaltigkeit in den Wettbewerb tragen und entsprechend eine Vorreiterrolle übernehmen.

Letztere machen sich nicht nur um einen gesellschaftlichen Wert verdient – sie profitieren auch von ihrem Engagement. Und genau so funktioniert wertebewusstes Management.

Die klaffende Lücke zwischen Anspruch und Wirklichkeit nimmt unsere Wertegemeinschaft in vielen Versäumnissen der Politik wahr. Auch jenseits der Wirtschaft hängen die Regierung und andere Instanzen der gesellschaftlichen Wertedynamik grundsätzlich hinterher. Schon in Teil I dieses Buches habe ich darauf hingewiesen, dass die Bürger diese Nachlässigkeit immer öfter und immer vehementer monieren. Was sie fordern ist, dass die Politik ihnen wieder zuhört – ein besseres Miteinander zwischen Volk und Regierung. Und das ist eine Frage der Bewusstwerdung über die persönliche Ebene hinaus.

Gesellschaftliche Bewusstwerdung: Dabei sein ist nicht alles

Der Prozess der Bewusstwerdung, den ich Ihnen im vorigen Kapitel vorgestellt habe, ist praktisch beliebig skalierbar. Würden politische Entscheidungen (eine angemessene Besetzung politischer Ämter vorausgesetzt) auf einem Prozess beruhen, der Werte als Ausgangspunkt nimmt und die Entscheidung über mehrere Handlungsoptionen ebenfalls an Werten festmacht, wäre auch Politik weitaus weniger angreifbar – und vor allem um Längen effizienter. Das Wahlergebnis der Berliner Piratenpartei etwa ist letztlich nichts anderes als der Ausdruck eines demokratischen Bauchgefühls. Wären Spitzenpositionen in der Politik mit Menschen besetzt, bei denen dieses Bauchgefühl nicht bis zur Unkenntlichkeit unterdrückt ist, wäre manche politische Entscheidung ebenfalls ein Ausdruck der Volksseele statt nur ein machtstrategischer Schachzug.

Es geht mir nicht um einen maximalen Konsens, und auch nicht um die Kastration der politischen Führung. Politiker können nicht immer nach Mehrheiten entscheiden. Aber sie können – demokratische Kompetenz vorausgesetzt – so entscheiden, wie ihrem Kenntnisstand und ihrer Erfahrung nach zu verfahren ist, um der Werteorientierung der Bevölkerung langfristig Ausdruck zu verleihen.

Dann müssten sie sich auch nicht vorwerfen lassen, gegen das Volk zu regieren: Unbequeme Entscheidungen lassen sich durchaus argumentieren, wenn dahinter das Interesse am Gemeinwohl steckt. Sie lassen sich aber schon formal-rhetorisch nicht argumentieren, wenn dahinter Partikularinteressen stecken, die die Bürger nicht nachvollziehen können und auch nicht nachvollziehen müssen. Einmal mehr geht es hier um Ehrlichkeit, Transparenz und Vertrauen: Wenn die Menschen eine Gewissheit spüren, dass eine Regierung ihr Bestes will, lassen sie durchaus mit sich handeln. Auch unbeliebte Regierungen werden in Deutschland traditionell nicht gestürzt. Vielmehr werden sie erst dann basisdemokratisch abgewählt, wenn sich über Jahre erwiesen hat, dass die Mehrzahl der Maßnahmen nicht der Erfüllung von Wahlversprechen dient, sondern dem Machterhalt.

Engagement ohne Heiligenschein: Wie Gemeinschaften das Ruder selbst herumreißen

Was passiert, wenn Machtstrukturen unfähig sind, Volkswerten politische Maßnahmen zuzuordnen, sehen wir am Beispiel des Social Business: Hier fängt die Wirtschaft in Vertretung der Wertegemeinschaft an, sich selbst um ihre Anliegen zu kümmern. Sie sorgt für das Miteinander verschiedener gesellschaftlicher Ebenen an den Machtstrukturen vorbei. Beispiele dafür gibt es aber nicht nur in der Wirtschaft. Was in anderen Ländern längst etabliert ist, wird auch hierzulande seit einigen Jahren zur Massenbewegung: Gesellschaftliches Engagement boomt, auf Individualebene ebenso wie auf Wirtschaftsebene. Neben vielen neuen Formen bürgerschaftlichen Engagements ist sogar das gute alte Ehrenamt auf dem besten Wege, sich aus der Altruismus-Ecke heraus zu manövrieren. Viele Unternehmen nehmen inzwischen an gemeinnützigen Programmen teil, die Führungskräften fernab vom Helfersyndrom dazu dienen, den Horizont ihres Führungsstils zu erweitern und die gesellschaftliche Relevanz von Unternehmenswerten in einen realen, konsumentennahen Kontext zu stellen.

Solche Programme bietet etwa der 1989 in England gegründete gemeinnützige Verein Common Purpose an, der heute in zwölf Ländern und mehr als 70 Städten aktiv ist.[124] Die Verortung des Engagements benennt den ökonomisch hochgradig interessanten Ansatzpunkt, den Bürgerengagement auch der Wirtschaft heute bietet: „Grundvoraussetzung für eine lebendige Demokratie und entscheidendes Kriterium für funktionierende, sich weiterentwickelnde Gemeinwesen ist der Raum zwischen Politik und Privatsphäre: Dieser Raum muss immer wieder neu belebt und mit gemeinsamem Engagement gefüllt werden."[125]

Es geht bei Engagementaktivitäten heute also längst nicht mehr nur um Selbstlosigkeit. Der „Raum zwischen Politik und Privatsphäre" nämlich ist auch der, in dem Unternehmen ihre Konsumenten und ihre Mitarbeiter antreffen. Und es ist der Raum, in dem die Gemeinschaft stattfindet, in der jedes Unternehmen tätig ist. Common Purpose hat den beiderseitigen Nutzen des Engagements in einem Claim prägnant auf den Punkt gebracht: „Wir arbeiten daran, Menschen nicht nur zu effektiveren Führungskräften zu machen, sondern sie als aktive Verantwortungsträger für die Gesellschaft aufzubauen."[126]

Sogar bei der kontroversen Podiumsdiskussion, von der ich zu Beginn dieses Kapitels berichtet habe, herrschte Common Sense über einen Aspekt der wirtschaftlichen Bedeutung von Nachhaltigkeit, der auf jedes gemeinschaftliche Engagement von Unternehmen zutrifft: In einer Gesellschaft, die nicht funktioniert, lassen sich keine Geschäfte machen.

Einer für alle: Wie Einzelne eine Lanze für die Gemeinschaft brechen

Die aktuelle Bildungsreform in Großbritannien ist ein Beispiel dafür, dass nicht nur finanzstarke Unternehmen und top ausgebildete Führungskräfte, sondern auch Wertegemeinschaften von Bürgern gesellschaftlichen Herausforderungen durchaus in Eigenregie zu begegnen in der Lage sind. Die Schulpolitik Großbritanniens ist ein himmelschreiendes Beispiel dafür, wie gemeinschaftliche Werte (Bildung, Zukunftsfähigkeit) und deren Missbrauch durch etablierte Instanzen im Verhältnis stehen: Die besseren öffentlichen Schulen sind dem Bewerberansturm schon lange nicht mehr gewachsen und liegen in Nachbarschaften, deren Immobilienpreise schon deshalb astronomische Höhen erklommen haben. Die ebenfalls guten kirchlichen Schulen verlangen das Bekenntnis zu einer Konfession. Die oft hervorragenden Privatschulen sind nur Wohlhabenden zugänglich. Gute Schulbildung ist in Großbritannien also an Geld oder Konfession gebunden – besser noch beides. Rückständiger und realitätsfremder kann Bildungspolitik nicht sein.

Britische Eltern wie der Journalist Toby Young (übrigens ein Konservativer) nahmen deshalb das Heft in die eigenen Hände, wie *Spiegel online* im September 2011 berichtete[127]: Young kündigte an, eine eigene Schule für sein Westlondoner Viertel zu gründen, mit eigenem Lehrplan und freier Zugänglichkeit für alle Einkommensklassen. Zahlen sollte: der Staat. Young orientierte sein Bildungsmodell an den „freien Schulen" Schwedens, wo diese inzwischen etwa 20 Prozent der Oberschüler aufnehmen.[128] Der Vorstoß Youngs und anderer Londoner Elternvertreter wurde zum Lauffeuer: Im September eröffnete die West London Free School und bot zum Start 120 Elfjährigen einen Platz. Insgesamt nahmen in diesem Schuljahr 24 Free Schools ihren Betrieb auf. Und jetzt schätzen Sie mal, wie viele Anträge für weitere derartige Schulgründungen dem Bildungsministerium in London schon im September 2011 vorlagen? 300, die meisten davon ebenfalls von Eltern wie Toby Young initiiert. *Spiegel online* kommentierte: „Es könnte der Beginn einer tiefgreifenden Umstrukturierung des britischen Schulsystems sein. Zwischen öffentlichen und privaten Schulen entsteht eine dritte Schulform: staatlich finanziert, aber privat geleitet."[129]

Im Sinne der Werteorientierung ist besonders ein definierendes Merkmal der britischen Free Schools interessant: Die Entscheidungsfreiheit der (meist von den Eltern selbst ernannten) Schulleitung über Lehrplan, Personal und Ausgaben. Diese Schulen sind also nicht nur als Unternehmen unabhängig, sondern auch von der langsamen Evolution zentralisierter Lehrpläne.

Ein besonders positives Signal schließlich ist, dass sich selbst die Politik für das Modell begeistert: Die Cameron-Regierung finanziert die Schulen nicht nur, sondern hat die Reform zu ihrem zentralen Bildungsprojekt erklärt.[130] Hier hat die Politik sich einmal dazu hinreißen lassen, ihre Handlungsunfähigkeit angesichts der öffentlichen Bildungsmisere einzugestehen, die Rolle des Sponsors für einen gesellschaftlichen Bedarf zu übernehmen und die Initiative jenen zu überlassen, die sie am besten umsetzen können – der Wertegemeinschaft der Eltern, die für die Zukunft ihrer Kinder kämpfen.

Gemeinschaft erleben: Das gute alte Ehrenamt, jetzt auch in Farbe

Wie wichtig die Erfahrung einer funktionierenden Demokratie gerade für Kinder und Jugendliche ist, habe ich im Rahmen meines Engagements als Mentor bei „Joblinge" auch bei meinen eigenen Ausflügen ins deutsche Ausbildungs- und Sozialsystem erfahren. Immer mehr Jugendliche passen nicht in die etablierten Schubladen dieses Systems. Viele von ihnen müssen sich heute ganz ohne einen Abschluss auf die Suche nach Arbeit machen – mit 16 bis 21 Jahren in einem Alter, das entscheidend ist für die Entwicklung zu mündigen Demokratiebegeisterten.

Joblinge ist eine Initiative, die die Eberhard von Kuenheim Stiftung der BMW AG im Jahr 2007 zusammen mit der Boston Consulting Group gegründet hat. Sie führt Unternehmen, Privatpersonen und öffentliche Institutionen mit dem Ziel zusammen, desillusionierten Jugendlichen ganz konkret beim Finden eines Ausbildungsplatzes zu unterstützen. Jeder Jugendliche bekommt neben der Betreuung durch erfahrene Sozialpädagogen und Trainer einen persönlichen Mentor, der ihm als freundschaftlicher Ratgeber und Begleiter zur Seite steht.

Für viele Jugendliche ist dieser Mentor von Joblinge der erste Erwachsene außerhalb des familiären Kontexts – oder überhaupt –, mit dem sie offen über ihre Sorgen und Nöte sprechen können. Als ein solcher Mentor stand ich selbst schon den Jugendlichen in einer schwierigen Phase zur Seite. Dazu gehörte manchmal auch, dass ich sie fordern und ein Stück weit anleiten musste. Weil ich mich als Mentor dabei nicht hinter einer nummerierten Bürotür verstecken musste und fortwährend nur abstrakte, unverständliche Forderungen stellte, nahmen die Jugendlichen, die ich begleitete, diese Form der Hilfe viel besser an als etwa die der Jobcenter.

Viele junge Menschen haben durch ihre Fehlschläge in der Vergangenheit sich selbst und ihre Talente aufgegeben, weil die Erfolgssignale immer mehr ausbleiben und sie in Schubladen („multiple Vermittlungshindernisse") gesteckt werden, die fast immer mit ihrem sozialen Umfeld, fast nie aber mit ihren individuellen Möglichkeiten zu tun haben. Auch die Familien selbst bauen manchmal Hindernisse bei der Zukunftsplanung auf: Die Jugendlichen haben oft ganz andere Vorstellungen von ihrer Zukunft als ihre Eltern, weil sie anderen Werten folgen.

Die Erfolge des Programms sprechen für sich. Das Joblinge-Programm wird in den kommenden Jahren auf weitere Städte in Deutschland ausgeweitet, nachdem nachgewiesen wurde, dass durch das Engagement die Vermittlungsquote der teilnehmenden Jugendlichen um ein Vielfaches höher liegt als beim Rest der offiziellen Referenzgruppe der „schwer oder nicht vermittelbaren

Jugendlichen“ (so die Definition der Jobcenter). Bislang ist Joblinge aktiv im Bayerischen Wald, in München, in Frankfurt, in Berlin und in Leipzig.

Durch meine Erfahrungen bei Joblinge kann ich aus eigener Erfahrung bezeugen, dass modernes, authentisches Bürgerengagement (in Abgrenzung vom Charity-Feigenblatt der Prominenz alter Schule) ohne den falschen Heiligenschein der Selbstlosigkeit auskommt. Nicht nur die Geförderten, sondern auch der ehrenamtlich Tätige selbst profitiert von seiner Hilfe durch gemeinsame Momente der Freude und einen erweiterten persönlichen Horizont. Für mich ist es das Kribbeln des Wandels, das die Gemeinschaft spürbar macht. Und genau dieser fühlbare Mechanismus von Gemeinschaft ist das Rezept von Demokratie. Nur die Demokratie gibt dem Einzelnen die Freiheit, seine Werte zu leben. Unsere Freiheit liegt nicht allein in unseren individuellen Möglichkeiten. Sie ist auch abhängig von der Gemeinschaft, in der wir in Zukunft leben werden.

Sie erinnern sich: Geschäfte lassen sich nur in einer Gesellschaft machen, die funktioniert. Auch privat können wir unsere Werte nur in einer Gemeinschaft leben, die funktioniert.

Fortsetzung folgt ...

Die Liste an Beispielen für die Entwicklung der Gemeinschaft hin zu mehr werteorientiertem Miteinander ließe sich endlos fortsetzen. Deshalb höre ich an dieser Stelle auch noch nicht damit auf. Die aus meiner Sicht bedeutendsten Handlungsoptionen der Wertegemeinschaft jedoch möchte ich wieder in den Kontext stellen, in dem sie für unsere nächste Zukunft besonders relevant und für jeden von uns Beispiel und Handlungsempfehlung sein können: in den Kontext der Wirtschaft.

17 Werte statt Regeln: Für eine zukunftsfähige Businessethik

Ausnahmen sind nicht immer Bestätigung der alten Regel. Sie können auch Vorboten einer neuen Regel sein. [Marie von Ebner-Eschenbach]

Aus meinen Beobachtungen über den Zustand der Ethik in der Wirtschaft habe ich eine fundamentale Erkenntnis gewonnen: Es macht keinen Sinn, über die Wirtschaft nachzudenken. Für die wertgetriebene Wirtschaft der Zukunft gilt das umso mehr. Im Kontext von Gemeinschaft werden scheinbare Gegensätze zu Variablen, die einander bedingen:

- Menschlichkeit und Profitstreben;
- Vertrauen und Kontrolle;
- Transparenz und Komplexität;
- Ehrlichkeit und Diplomatie;
- Respekt und Abgrenzung;
- Mut und Macht.

Die Mischungsverhältnisse variieren, je nachdem, auf welche Art von Gemeinschaft diese Variablen treffen. Unternehmen sind Organismen, in denen individuelle Motivatoren und Gemeininteressen aufeinandertreffen. Deshalb ist jedes Unternehmen anders. Und das ist gut so. Eine wertgetriebene Wirtschaft, so wie jede Wertegemeinschaft, ist jedoch mehr als die Summe ihrer Unternehmen: Sie ist eine wertebewusste Meta-Gemeinschaft.

Viel mehr als diese Feststellung können wir über die Wirtschaft als Ganzes nicht treffen, ohne in Verallgemeinerungen auszuweichen. Verallgemeinerungen jedoch sind der Tod jedes Individualismus, der Tod jeder Freiheit und der Tod jeder Werteorientierung. Wenn wir herausfinden wollen, was zu tun ist, müssen wir auf die Unternehmensebene schauen.

Was ich in Kapitel 14 auf gesellschaftlicher Ebene gefordert habe, fordere ich an dieser Stelle auch für die Wirtschaft: Eine Individualethik anstatt einer Instanzenethik. Das mag paradox klingen von einem, der ein ganzes Buch lang über die Vorteile von Gemeininteressen gegenüber Partikularinteressen gesprochen hat. Doch genau in diesem Widerspruch liegt der springende Punkt: Wer der Wertegemeinschaft vertraut, der muss den Mut zur Freiheit der Werte innerhalb dieser Gemeinschaft aufbringen. Wer möchte, dass Unternehmen ihr Handeln an gemeinschaftsfördernden Werten ausrichten, der muss ihre individuelle werteorientierte Positionierung fördern. Und wir, die Protagonisten der Wirtschaft, müssen uns um unsere Werte kümmern und darauf vertrauen, dass andere es uns gleichtun. Als Führungskräfte und Mitarbeiter haben wir genau diese Aufgabe innerhalb unserer Unternehmen.

Wenn es um die Frage geht, ob Regeln oder Werte die besseren Managementinstrumente innerhalb eines Unternehmens sind, ist meine Position deshalb eindeutig: Wenn es Werte gibt, die Regeln ersetzen können, dann sind erstere letzteren vorzuziehen. Aus einem einfachen Grund: Sie sind effektiver.

Was aus einem Unternehmen wird, das sich dieser Effektivität bedient, deutet die wunderbar intuitive Definition des Begriffs „Unternehmen“ an, die der Management-Experte Tom Peters in seinem Buch „The Little Big Things“ mit uns geteilt hat: „An emotional, vital, innovative, joyful, creative, entrepreneurial endeavor that maximizes individuals’ growth and elicits maximum concerted human potential in the wholehearted service of others.“[131]

Eine äußerst „softe“, emotionale Definition angesichts der Bedeutsamkeit ihres Gegenstands. Schließlich sind Unternehmen eine ernste Angelegenheit: Fortschrittsmaschinen der Gesellschaft, der heilige Gral der modernen Zivilisation, die Wiege der Zukunft ... ja, ja, schon klar. Wissen wir alles, hat dem Missbrauch ihres Potenzials über Jahrzehnte keinen Abbruch getan.

Den Skeptikern möchte ich entgegnen, was Tom Peters sich selbst ermunternd sagte, als der Ökonom in ihm überrascht betrachtete, was dem Autor in ihm mit der obigen Definition aus der Feder geflossen war: „Do we want an emotionless organization—or an exciting one? (That's a practical enough question, eh?) Do we want a joyless organization—is joy 'impractical' in the World of Work? (Since said world is where we spend the bulk of our conscious hours as adults, i'd hope the possibility of Joy is not completely pie in the sky.) And so on."[132]

Heute, genau heute können wir es anders machen. Heute befinden wir uns an dem Punkt, an dem die Flickering Signals mit täglich wachsender Zahl unter dem Geröll der Hinterlassenschaften der alten Machtethik durchblitzen. Jetzt ist der Moment, an dem wir sie zusammenbringen und eine neue Art des Wirtschaftens aus ihrem Vorbild speisen können: Eine Wirtschaft, die befreit ist von den Zwängen der institutionalisierten Zweckethik. Eine Wirtschaft, die frei ist für Werte. Eine Wirtschaft, die bereit ist für das Wir in ihr.

Tom Peters hat mit der Freude einen veritablen Unternehmenswert benannt, der in jede Aufzählung von Faktoren einer neuen Businessethik gehört, und den auch ich hier schon mehrfach angesprochen habe. Mir fallen noch viele weitere Aspekte ein, die wir alle uns wünschen, wenn wir an unsere Arbeit, unsere Unternehmen, unsere Zukunft denken: seelische Rückmeldungen auf das, was wir täglich am Arbeitsplatz erleben. Bauchgefühle, deren Umsetzung uns motivieren könnte. Eine kleine Auswahl jener Faktoren, die ich in diesem Buch aufgeworfen habe, möchte ich auf den folgenden Seiten noch einmal konkretisieren: als

Ausgangspunkt für die Diskussion über eine neue Businessethik, die statt Regeln auf Werten fußt.

Erweisen Sie mir die Ehre und diskutieren Sie mit: Unter *http://mueller-eschenbach.com/forum* biete ich all jenen ein Forum, die über die Praxis gelebter Werte in Unternehmen etwas zu sagen haben.

Faktor 1: Teams statt Einzelkämpfer

Über die bessere Zukunftsfähigkeit von Unternehmen, die sich als Gemeinschaften verstehen, habe ich in diesem Buch viele Worte gestreut. Erlauben Sie mir, noch einige hinzuzufügen, die mit dem vielleicht gefährlichsten Irrglauben der aktuellen Arbeitswelt zusammenhängen: dem Starkult.

Ich habe nichts gegen Stars – ganz im Gegenteil. Ungeachtet aller sozialen Vernetzung brauchen wir noch immer herausragende Köpfe. Sie können jene Form der Orientierung bieten, die die Gemeinschaft zu ihrem Besten weiterentwickeln kann: Ideen. Was aber wären die besten Ideen ohne diese kollektive Umsetzung? Was wären Leader ohne ihre Mitarbeiter? Was wäre ein Star, wenn es nicht mehr ein paar Dutzend, sondern ein paar Tausend von seiner Sorte gibt?

Das Problem vieler Stars, gerade auch am Management-Himmel, ist es, dass sie die Anbindung an die Realwirtschaft verloren haben. So genannte Management-Gurus, aber auch die Top-Manager selbst sind so versessen auf Spitzenleistungen, dass sie den Blick nicht nur für die Basis, sondern auch für das Mittelmaß völlig verloren haben. Sie orientieren ihre gesamte Firmenpolitik an einigen wenigen Diven, die ebenso schnell wieder aus den Unternehmen verschwinden, wie sie aufgrund gigantischer „Ablösesummen" hineingefunden haben. Diese Stars betrachten sich in den seltensten Fällen als Teile der Unternehmensgemeinschaft. Sie neigen zu den turbo-kapitalistischen Praktiken der alten

Schule: Wenn Facebook sie einkauft, und Google ein Jahr später ein besseres Angebot macht, dann wechseln sie eben.

Sie erinnern sich: Geld ist kein Wert. Wer nur wegen des Geldes arbeitet, ist entweder verzweifelt oder besessen.

Dennoch setzen viele Unternehmen – gerade in den innovationslastigen Branchen – auf diese Stars. Das ist verständlich, denn Ideen sind hier tatsächlich bares Geld. Aus dieser Logik haben einige große Player eine Humen-Ressources-Politik abgeleitet, die Superstars nicht zu Mitarbeitern, sondern zu Investitionen macht. Facebook-Gründer Mark Zuckerberg hat dafür sogar ein Wort erfunden: „Acqhiring", die Kombination aus „hiring" und „acquiring" – einstellen und erwerben. Facebook kauft also so genanntes „Talent" ein, anstatt Mitarbeiter anzuwerben. Talent aber ist eine völlig abstrakte Größe. Über die Produktivkraft dieser Stars im Kontext einer Unternehmensgemeinschaft sagt es überhaupt nichts aus. Der Starkult stellt letztlich nichts anderes dar als die Fortsetzung der Strategien der alten Schule: Qualifikation über Seele. Status über Performance. Kurzfristiger Erfolg über langfristige Positionierung. Dass die Strategie der „Star Wars" (wie *Spiegel online*[133] die absurde Jagd auf die Superstars nannte) langfristig aber auch wirtschaftlich nicht aufgeht, erkennen wir schon daran, wie schnell gerade in der IT-Branche die Kräfteverhältnisse wechseln.

William C. Taylor, Autor von „Practically Radical"[134], erläuterte in einem vielbeachteten Blogbeitrag für die *Harvard Business Review*, warum funktionierende Teams in Zukunft ein viel größeres Asset für Unternehmen sind als die Shooting Stars of the Day: „I'm certainly not suggesting that leaders who are growing companies or building teams should settle for mediocrity. But I am suggesting that there is more to long-term performance than the excellence of your individual players. Great teams, great companies, great organizations of all kinds are as much about character as credentials, about what makes people tick as much as what they know. Most of business life isn't really a choice between one great person and 100 pretty good people, but if that is the choice, I'm not sure I'd make the same choice as Mark Zuckerberg – especially if those 100 pretty good people work great as a team."[135]

Ein schlagendes Argument für diese Überzeugung borgt sich Taylor dabei von einem Professor der Harvard Business School, Boris Groysberg, der das Phänomen der "Star Wars" am Beispiel der Wall Street untersucht hat: "Star analysts who change firms suffer an immediate and lasting decline in performance. Their earlier excellence appears to have depended heavily on their former firms' general and proprietary resources, organizational cultures, networks, and colleagues. There are a few exceptions, such as stars that move with their teams and stars that switch to better firms. Female stars also perform better after changing jobs than their male counterparts do. But most stars who switch firms turn out to be meteors, quickly losing luster in their new settings."[136]

Auch die Wirtschaft der Zukunft wird ihre Stars haben. Der Unterschied zwischen ihnen und den Stars alter Schule wird darin liegen, dass ihre Leistung nicht auf Einzelkämpferqualitäten beruht. Die glänzenden Ideen der Zukunft werden solche sein, die auf den Qualitäten von Teams aufbauen, die gemeinsam mehr sind als die Summe ihrer Individuen. Boris Groysbergs Argument gegen die „Star Wars“ ist ein Argument für die Unternehmensgemeinschaft: Auch Superstars können nur im Team wirklich glänzen. Tony Hsieh, der Gründer von Zappos.com, kann dafür einmal mehr als Beispiel gelten: Er verkaufte sein Unternehmen nur unter der Bedingung an Amazon, dass das bestehende Team mit seiner erfolgserprobten Werteorientierung weiterarbeiten konnte.

Und wem die Wall Street oder ein Online-Versand als Beispiele noch zu abstrakt sind, der schaue auf den FC Barcelona, wie William C. Taylor empfiehlt[137]: Der beste Fußballverein der Welt steht genau deshalb an der Spitze, weil auch die größten Superstars im Alleingang gegen ein herausragendes Team nicht bestehen können.

⊛ Handlungsperspektive 1

Worauf basiert die Zusammenstellung von Teams in ihrem Unternehmen? Auf Qualifikationen und individuellen Talenten – oder auf der vereinenden Kraft von Werten, die jeder erspüren und im Sinne seiner konkreten Aufgabe handlungsleitend einsetzen kann? Was können Sie tun, um Ihr Team auf eine fundamental werteorientierte Basis zu stellen?

Faktor 2: Intuition statt Rationalismus

Dass Intuition sogar an den rationalsten Orten der Welt, den Börsen nämlich, so einige Katastrophen hätte verhindern können und auch in Unternehmen langfristig besser funktioniert als rein zahlenbasierte Strategien, habe ich bereits ausgeführt. Auch hier möchte ich noch einen Aspekt hinzufügen, der die verwissenschaftlichte Businessethik, die in ihrer Rationalität zum effektiven Machtinstrument der Instanzen verkommen ist, auf den Kopf stellen könnte.

Wir müssen aufhören, eine wissenschaftlich längst untermauerte Tatsache zu ignorieren: Die Seele ist stärker als die Ratio. Immer, wenn wir wichtige Entscheidungen allein mit dem Kopf treffen, handeln wir gegen unsere Natur.

Im vorigen Kapitel habe ich deutlich gemacht, dass ein ganzheitlicher Entscheidungsprozess an den kritischsten Punkten – an seinem Ausgangspunkt und am Punkt der Priorisierung der Handlungsoptionen – im Bauch abläuft. Ich habe auch darauf hingewiesen, dass 80 Prozent der Kaufentscheidungen mit dem Bauch getroffen werden. Was würde wohl passieren, wenn 80 Prozent der Managemententscheidungen von erfahrenen, wertmotivierten Führungskräften aus ihrem gesunden unternehmerischen Instinkt heraus getroffen würden? Eines ganz sicher nicht: Eine Finanzkrise wie die, die wir ab 2008 erlebt haben.

Dieser Meinung ist auch der als „schnellstes Gehirn der Welt" gefeierte Schachweltmeister Viswanathan Anand. Schach ist ein äußerst komplexes Spiel. Grundsätzlich beruht es zunächst einmal auf Regeln. Sie werden mir aber sicherlich zustimmen: Es ist nicht die Regelkenntnis, mit der man eine Schachpartie für sich entscheidet. Sie wird vorausgesetzt – und auch den strategischen Part, zu dem es unzählige Statistiken und Modelle gibt, haben die guten Spieler drauf. Den Unterschied zwischen Sieg und Niederlage machen andere Qualitäten aus.

An dieser Stelle sieht Anand eine interessante Gemeinsamkeit zwischen den vermeintlich so rationalen Disziplinen Schach und Wirtschaft: „Das Gerede vom rationalen Verhalten der Märkte ist Nonsens. Die Menschen sind instinktgetrieben. Das gilt auch für Schach. Beim Spielen ist es wichtiger, was ich fühle und was mein Gegenüber denkt, als das, was sich objektiv auf dem Brett abspielt."[138] Aus dieser Erkenntnis leitet Anand eine überraschende Lehre ab, die aus meiner Sicht eine effiziente Kur für die egogetriebene Businessethik der vergangenen Jahre darstellen könnte: „Demut. Man kann nicht alles unter Kontrolle haben, auch nicht in der Wirtschaft. Im Spiel gibt es Momente, wo ich mit Nachdenken nicht weiterkomme. Ich verlasse mich dann auf meine Intuition. Überhaupt glaube ich, dass es wichtig wäre, mehr auf Intuition zu setzen und weniger auf logisches Denken zu vertrauen, auch in der Ökonomie."[139]

Demut in der Wirtschaft? Wenn Sie mich fragen: unbedingt. Demut nämlich lehrt uns zwei wichtige Lektionen, die hohe Relevanz in der Wirtschaft haben.

- Erstens: Allein sind wir auf Dauer handlungsunfähig. Keine Führungskraft kann im Alleingang einen Markt bedienen, geschweige denn erobern.

- Zweitens: Die gesellschaftliche Dynamik ist immer stärker als isolierte Strategien, die gemeinschaftliche Werte außer Acht lassen.

Wie überzeugend eine mathematisch korrekte Gleichung auch wirken mag: Gefühle sind langfristig treffsicherer. Zu diesem Schluss kam kürzlich auch die Unternehmensberatung McKinsey in ihrem Chart Focus Newsletter vom August 2011: „Ultimately, strategy is a way of thinking, not a procedural exercise or a set of frameworks."[140]

Wenn die westliche Wirtschaft durch die Finanzkrise eine Lektion erhalten hat, dann ist es eine Lektion von Demut. Es gibt kein besseres Argument für unternehmerische Intuition, die auf Werten beruht anstatt auf dem Gesetz der Zahlen. Die verwissenschaftlichte, auf den konsensgelähmten Arm des Gesetzes angewiesene Ethik der alten Schule jedenfalls hat diese und andere Katastrophen nicht verhindern können.

⊛ Handlungsperspektive 2

An welchen Stellen sind Kommastellen in Ihrem Unternehmen handlungsleitend, obwohl eine intuitive Entscheidungsfindung erfolgversprechender und praktikabler wäre? Wie können Sie den Faktor der Intuition in diese Entscheidungsprozesse einbinden?

Faktor 3: Gleichberechtigung statt Quote

Ein äußerst sensibler Bereich, in dem die Vorzeigeethik der Vergangenheit massiven Schaden angerichtet hat, ist der Umgang mit der Heterogenität von Mitarbeitern in Unternehmen.

Im Diversity Management ist durch Regulierung kein Stich zu machen. Personaler sträuben sich schon deshalb gern dagegen, den Frauenanteil ihres Unternehmens unter diesen Begriff zu fassen – schon um zu signalisieren, dass das in ihrem Verantwortungsbereich schon längst kein Thema mehr sei. Doch weit gefehlt: Allein schon die Tatsache, dass noch immer Unternehmen mit dem Gedanken spielen, Frauenquoten einzuführen – von Erwägungen einer gesetzlichen Frauenquote ganz zu schweigen – zeigt, dass Gleichberechtigung in einem Großteil der Unternehmen noch längst nicht Realität ist.

Was ist für eine moderne Frau – oder für Kollegen mit anderem kulturellen Hintergrund, oder für einen schwulen Mann oder eine lesbische Frau – wirklich wichtig? Sicher keine von oben aufoktroyierte und in Formalismen gegossene Anweisung zur Durchsetzung einer Quote, durchgesetzt von einem Gleichstellungsbeauftragten ohne Gesicht, Einfluss und Einbindung in die geschäftlichen Strukturen. Untersuchungen über die Erfahrungen, die Millionen von Frauen und Männern im Berufsalltag machen, zeigen: Respekt, Zugehörigkeitsgefühl und die Überflüssigkeit aufgesetzter Rollenspielerei sind Bedürfnisse, die über eine verordnete Toleranz nicht regelbar sind. Diversity ist eine Haltung, keine Statistik. Was wir nicht brauchen sind noch mehr Unternehmen, in denen es vorgeschriebene Frauenquoten, verordnete Rainbow Clubs und Genderdebatten gibt.

Unternehmen sollen nicht Politik machen, sondern Umsatz. Gesellschaftlich wirklich voran bringen uns Unternehmen, in denen jeder Mitarbeiter mit seiner ganzen Persönlichkeit als Teil der Wertegemeinschaft verstanden wird, mit seinen Stärken und Bedürfnissen geachtet und respektiert wird. Wir brauchen

Unternehmen, in denen „Diversity“ gelebt wird: Tag für Tag – von innen heraus. Das bedeutet, dass jeder Kollege und jeder Chef im Herzen versteht, warum es wichtig ist, die Kollegin oder den etwas anderen Kollegen zu achten. Und das nicht nur aus wirtschaftlichen Erwägungen, wegen dem unterstellten Kreativitätspotenzial, der lockeren Atmosphäre, den vielfältigen Erfahrungen und Talenten. Sondern weil sie alle verstanden haben: Wir können die Themen, Herausforderungen und Entwicklungen der Zukunft nur zusammen angehen und meistern, wenn wir uns so entwickeln, wie sich auch die Gesellschaft entwickelt – und damit unsere Kunden. Stärke kommt aus der Vereinigung der ganzen gesellschaftlichen Vielfalt unter einem Dach, weil alle davon profitieren – nicht, weil irgendjemand es vorschreibt.

Wie bei allen wirtschaftlich relevanten Wertethemen, die ich in diesem Buch angerissen habe, handelt es sich auch bei der Gleichberechtigung um ein Qualitätsmerkmal von Führung an den Märkten der Zukunft. Beim Thema Diversity können Unternehmen die wahre Qualität ihrer Zukunftsorientierung beweisen, indem Förderungen und Karrierechancen für jeden offen stehen, egal ob er oder sie einer Minderheit oder einer Mehrheit angehört. Eigentlich eine Selbstverständlichkeit, sollte man meinen – doch Diskussionen wie die um die Frauenquote zeigen, dass wir davon immer noch ein großes Stück Weg entfernt sind.

Fest steht: Die nachfolgenden Generationen werden diese Selbstverständlichkeit voraussetzen und einfordern – und zwar schon sehr bald. Sie werden mehr als die Generationen vor ihnen bewusst entscheiden, bei welchen Unternehmen sie Spuren hinterlassen wollen: nämlich bei Unternehmen, die Gleichberechtigung vorleben, anstatt Gleichstellung zu propagieren. Wer dann im öffentlichen Ansehen mit dem Makel einer ausgrenzenden Human Resources-Politik behaftet ist, wird als Arbeitgeber an einem umkämpften Markt insbesondere um junge Führungskräfte das Nachsehen haben – und ein ernstes Imageproblem am Konsumentenmarkt noch dazu. Märkte (auch Arbeitsmärkte!) werden in Zukunft ganz selbstverständlich global sein, wo sie es nicht schon heute sind. Wie soll ein Unternehmen, das für die Kultur an diesen Märkten keinerlei Gespür hat, dort bestehen können?

In einer Studie[141] zu „Diversity and Inclusion" vom April 2011 unter dem Titel „Dream Team statt Quote" stellte die Unternehmensberatung Roland Berger fest, dass internationalen Großunternehmen das Gewicht von Pluralität durchaus bewusst ist – 80 Prozent der Befragten (insgesamt 40 Großunternehmen unter anderem aus der Automobil-, Bau-, Energie-, Chemie- und Elektrobranche) äußerten sich dahingehend.[142] Bewusstsein und Praxis klaffen jedoch noch immer weit auseinander. Als Grund dafür gaben die Unternehmen mehrheitlich das Führungsverhalten, die Firmenkultur und prozessuale Lücken in der Personalpolitik an.

Welches wirtschaftliche Potenzial Unternehmen vergeben, die Diversity noch heute als Soft Factor abtun, stellt die Studie ebenfalls klar. Demnach „brächte ein erfolgreiches und nachhaltiges D&I-Management der deutschen Wirtschaft nicht nur jährliche Gesamteinsparungen in Höhe von fast 21 Milliarden Euro, sondern auch den einzelnen Unternehmen deutliche Wettbewerbsvorteile"[143].

Dazu kommt, dass Diversity heute schon längst nicht mehr auf einen Sammelbegriff für kulturelle Hintergründe, Geschlechterthemen und sexuelle Präferenzen begrenzt ist: „An inclusive organization utilizes and values its diversity by supporting the development of the capabilities of all of its employees. Each employee has a distinctive set of competencies, values and aspirations for professional and private life. To attract and retain a diverse, talented workforce, companies need an inclusive environment."[144]

Auch beim Thema Pluralität sind Regeln – egal ob einheitliche Gesetze oder interne Quoten – kein wirkungsmächtiges Instrument. Auch hier liegt es am Management der Unternehmen, werteorientiert zu agieren und Pluralität zu fördern, anstatt ihnen einen letztlich auf Limitierung und damit wieder Gleichmacherei hinauslaufenden Rahmen zu verpassen.

⊛ Handlungsperspektive 3

Gibt es in Ihrem Unternehmen Mitarbeiter, die Aspekte ihrer Identität unterdrücken müssen, um in die vermeintliche Familie hineinzupassen? Ist Ihre Unternehmensgemeinschaft bunt, oder so einheitlich wie ein royales Teekränzchen in einem Historienschinken? Falls letzteres zutrifft, denken Sie einmal darüber nach, was das über Ihr Unternehmen aussagt – und ob auch Sie vielleicht unbewusst wichtige Teile Ihrer Wertorientierung unterdrücken, die Ihnen anderswo zum Vorteil gereichen könnten.

Faktor 4: Innere Freude statt Wachstumsglauben

So gut Sie in ihrer Rolle innerhalb eines Unternehmens auch sein mögen, eins können Sie garantiert nicht im Alleingang bewerkstelligen: den Teil des Unternehmenserfolgs, der am Ende des Geschäftsjahres als einziger wirklich wahrgenommen wird – den zahlenmäßigen Erfolg. Oft wird er mit Wachstum gleichgesetzt. Über das Thema Wachstum ist in den letzten Jahren viel geschrieben worden. Die einen sehen das Streben nach unbegrenztem Wachstum inzwischen als Untergangsszenario der westlichen Wirtschaft (haben aber gleichzeitig Angst vorm Wachstum der Chinesen), die anderen halten unbeirrt daran fest, dass Unternehmen nur Beachtung finden können, indem sie wachsen.

Ich sage: Tatsächlich fatal ist der Wachstumsglauben. Höhere Umsätze machen Unternehmen, indem sie die Bedürfnisse des Marktes kreativ bedienen. Dass eine wertorientierte Positionierung, die sich bis in den kleinsten operativen Prozess fortsetzt, dafür aus meiner Sicht in Zukunft die beste Taktik ist, muss ich an dieser Stelle wohl nicht mehr betonen. Apple, Amazon und andere machen es seit Jahren vor, auf ihre Art.

Das Wachstum ist in der Geschäftspraxis der alten Schule, spätestens mit dem Spekulationsoptimismus des Turbo-Kapitalismus, zu einem quasi-ethischen Grundsatz der Unternehmensführung hochstilisiert worden. Einmal als vermeintlicher Wert etabliert, wurden ihm auch Regeln zugeordnet – das Benchmarking war geboren. Und wurde zum Allheilmittel des Managements erkoren: Wenn wir sagen, wie die Zahlen am Ende des Jahres auszusehen haben, dann werden sie auch so aussehen. Wie aussagekräftig eine Kommastelle ist, die auf Biegen und Brechen zurechtgerechnet wurde, damit der Bonus aufs Konto des Verantwortlichen kommt, liegt auf der Hand.

Den Erfolg Ihres Unternehmens – oder Ihren eigenen – wirklich messen können Sie an der Freude, die im Dunstkreis Ihres Unternehmens herrscht. Haben Ihre Mitarbeiter oder Kollegen Freude an ihrer Arbeit, obwohl das Management formal gut ist und zielgerichtet arbeitet, sind gute Zahlen praktisch vorprogrammiert. Vor allem aber erkennen Sie an der Freude Ihrer Mitarbeiter, ob sie am richtigen Platz sind. Sind sie es nicht, wird ihre Arbeit auf kurz oder lang darunter leiden. Das gleiche gilt für Ihre Konsumenten: Wenn sie bei ihnen Freude spüren, ist alles im grünen Bereich.

Ich verlasse mich bei meiner Arbeit als Coach, aber auch als Berater in großen Unternehmen sehr hochgradig auf den Faktor Freude. Meinen Coachees – oder den Mitarbeitern eines Unternehmens, das ich berate – sehe ich an, ob ihr gegenwärtiger Platz im Leben der richtige ist. Ein Leuchten in den Augen ist in dieser Hinsicht ein untrügliches Zeichen. Dieses Leuchten ist es auch, das ich suche, wenn ich mit Ihnen über Ihre Arbeit, Ihr Leben, Ihre Vergangenheit spreche. Unsere Kernwerte gehen oft auf tiefliegende Aspekte unseres Lebens zurück. Manchmal finde ich sie erst in der Kindheit eines Coachees und muss dann feststellen, dass er oder sie nur bei diesem einen Kindheitserlebnis wirklich leuchtende Augen bekommt; nicht aber, wenn von seinem Job die Rede ist.

Nicht anders ist es in Unternehmen, in denen der Kern der Unternehmenspositionierung in Vergessenheit geraten ist oder überhaupt nie definiert wurde. In einer Firma, in der die Führung den Mitarbeitern suggeriert, dass es bei ihrem Job einzig und allein um die reibungsfreie Ausführung standardisierter Prozesse gehe, kann keine Freude aufkommen – und auch keine herausragende Performance, keine Innovation und kein Gemeinschaftsgefühl. Bei der Positionierung eines Unternehmens darf es nie um Sekundärwerte wie Wachstum gehen. Es darf nie um Zahlen gehen.

Eine Automobilfirma beispielsweise arbeitet eigentlich nicht für ein bestimmtes Umsatzziel, sondern für Autofahrer. Genauer gesagt: Für die Freude der Autofahrer – und das sind die Mitarbeiter meist auch selbst. Fragen Sie mal einen der Spezialisten, die in der Montagestraße von Porsche in Leipzig an der Produktion des Porsche GT mitwirken, nach seiner Motivation, diesen Job zu machen. Ich geben Ihnen Brief und Siegel darauf, dass seine erste Antwort nichts mit seinem Gehalt zu tun haben wird. Das Leuchten in seinen Augen kann man nämlich weder in Zahlen ausdrücken, noch mit Regeln verordnen.

⊛ Handlungsperspektive 4

Haben Sie sich schon einmal gefragt, wofür Ihr Unternehmen, und Sie selbst als Teil der Unternehmensgemeinschaft, eigentlich wirklich arbeiten? Gibt die Führung Ihres Unternehmens Ihnen dafür irgendwelche Anhaltspunkte, oder sind Sie bei dieser Frage auf sich gestellt? Vor allem aber: Passen Ihre Kernwerte zu Ihrer Stellenbeschreibung? Und falls nicht: Warum nehmen Sie das hin?

Faktor 5: Mitreden statt Weisungshörigkeit

Bestehende Missstände zu identifizieren, aber auch reale Best-Practice-Beispiele zu identifizieren und aus ihnen zu lernen – das sind die ersten Schritte auf dem Weg zur Erneuerung. Machen Sie das Wir in Wirtschaft zu Ihrer Mission. Bringen Sie Vorschläge ein, wie wir zu einer werteorientierten Form des Wirtschaftens finden können.

Handeln Sie, und reden Sie darüber! Auf meiner Website biete ich Ihnen eine Plattform zur Interaktion an, auf der Sie Ihren Anteil am Wandel mit der Gemeinschaft teilen können:

⊛ Handlungsperspektive 5

http://mueller-eschenbach.com/forum

18 Gemeinschaftlicher Wandel lebt vom Einzelnen: Warum es auf Sie ankommt

Liebe ist stets der Anfang des Wissens, so wie Feuer der Anfang des Lichtes ist. [Thomas Carlyle]

Geduld ist eine langweilige Tugend. Ich finde es unfassbar, wie viel Zeit wir in unserem Leben mit Warten verbringen: Warten auf eine neue Regierung. Warten auf das Ende der Krise. Warten auf ein höheres Gehalt. Warten auf jemanden, der endlich ausspricht, woran wir glauben. Warten auf Werte.

Es ist erstaunlich, zu wie viel Elan die meisten von uns fähig sind, wenn es um Anliegen der Firma geht: Wir schieben Überstunden ohne Ende, wir lassen uns neue Verantwortungsbereiche aufdrücken, wir sind ständig erreichbar. Wir sind schon selbstlose Wesen, nicht wahr ... Bemerkenswert, wie schwer es uns oft fällt, für uns selbst einzutreten.

Dagegen haben die wenigsten von uns Schwierigkeiten damit, für unsere „significant others" einzutreten: für die Familie, für den Partner, für gute Freunde, sogar für Kollegen. Wir sind oft weitaus mutiger, wenn wir für andere kämpfen. In einem gesellschaftlichen Kontext, in dem jeder Einzelne auf sich gestellt ist, kann das durchaus zum Problem werden. In einer funktionierenden Gemeinschaft hingegen wird diese Eigenschaft zum Vorteil. Wenn wir die Werte des Anderen ebenso achten wie unsere eigenen, wird uns auch bewusst, dass sie für die Gemeinschaft ebenso wichtig sind wie unser eigener Beitrag.

Gemeinschaft lebt von der Vereinigung von Unterschieden

Bleiben wir im Sinne der Anschaulichkeit bei der Unternehmensgemeinschaft. Ich darf Sie noch einmal darauf hinweisen: Die „Anderen" in unserem Leben sind immer ein Spiegel unserer eigenen seelischen Themen. Wenn wir für die Bedürfnisse anderer eintreten, tun wir das in der Regel deshalb, weil ihr Anliegen – wenn auch im Verborgenen –uns selbst ebenfalls ein Anliegen ist.

Wenn Ihr Kollege zum Beispiel darum kämpft, einen Wechsel des Vertriebspartners durchzusetzen, und Sie ihm dabei innerhalb der Abteilung den Rücken stärken, hat das wahrscheinlich nichts mit Selbstlosigkeit zu tun. Eher damit, dass der bisherige Vertriebspartner auch Sie zum Beispiel mit seinen unflexiblen CRM-Prozessen zum Wahnsinn treibt, weil er einfach nicht am Puls der Klientel Ihres Unternehmens ist. Eigentlich hätten Sie also auch selbst für den Wechsel des Partners eintreten können und ärgern sich möglicherweise sogar insgeheim darüber, dass Sie es nicht getan haben. Weil Ihr Kollege aber kein Problem damit hat, den Mund aufzumachen, und vielleicht auch durchsetzungsfähiger ist und besser reden kann als Sie, ist das keine große Sache: Sie erfüllen Ihre Rolle im Sinne der Abteilung, indem Sie ihn fachlich und inhaltlich unterstützen und vielleicht die Präsentation für die nächste Abteilungssitzung mit ihm gemeinsam ausarbeiten. Sie verfolgen ja beide das gleiche Ziel: Sie treten für einen Vertriebsservice ein, der den Bedürfnissen Ihrer Kunden besser gerecht wird. Sie arbeiten gemeinsam an der Erfüllung der Werteorientierung Ihres Unternehmens, deren Existenz ich hier einmal voraussetze.

Das könnte auch anders laufen. Der Vertriebsleiter könnte immun für den rhetorischen Charme Ihres Kollegen sein und sich lieber auf die erfahrungsgemäß fundierten Analysen verlassen, die er an Ihnen schätzt. In diesem Fall wäre Ihr Einsatz mindestens genauso wichtig wie der des Kollegen, der dem Anliegen seine Stimme leiht. Wenn Sie Ihrem Kollegen aus Angst vor der Reaktion des Chefs die Unterstützung versagen, scheitert die Eingabe, und Sie müssen sich weiter mit dem alten Vertriebspartner herumschlagen.

Gemeinschaftliche Ziele erreicht man naturgemäß am besten gemeinsam. Und nicht nur das: Dieser Prozess schweißt ungeheuer zusammen. Weder Sie noch Ihr Kollege werden dieses Team leichtfertig verlassen, weil Sie beide wissen, dass diese Gruppe gemeinsam so einiges erreichen kann. Sie können sich dort aufeinander verlassen. Das Gefühl der Geborgenheit, das in so einem Team entsteht, ist den Chefs der alten Schule ein Gräuel. Einem Chef dagegen, der sich ebenfalls als Bestandteil der Unternehmensgemeinschaft versteht, wird diese Form der Zusammenarbeit fördern und unterstützen. Und weder Sie dafür missachten, dass Sie nicht der eloquenteste Zeitgenosse sind, noch Ihrem Kollegen eins dafür auf den Deckel geben, dass Ihre Analysen tiefgründiger sind als seine.

Kurzum: Es spielt keine Rolle, wie Sie für die Werte Ihrer Gemeinschaft eintreten. Entscheidend ist, dass Sie es tun.

Change is your friend

Auf gesamtwirtschaftlicher oder gar gesellschaftlicher Ebene ist natürlich einiges an Abstraktion notwendig, damit wir erkennen, dass unser Handeln Auswirkungen auf das Handeln aller hat – und das Handeln aller Auswirkungen auf den Einzelnen.

Bei meiner Arbeit an Change-Prozessen gerade in großen Unternehmen erlebe ich immer wieder, dass wir echte Gemeinschaft lernen müssen. Praktisch jedes Mal, wenn tiefgreifende Veränderungen angezeigt und überlebensnotwendig sind, gibt es einige, die es nicht schaffen, aus der vermeintlichen Dialektik von „Ich“ und „die Anderen“ auszubrechen. Schon die Möglichkeit von Veränderung macht ihnen Angst, nicht mehr gebraucht zu werden. Dementsprechend beginnen sie geradezu reflexartig, sich zu wehren und Innovation zu blockieren. Tragisch ist, dass sie sich genau durch dieses angstgetriebene Verhalten tatsächlich entbehrlich machen.

Ich habe es schon zu Beginn des Buches am Beispiel früherer gesellschaftlicher und wirtschaftlicher Veränderungsprozesse veranschaulicht: Notwendiger, evolutionärer Wandel lässt sich nicht blockieren. Veränderungen, die auf der Basis einer so dringenden Bedürfnislage stehen und beseelte Agenten an so vielen Ecken und Enden der Gesellschaft haben wie das neue Wertebewusstsein, verschwinden nicht einfach wieder in der Versenkung. Je lauter die Potenzialbremser, Innovationsverhinderer und Postenblockierer gegen sie anschreien, desto effektiver wird die Sprengladung unter ihrem Schleudersitz. Eine evolutionäre Veränderung jedoch killt niemanden. Wer auf der Strecke bleibt, hat sich auf die eine oder andere Art immer selbst ein Bein gestellt.

Dass wir instinktiv Widerstände gegen große Veränderungen auf formaler Ebene empfinden, ist normal. Unser Wille zu positiver Veränderung auf der ideellen Ebene, unser Wille zum Fortschritt jedoch lässt uns diese Hemmungen überwinden. Sie sind keine tiefsitzenden seelischen Komplexe, sondern nur eine Sorge vor dem Willensaufwand, der mit der Überwindung von schlechten Gewohnheiten einhergeht. Wenn Sie sich beispielsweise nach mehreren Jahren ein neues Handy kaufen, das mit einem andersartigen Betriebssystem daherkommt, müssen Sie sich umgewöhnen. Die Dinger können inzwischen alles, einschließlich Hochdeutsch. Trotzdem nehmen Sie die Umgewöhnungsphase gern in Kauf und freuen sich sogar darauf, endlich mit dem neuen Wunderding herumspielen zu dürfen – weil es besser ist als das, das sie bisher hatten. Weil es viel mehr kann als die inzwischen antiquierte Technik Ihres alten Geräts. Weil es Ihren Bedürfnissen besser gerecht wird; und weil es, dank zusätzlich installierbarer Programme und neuer, anpassbarer Benutzeroberfläche auf Ihre individuellen Ansprüche eingestellt werden kann.

Ich gebe zu, der Vergleich ist recht weit hergeholt, aber viele von uns täten gut daran, Change-Prozesse mit ähnlichen Augen zu sehen. Wir können nicht das gleiche Handy ein Leben lang benutzen, weil es erstens irgendwann auseinanderfallen und zweitens zum Ausgrenzungsfaktor werden würde: Wenn sich all ihre Freunde mit einer neuen Kommunikationstechnologie verständigen und Sie der einzige sind, der diese Technologie verweigert, haben Sie ein Kommunikationsproblem – mal ganz davon abgesehen, dass Sie wahrscheinlich einiges verpassen, das auch Ihnen Freude bereiten könnte. Wenn Sie als Einzelperson innerhalb Ihres Unternehmens oder als Unternehmen innerhalb einer grundlegend veränderten Wirtschaftslandschaft hartnäckig den Wandel verweigern, wird es Ihnen früher oder später ähnlich ergehen. Nur steht dann deutlich mehr auf dem Spiel als Kinoabende und Urlaubsgrüße.

Der gemeinsame Nenner jeder Gemeinschaft: Das „Wir"

Ich werde jetzt etwas tun, das ich wahrscheinlich nie wieder tun werde, und Edmund Stoiber zitieren: „Wer für alles offen ist, ist nicht ganz dicht." Natürlich erwarten Sie jetzt, dass ich vehement widerspreche, doch ich springe gleich noch einmal über meinen Schatten: Da ist was dran. Ich will keineswegs dafür plädieren, dass Sie – oder wir – jeden Mist mitmachen sollten, den übermotivierte Gurus über uns ausschütten und uns dann auslachen, wenn wir drauf ausrutschen. Es gibt solche und solche Veränderungen. In diesem Buch geht es um sehr tiefgreifende, gesamtgesellschaftlich relevante und deshalb unaufhaltsame Veränderungen. Ich kann Ihnen nur raten, sich sehr gründlich damit auseinanderzusetzen, bevor sie für sich beschließen zu warten, bis es nicht mehr anders geht. Bei einem wirtschaftlichen Paradigmenwechsel hinterherzuhinken ist äußerst riskant.

Außerdem leben und arbeiten wir weitaus angenehmer, wenn wir egoistische Hemmungen – oder die gute alte umzäunte Komfortzone – überwinden und dieselbe Energie, die wir für den Widerstand bräuchten, einfach dafür einsetzen, den Wandel aktiv mitzugestalten. Dann nämlich haben wir das Recht zu kritisieren, und vor allem die Chance, den Wandel in die richtige Richtung zu lenken.

Und machen Sie sich nichts vor: Der Wandel findet auch ohne Sie statt. Er ist nur um einiges ärmer, wenn Sie nicht daran teilnehmen. Bei den wirtschaftlichen Prozessen, die das neue Wertebewusstsein schon längst in Gang gesetzt hat, kommt es durchaus auf jeden Einzelnen an – auch wenn es nicht jeden Einzelnen braucht, um den Wandel herbeizuführen. Sie haben zwei Möglichkeiten: Sie können passiv bleiben und den Wandel über sich ergehen lassen – mit drin hängen Sie sowieso. Oder Sie können zupacken und sich genau dadurch nach vorn arbeiten.

Es gibt nie mehr offene Türen als während der Anfangsphase einer Revolution. Ich habe bei Change-Prozessen in Unternehmen schon mehr als einmal erlebt, dass bisher unterschätzte Angestellte in untergeordneten Positionen durch die Entdeckung verborgener Potenziale und die erkennbare Leidenschaft für Werte, die sie nie zuvor leben durften, sich plötzlich in Führungspositionen wiederfanden. Der Wechsel in einen anderen Aufgabenbereich zumindest ist sogar ein sehr häufiger Hebel des Fortschritts, wenn die Parameter der Unternehmensstruktur aufgrund einer werteorientierten Neupositionierung plötzlich ganz andere sind. In aller Regel machen diese Veränderungen die Mitarbeiter glücklicher, als sie es vorher waren – vom wachsenden Unternehmenserfolg ganz zu schweigen.

Genau das ist es, was Sie ab sofort beherzigen und umsetzen können: Beäugen Sie den Wandel nicht argwöhnisch aus Ihrer gewohnten, wahrscheinlich positionsgebundenen Warte. Bestaunen Sie ihn mit den Augen der Gemeinschaft, deren Teil Sie sind. Das neue Wertebewusstsein und mit ihm die werteorientierte Wirtschaft ist kein Schicksalsschlag, sondern eine Verheißung von Freiheit, die Sprengung der Ketten einer überholten Machtethik.

Mit einer solchen Sichtweise befördern Sie nicht nur den Wandel zum Besseren der Gemeinschaft – Sie tun sich auch selbst einen

Gefallen. Der amerikanische Journalist David Brooks hat in einer Kolumne für die *New York Times* über die Zukunftsaussichten des College-Jahrgangs 2011 eine sehr eloquente Erwiderung auf die „Litanei des Individualismus" gefunden, die amerikanischen Studenten Jahr für Jahr in Abschlussansprachen entgegenschallt.[145] In diesen Ansprachen wird den jungen Leuten nahegelegt, sie mögen sich nun schleunigst finden, eine Anamnese ihrer Leidenschaften durchführen und dann den so isolierten und in Formaldehyd konservierten Lebenstraum verfolgen, bis sie ihm im Rentenalter als museal auf dem Kaminsims zelebrierte Lebensleistung huldigen können. Natürlich ist so eine Forderung ausgemachter Blödsinn: Welcher 22-jährige kann aus dem Stand seine Leidenschaften definieren und in eine arbeitsweltkompatible, professionell umsetzbare Form stanzen? David Brooks entgegnet dieser Litanei: „Most people don't form a self and then lead a life. They are called by a problem, and the self is constructed gradually by their calling."[146]

Brooks' Erkenntnis aus dem Dogma des Individualismus und Ratschlag an die Absolventen ist zugleich ein flammendes Argument dafür, warum wir nach Erfüllung, Glück und Fortschritt nie aus unserer eingeschränkten Egoperspektive suchen sollten. Stattdessen sollten wir bei aller individuellen Freiheit immer das Wohl der Gemeinschaft im Auge haben, der wir diese Freiheit verdanken: „Today's grads enter a cultural climate that preaches the self as the center of a life. But, of course, as they age, they'll discover that the tasks of a life are at the center. Fulfillment is a byproduct of how people engage their tasks, and can't be pursued directly. Most of us are egotistical and most are self-concerned most of the time, but it's nonetheless true that life comes to a point only in those moments when the self dissolves into some task. The purpose in life is not to find yourself. It's to lose yourself."

Brooks arg radikal formulierte finale Forderung würde ich als ein „Aufgehen in der Gemeinschaft" übersetzen, nicht in „Selbstaufgabe". Die Essenz seiner Forderung aber ist die Grundlage einer funktionierenden Wertegemeinschaft. Wir können Gesellschaft nicht allein bewältigen. Wir können Wandel nicht allein gestalten. Wir können allein nicht einmal wirklich glücklich werden.

Der Grund, warum es in der Gemeinschaft auf den Einzelnen ankommt und der Einzelne ohne die Gemeinschaft verloren wäre, ist ganz simpel und hat doch unendliche Implikationen – für jeden von uns, für die Wirtschaft, und für jede Form von Gemeinschaft. Der schon zuvor zitierte William C. Taylor hat ihn in Anlehnung an David Brooks' Kolumne in eine prägnante Formel gebracht: „‚We' is bigger than ‚me'."[147]

Deshalb möchte ich Ihnen diesen Rat abschließend mit auf den Weg geben: Wenn Sie mit Ihrem Unternehmen Erfolg haben wollen, wenn Sie eine gute Führungskraft werden wollen, wenn Sie als Mitarbeiter durchstarten wollen, wenn Sie Ihre wahren Ziele erreichen wollen, wenn Sie glücklich werden wollen, und wenn Sie wirklich ein Teil der Gemeinschaft des neuen Wertebewusstseins werden wollen: Nehmen Sie sich bloß nicht zu ernst. Es geht nicht nur um Sie. Es geht auch um mich, also tun Sie mir den Gefallen.

Spaß beiseite, aber tatsächlich: Es geht um uns alle. Arbeiten wir gemeinsam am Wandel und für die Freiheit, die nur die Gemeinschaft uns bieten kann.

Bullet Points III

- *An die Stelle der instanzengeprägten Ethik tritt ein neues Wertebewusstsein, mit dem der Einzelne seinen Teil zur Wertegemeinschaft beiträgt.*

- *Auf individueller Ebene können wir Klarheit über unsere Kernwerte finden, indem wir den Prozess der Bewusstwerdung zur Grundlage all unserer Entscheidungen machen.*

- *Unsere gemeinschaftliche Bewusstwerdung wird Realität, wenn wir anhand unserer persönlichen Kernwerte Bezugspunkte zu anderen suchen und deren Wertmuster in ihrer Gesamtheit ebenso achten wie unsere eigenen.*

- *Der Gemeinschaftsgedanke ist in allen Aspekten des Wirtschaftens richtungsweisend für die Zukunft. Das Wir in Wirtschaft entsteht durch Teamwork, Intuition, Gleichberechtigung, innere Freude und Mitsprache im Unternehmen.*

- *Veränderung ganz persönlich anzunehmen und gestaltungsbereit zu sein ist ein notwendiger Schritt zur gemeinschaftlichen Bewusstwerdung und schafft die Grundlage für die Freiheit zu gelebten Werten.*

Wer bremst hat Angst!

Epilog

Während ich dieses Buch geschrieben habe, ist die Baustelle Gesellschaft schon wieder um etliche Abrissplätze reicher geworden. Am Krankenbett der europäischen Krisenstaaten hängt inzwischen ein Tropf, den wir uns im schlimmsten Fall bald nur noch werden leisten können, wenn die Krankenkasse China heißt – deren Gutachter reiben sich jedenfalls schon mal die Hände. Die Machtspielchen der deutschen Regierung werden im Teufelskreis der Weltpolitik gerade als Instrumente einer anderen Machtergreifung missbraucht: Der nationalkonservative Oppositionsführer Jaroslaw Kaczynski geht mit dem Vorwurf des „Großmachtstrebens“[148] an die Adresse der deutschen Kanzlerin auf Stimmenfang für die Parlamentswahlen in Polen. Und gerade heute lese ich, dass der ehemalige Eigner der Beluga-Reederei in Bremen Spendengelder in seine Bilanz umgeleitet hat, mit denen eigentlich eine Schule für Waisenkinder in Thailand unterstützt werden sollte.[149]

Brrr. Davon kann man sich schon entmutigen lassen und gleich wieder auf die Bremse treten: Bringt doch alles nichts.

Muss man aber nicht. Darf man aber nicht. Wer bremst hat Angst. Und Angst ist nun wirklich keine gute Ausrede, wenn hinter den Widerständen unbändige Freude winkt.

Denn gleich darauf lese ich auch, dass die Wertegemeinschaft der Wirtschaft fröhlich weiter ihren Stempel aufdrückt: Cassidy Morgan, Geschäftsführer Zentral- und Osteuropa der Markenberatung Interbrand, stellt in Auswertung des globalen Interbrand-Markenrankings für 2011[150] fest: „Gewinner sind Marken ... denen es gelingt, Technologie mit Lifestyle zu kombinieren und damit im Leben der Konsumenten relevant zu sein. Entsprechend sind die größten Verlierer Marken wie Nokia oder Yahoo, die den Verbrauchern nicht klarmachen konnten, welche Rolle sie in ihrem Leben spielen können.“[151] Klarer kann man nicht mehr nachweisen, dass Unternehmen sich an den Bedürfnissen ihrer Konsumentengemeinschaft orientieren müssen, um an den Märkten der Zukunft zu bestehen – und dass diese Bedürfnisse an ganz lebensnahen Werten orientiert sind.

Und ja: Die obigen Hiobsbotschaften und dieses Markenranking haben eine Menge miteinander zu tun. Sie erinnern sich: Die Wirtschaft ist ein Spiegel der seelischen Verfasstheit unserer Gesellschaft. Und zwar eine weit aussagekräftigere als irgendein pseudoethisches politisches Scharmützel, das mit den wahren Bedürfnissen der Gemeinschaft, um die es bei einer Wahl eigentlich gehen sollte, rein gar nichts zu tun hat. Wenn ich Ihnen in diesem Buch nur diese eine Botschaft vermitteln konnte, dann ist das schon was: Die Werte hinter unserer Hände Arbeit haben Priorität gegenüber der Missbrauchsethik in den Köpfen der Macht.

Dementsprechend fröhlich stimmt es mich, dass eine weitere Erkenntnis dieses Buches weiter in der Wirtschaft Fuß fasst: Gemeinschaftliche Werte sind so wichtig, dass sie immer öfter ganz oben in unseren Unternehmen wahrgenommen und mitgeprägt werden. Noch einmal Cassidy Morgan: „Wir sehen immer deutlicher, dass die stärksten Marken von oben geführt werden. Nicht allein durch einen Markenchef, sondern durch einen Konzernchef und eine Geschäftsführung, in deren Bewusstsein die Marke verankert ist. Ein bisschen Marktforschung betreiben, die daraus entwickelte Strategie kommunizieren und dann wieder zwölf oder 24 Monate warten: So funktioniert das heute nicht mehr. Im digitalen Zeitalter müssen Marken viel schneller reagieren. Nicht indem sie kritische Blogger und Facebook-Nutzer verdrängen, sondern indem sie solchen Input aus dem Markt aktiv weiterverarbeiten. Wer das gut kann, ist als Marke erfolgreich.“[152] Was die Politik bis heute nicht gelernt hat, ist in unseren Unternehmen inzwischen also zum zentralen Hebel geworden: dem Volk aufs Maul zu schauen.

Genau deshalb glaube ich an die Wirtschaft als Innovationsmotor unserer Gesellschaft – nicht nur auf Wohlstandsebene, sondern auch auf seelischer Ebene. Die Wirtschaft entwickelt sich zum Sprachrohr der gesellschaftlichen Werteprägung. Damit sagt sie sich nicht nur von der über lange Zeit handlungsleitenden Praxis des institutionalisierten Machtmissbrauchs los, die durch Korruption in die Wirtschaft getragen wurde. Sie tritt sogar endlich effektiv in Konkurrenz zu den klassischen Instanzen der Ethik – und macht auch deren Job besser, als die es selbst jemals konnten und können werden.

Ich fordere hiermit: Stellt jedem Ministerium ein Jahr lang ein Social-Business-Startup gegenüber – mit den gleichen operativen Befugnissen und 10 Prozent der materiellen und personalen Ausstattung des jeweiligen Ministeriums als Startkapital. Ich verwette meinen Jahresumsatz darauf, dass der Glücksindex der deutschen Bevölkerung nach Ablauf dieses Jahres steiler ansteigen würde als die Eiger Nordwand.

Warum gibt es einen solchen Versuch nicht, Deutschland zumindest auf einer virtuellen Ebene einmal ein Jahr lang auf diese Weise repositionieren zu lassen? Weil die institutionellen Blockierer im Dunstkreis der Politik und der übrigen Instanzen den Erfolg einer solchen Unternehmung immer noch effektiv zu blockieren wüssten. Und weil die herausragenden Köpfe des Social Business, die eine solche Herausforderung stemmen könnten, sich wahrscheinlich an den Betonköpfen der Lobbys die Finger blutig schlagen würden, gegen die sie dann boxen müssten. Warum sollten sie das für ein Beamtengehalt machen, wenn sie aus genau diesem Grund mit ihren Fähigkeiten aus der freien Wirtschaft heraus in der gleichen Zeit mehr bewegen und dabei locker das Zehnfache verdienen können?

Und dann gibt es da noch einen dritten Grund, den ich bei aller Gemeinschaftsorientierung, für die ich mit diesem Buch eintrete, auch niemandem verdenken kann: Warum ein Gebäude sanieren, das jede Minute einzustürzen droht? Warum an der hirntoten Ethik herumreanimieren in der Hoffnung, dass ein Blitz vom Himmel fährt und die Lager der Ethik erleuchtet? Dann doch lieber alles in einem Abwasch erledigen und keine wertvollen Kapazitäten verschwenden. Dann doch lieber auf das konzentrieren, was wir sowieso am besten können: Business.

Im Business geht beides auf einmal: Der Seele der Gemeinschaft eine zukunftsfähige Heimat zu geben und dabei gute Geschäfte zu machen. Das funktioniert allerdings nur, wenn wir uns auf ersteres konzentrieren und das Vertrauen aufbringen, dass sich letzteres einstellt, weil die Gemeinschaftsseele nachhaltig denkt und lebt. Natürlich läuft das operativ darauf hinaus, dass sich beides bedingt: Von keinem Unternehmen kann man verlangen, dass es die Bilanzen für eine Umschaltphase von möglicherweise mehreren Jahrzehnten mal kurz außer Acht lässt. Da müssen wir uns nichts vormachen: Die Abrissbirne wird noch geraume Zeit schwingen müssen, bis ihr Werk getan ist.

Die Blickrichtung aber muss von jetzt an immer vom Wertebewusstsein der Gemeinschaft ausgehen, nicht vom Profit. Ein ständiges Hin- und Herschalten zwischen den Perspektiven würde zu viele Hintertüren offen lassen, durch die sich alte Muster wieder einschleichen könnten. Das wäre genau so, als würde man versuchen, seine ganze Persönlichkeit jeden Tag abwechselnd zwischen Arbeits- und Privatleben ausrichten zu wollen – diese Work-Life-Balance hat als Manager-Beruhigungspille der alten Schule eindeutig versagt. Erstens treibt diese verordnete Alltagsschizophrenie ganze Managergenerationen in den Burnout, weil sich die Trennung nicht mehr effektiv leben lässt, ohne dass man langfristig daran zerbricht. Zweitens funktioniert so ein Doppelleben auch überhaupt nicht mehr, wenn es statt Sachzwängen unsere Kernwerte sind, die uns über alle Lebensbereiche hinweg antreiben. Zumal wir heute auf diesen seelischen Treibstoff auch im Arbeitsleben angewiesen sind. Unser seelischer Kern lässt sich nicht spalten. Wir müssen uns an ihm ausrichten, individuell und kollektiv, und er muss unser einziger Kompass sein.

Das ist der große Paradigmenwechsel der Wirtschaft, der uns bevorsteht, und auf den wir uns freuen dürfen: Das Business wird aus der Sicht der Werte neu gedacht. Nicht umgekehrt. Umgekehrt hatten wir schon – war nicht nachhaltig, und hat uns schon mehr als einmal beinahe den Hals gekostet.

Verändern wir die Welt weiter aus der Wirtschaft, oder besser: aus unseren Unternehmen heraus. Und ich möchte Sie einmal mehr ermutigen, sich uns anzuschließen: Abwarten bedeutet Stillstand. Der optimistische Grundton dieses Buches sollte Sie nicht darüber hinwegtäuschen, dass es auf unseren gemeinsamen Einsatz ankommt. Der Wandel ist da, fraglos. Aber wenn Sie davon noch zu Lebzeiten profitieren wollen, müssen Sie Ihren Beitrag leisten. Erstens, weil eine Gemeinschaft umso schneller und effektiver zum Ziel kommt, je schneller sie wächst. Zweitens, weil Sie im Zuge dieser Entwicklung sowohl sozial als auch innerhalb Ihres Unternehmens den Anschluss verpassen, wenn Sie bibbernd in der warmen Box kauern bleiben, obwohl der Startschuss schon längst gefallen ist. Und drittens, weil sie die Freude, die der Wandel bringt, nur dann seelisch erleben können, wenn Sie ihn mitgestalten. Sobald Sie sich dazu entschließen, können Sie das Kribbeln spüren – sofort. Bringen Sie den Mut auf und haben Sie Vertrauen in unser Potenzial.

Keine Mahlzeit schmeckt so gut wie eine selbstgekochte. Kein Haus ist so sehr Heimat wie ein selbstgebautes. Kein Gewinn macht so zufrieden wie ein selbstverdienter. Kein Meilenstein macht uns so stolz wie ein selbsterlaufener. Keine Revolution ist so befreiend wie eine selbsterkämpfte.

Stimmt's? Noch nicht ganz. Eine Steigerung gibt es noch. Nämlich dann, wenn wir „selbst" überall in dieser Aufzählung durch „gemeinsam" ersetzen. Kein Wandel kann uns so glücklich machen wie der, den wir ab heute gemeinsam gestalten können: aus der Seele unserer Gemeinschaft heraus.

Und jetzt hoffe ich, wir treffen uns draußen. Sie wissen schon – beim Feuerwerk. Lassen Sie sich nicht von den Ruinen entmutigen, die Ihnen unterwegs begegnen; die räumen wir auch noch weg. Wenn die Abrissbirne an ihnen vorbeisaust, geben Sie ihr also ruhig noch einen ordentlichen Schubs. Halten Sie sich einfach an die Flickering Signals zwischen den Trümmerhaufen – sie leuchten Ihnen den Weg.

Wir treffen uns dort, und wir erkennen uns am Leuchten in unseren Augen. Change is our friend.

Anhang

Anmerkungen

Kapitel 01

1 Zitiert nach: http://www.tagesspiegel.de/wirtschaft/gehaelter-ohne-grenzen-fuer-banker/1943042.html; abgerufen 23.6.2011, 14:12 Uhr.

2 http://www.spiegel.de/thema/wissenschaftsplagiate/; abgerufen 25.6.2011, 16:52 Uhr.

3 http://www.spiegel.de/thema/sexueller_missbrauch_in_der_katholischen_kirche/; abgerufen 1.6.2011, 19:58 Uhr.

4 http://www.wiwo.de/unternehmen-maerkte/doppelt-bestraft-ex-post-chef-klaus-zumwinkel-385209/; abgerufen 1.6.2011, 17:11 Uhr.

5 http://www.focus.de/sport/fussball/wm-2010/tid-18437/joseph-sepp-blatter-ein-schatten-der-bestechung_aid_513555.html; abgerufen 1.6.2011, 17:23 Uhr.

6 Zitiert nach: Rump, Jutta/Thomas Sattelberger/Heinz Fischer (Hrsg.): Employability Management. Grundlagen, Konzepte, Perspektiven. Gabler 2006, S. 189.

7 http://www.handelsblatt.com/politik/oekonomie/nachrichten/warum-die-krise-wirtschaftsethiker-spaltet/3131588.html; abgerufen 12.5.2011, 13:40 Uhr.

Kapitel 02

8 http://www.spiegel.de/spiegel/0,1518,714082,00.html; abgerufen 22.8.2011, 18:50 Uhr.

9 http://www.handelsblatt.com/politik/deutschland/sarrazin-pullover-hilft-gegen-hohe-heizkosten/2995804.html; abgerufen 22.8.2011, 18:29 Uhr.

10 http://www.zeit.de/politik/deutschland/2010-09/gabriel-sarrazin-bundesbank; abgerufen 21.10.2011, 19:37 Uhr.

11 http://www.fr-online.de/meinung/sarrazin-und-die-werte,1472602,8377992.html; abgerufen 22.8.2011, 19:47 Uhr.

12 Der Stern machte diese Diagnose der deutschen Verfasstheit schon im November/Dezember 2005 unter diesem Titel zu einer siebenteiligen Story.

13 http://www.spiegel.de/panorama/gesellschaft/0,1518,777407,00.html; abgerufen 22.8.2011, 18:20 Uhr.

14 Ebenda.

15 http://www.spiegel.de/thema/sexueller_missbrauch_in_der_katholischen_kirche/; abgerufen 7.6.2011, 20:04 Uhr.

[16] http://www.spiegel.de/panorama/gesellschaft/0,1518,777407,00.html; abgerufen 7.6.2011, 20:25 Uhr.

[17] http://www.zeit.de/2011/22/Ortstermin-Goslar/; abgerufen 1.6.2011, 21:47 Uhr.

[18] http://www.zeit.de/2011/22/Ortstermin-Goslar/seite-2; abgerufen 1.6.2011, 21:49 Uhr.

[19] Ebenda.

[20] http://www.deutschebp.de/subsection.do?categoryId=2012286&contentId=2018213; abgerufen 21.10.2011, 19:50 Uhr.

[21] http://www.spiegel.de/wirtschaft/unternehmen/0,1518,691456,00.html; abgerufen 21.10.2011, 19:55 Uhr.

[22] http://www.heise.de/newsticker/meldung/Bundesregierung-beschliesst-Atomausstieg-bis-2022-1255593.html; abgerufen 9.6.2011, 14:44 Uhr.

[23] http://www.zeit.de/wirtschaft/2011-06/atomausstieg-bundestag-lobby; abgerufen 9.6.2011, 14:57 Uhr.

Kapitel 03

[24] http://www.spiegel.de/unispiegel/jobundberuf/0,1518,659848,00.html; abgerufen 27.10.2011, 22:28 Uhr.

[25] http://www.innopas.eu/fileadmin/innotrans/Gute_Arbeit/Dokumente/KMU_kompakt_11_07_0029007.pdf; abgerufen 1.9.2011, 19:08 Uhr.

[26] http://www.ftd.de/karriere-management/management/:management-studie-chefs-kaum-an-guter-personalfuehrung-interessiert/60090989.html; abgerufen 13.8.2011, 16:10 Uhr.

[27] Ebenda.

[28] Ebenda.

[29] Ebenda.

[30] Ebenda.

[31] http://www.mckinseyquarterly.com/newsletters/chartfocus/2011_08.htm; abgerufen 23.8.2011, 21:01 Uhr.

[32] http://www.spiegel.de/sport/fussball/0,1518,765788,00.html; abgerufen 1.6.2011, 17:41 Uhr.

[33] Ebenda.

[34] Focus 24/2011, S. 122.

[35] Ebenda.

Kapitel 04

[36] http://www.heise.de/newsticker/meldung/Facebook-fuehrte-PR-Kampagne-gegen-Google-1241935.html; abgerufen 13.9.2011, 13:20 Uhr.

[37] http://www.spiegel.de/spiegel/0,1518,773434,00.html; abgerufen 13.9.2011, 13:54 Uhr.

[38] Ebenda.

[39] Ebenda.

Kapitel 06

[40] Leo Müller: Bank-Räuber – Wie kriminelle Manager und unfähige Politiker uns in den Ruin treiben, Econ Verlag 2010. Die Analyse der Finanzkrise wäre eigentlich im ersten Teil dieses Buches, bei der Versagensdiagnose der alten Schule, bestens aufgehoben gewesen – nur gibt es dazu inzwischen wirklich genügend Bücher, von denen jenes des Wirtschaftskriminologen Leo Müller wohl das konziseste und überzeugendste ist, wenn es um die Ethik und die Motive des Finanzsektors und seiner Akteure geht.

[41] http://www.zeit.de/wirtschaft/2011-08/interview-gottfried-heller-finanzmarkt.

[42] Ebenda.

[43] FAZ Nr. 84, 9./10. April 2011, Beruf und Chance, C2.

[44] http://www.spiegel.de/wirtschaft/unternehmen/0,1518,786997,00.html; abgerufen 17.10.2011, 20:30 Uhr.

[45] Ebenda

[46] Ebenda

[47] Ebenda

[48] Neff, Martin (Hrsg.): Megatrends – Chancen und Risiken für KMU. Schwerpunkt 2011: Innovation. Reihe Economic Research der Credit Suisse, Zürich 2011.

[49] Ebenda, S. 22.

[50] Ebenda, S. 22.

[51] http://www.germanspeakers.org/tl_files/articles/Tanja-Hartwig-genannt-Harbsmeier-Die-Kaufentscheidung-des-Kunden-%E2%80%93-Umgang-mit-verschiedenen-Kundentypen.pdf; abgerufen 18.10.2011, 17:37 Uhr.

[52] http://www.geldinstitute.de/data/beitrag/Artikel-Abwanderung-der-Spitzenkraefte_4251534.html; abgerufen 18.10.2011, 18:14 Uhr.

[53] Ebenda.

Kapitel 07

[54] http://www.sueddeutsche.de/wirtschaft/news-of-the-world-affaere-murdoch-anhoerung-tag-der-unschuldslaemmer-und-suendenboecke-1.1122202; abgerufen 19.7.2011, 16:34 Uhr.

[55] http://www.ftd.de/politik/europa/:abhoerskandal-cameron-gibt-den-reuigen-aufraeumer/60075946.html; abgerufen 19.7.2011, 16:46 Uhr.

[56] Ebenda.

[57] http://www.guardian.co.uk/media/2011/jul/24/david-cameron-hacking-conservative-fallout; abgerufen 24.7.2011, 18:39 Uhr.

[58] http://carta.info/7421/wissenschaftsjournalismus/; abgerufen 23.8.2011, 17:10 Uhr.

[59] Ebenda.

[60] http://www.spiegel.de/politik/deutschland/0,1518,787001,00.html

[61] http://www.spiegel.de/netzwelt/netzpolitik/0,1518,786993,00.html

[62] http://www.welt.de/print/welt_kompakt/berlin/article13614855/Alles-Wichtige-auf-einen-Blick-Die-Analyse.html

[63] http://www.ftd.de/politik/deutschland/:neulinge-im-parlament-wie-politische-one-hit-wonder-sinken/60106031.html

[64] Den Begriff erfand im April 2009 der Internettheoretiker Evgeny Morozov.

[65] Welchen Anteil die wenigen registrierten Twitter-User in Moldawien tatsächlich an der operativen Organisation der Proteste hatten, ist inzwischen allerdings bezweifelt worden – etwa von der amerikanischen Historikerin Anne Applebaum: http://www.spiegel.de/kultur/gesellschaft/0,1518,623347,00.html; abgerufen 23.8.2011, 17:56 Uhr.

[66] http://www.spiegel.de/spiegel/0,1518,742430,00.html; abgerufen 23.8.2011, 18:13 Uhr.

[67] http://www.focus.de/politik/ausland/muenchner-sicherheitskonferenz-merkel-befuerchtet-machtvakuum-in-aegypten_aid_597091.html; abgerufen 23.8.2011, 18:25 Uhr.

[68] http://www.ftd.de/politik/:debatte-um-geheimdepeschen-merkel-tut-wikileaks-enthuellungen-als-party-klatsch-ab/50203434.html; abgerufen 23.8.2011, 18:45 Uhr.

[69] http://www.welt.de/politik/ausland/article11272593/Westerwelle-aggressiv-Merkel-pragmatisch.html; abgerufen 23.8.2011, 18:52 Uhr.

[70] Ebenda.

[71] http://www.faz.net/artikel/C30021/protestkultur-das-volk-im-nacken-30312047.html; abgerufen 25.8.2011, 10:31 Uhr.

[72] http://www.ftd.de/politik/deutschland/:hartz-iv-debatte-westerwelle-warnt-vor-spaetroemischer-dekadenz/50072745.html; abgerufen 20.7.2011, 19:53 Uhr.

[73] http://www.guardian.co.uk/politics/2010/apr/28/gordon-brown-bigoted-woman; abgerufen 24.7.2011, 18:46 Uhr.

[74] http://www.berlinonline.de/berliner-zeitung/archiv/.bin/dump.fcgi/2011/0816/politik/0036/index.html; abgerufen 21.7.2011, 14:20 Uhr.

Kapitel 08

[75] http://www.ftd.de/unternehmen/industrie/:thomas-ganswindt-prozess-gegen-siemens-manager-eingestellt/60054605.html; abgerufen 31.10.2011, 19:47 Uhr.

[76] Forscher gehen sogar davon aus, dass Deutschland im Jahr 2035 die älteste Nation der Welt sein wird: http://www.derwesten.de/wp/zeitgeschehen/Alternde-Gesellschaft-braucht-neue-Strukturen-id484019.html; abgerufen 12.6.2011, 11:19 Uhr.

[77] http://www.spiegel.de/spiegel/print/d-74184564.html; abgerufen 31.10.2011, 20:51 Uhr.

[78] „Diese Generation muss nicht alles glauben". Focus 24/2011, S. 62.

[79] Geprägt von Jean de Crèvecoeur 1782, populär geworden ab 1908 aufgrund des gleichnamigen Theaterstücks Israel Zangwills.

[80] Geprägt in den 50er Jahren, um das politische Konzept des Melting Pot zu kontrastieren; verwendet zuerst von dem australischen Sozialpsychologen Ronald Taft.

[81] Eine frühe, eher sozialwissenschaftliche Annäherung an das Phänomen: Saltzman, Amy: Downshifting: Reinventing Success on a Slower Track, Harper Collins 1991.

[82] http://www.spiegel.de/karriere/ausland/0,1518,756699,00.html; abgerufen 31.10.2011, 21:13 Uhr.

[83] Ebenda.

Kapitel 09

[84] http://about.zappos.com/our-unique-culture/zappos-core-values; abgerufen 31.10.2011, 20:57 Uhr.

[85] http://www.businessinsider.com/tony-hsieh-how-i-made-my-millions-2010-10; abgerufen 12.7.2011, 14:50 Uhr.

[86] „In der Klemme", Focus 24/2011, S. 122.

[87] Nowak, Inge: Es geht um eine andere Art von Erfolg. Interview mit Rolf Heiler, Stuttgarter Zeitung vom 9. April 2011, Beilage Mythos Mittelstand, S. IV.

[88] http://www.karriere.de/beruf/wie-wird-man-eigentlich-allianz-chef-6957/; abgerufen 31.10.2011, 22:12 Uhr.

[89] Ebenda.

[90] http://www.wiwo.de/unternehmen-maerkte/allianz-zurueck-auf-die-erfolgsspur-115886/2/; abgerufen 31.10.2011, 22:07 Uhr.

[91] http://www.karriere.de/beruf/wie-wird-man-eigentlich-allianz-chef-6957/; abgerufen 31.10.2011, 22:12 Uhr.

[92] http://www.faz.net/artikel/C31364/grosse-leistung-grosses-gehalt-bezahlt-manager-wie-beamte-30156276.html; abgerufen 30.8.2011, 21:41 Uhr.

93 Ebenda.

Kapitel 10

94 http://www.greatplacetowork.de/best/list-de.htm; abgerufen 28.10.2011, 11:50 Uhr.

95 http://www.noventum.de/Philosophie.htm; abgerufen 28.10.2011, 12:17 Uhr.

96 https://jobs.sma.de/de/arbeitswelt-sma/unternehmenskultur.html; abgerufen 19.7.2011, 9:38 Uhr.

97 Ebenda.

98 René Borbonus: Respekt – Wie Sie Ansehen bei Freund und Feind gewinnen. Econ 2011, S. 13.

99 Dr. med. Andreas Tautz: Respekt und Resultate: Die Deutsche Post DHL setzt auf gesundheitsförderliche Führungskultur, in: Wirtschaftspsychologie aktuell, Heft 2 (2010), S. 44.

100 „Wir würdigen die Lebensleistung unserer Mitarbeiter", FAZ Nr. 129 vom 4./5. Juni 2011, C2.

101 Ebenda

102 „Wir würdigen die Lebensleistung unserer Mitarbeiter", FAZ Nr. 129 vom 4./5. Juni 2011, C2.

Kapitel 11

103 http://www.spiegel.de/politik/deutschland/0,1518,764834,00.html; abgerufen 1.11.2011, 17:52 Uhr.

104 Hsieh, Tony: Delivering Happiness. A Path to Profits, Passion, and Purpose. Business Plus 2010.

105 http://www.businessinsider.com/henry-blodget-tony-hsieh-zappos-2010-10; abgerufen 13.7.2011, 19:07 Uhr.

106 Ebenda.

107 http://www.ergo.de/de/Zusatzinformationen/Verstehensgarantie; abgerufen 17.9.2011, 18:09 Uhr.

108 http://www.ergo.com/de/Unternehmen/Overview/Corporate-Governance/~/media/ERGOcom/PDF/Corporate_Governance/ERGO_Verhaltenskodex_Aussendienst.ashx; abgerufen 17.9.2011, 18:26 Uhr.

109 Ebenda.

110 http://theyesmen.org/; abgerufen 1.11.11, 16:16 Uhr.

111 http://www.sueddeutsche.de/wirtschaft/anthroposophie-in-der-wirtschaft-unternehmen-gemeinschaft-1.708478; abgerufen 17.9.2011, 19:39 Uhr.

112 Ebenda.

113 Ebenda.

[114] Ebenda.

[115] http://www.sueddeutsche.de/wirtschaft/anthroposophie-in-der-wirtschaft-unternehmen-gemeinschaft-1.708478-2; abgerufen 17.9.2011, 19:42 Uhr.

[116] Ebenda.

Kapitel 12

[117] http://www.spiegel.de/politik/ausland/0,1518,785958,00.html; abgerufen 1.11.2011, 18:16 Uhr.

[118] Ebenda.

[119] Yunus, Muhammad: Creating a World Without Poverty: Social Business and the Future of Capitalism, Perseus Books 2008.

[120] Sustainability: The ‚Embracers' Seize Advantage. MIT Sloan Management Review Research Report, Winter 2011. MIT Sloan Management Review in collaboration with the Boston Consulting Group 2011.

[121] Ebenda, S. 17.

[122] Ebenda, S. 17.

[123] Ebenda, S. 17.

Kapitel 16

[124] http://www.commonpurpose.de/ueberuns.aspx; abgerufen 2.11.2011, 17:28 Uhr.

[125] http://www.commonpurpose.de/ueberuns/weltweit.aspx; abgerufen 2.11.2011, 17:31 Uhr.

[126] http://www.commonpurpose.de/ueberuns.aspx; abgerufen 2.11.2011, 17:28 Uhr.

[127] http://www.spiegel.de/schulspiegel/ausland/0,1518,784371,00.html; 6.9.2011, 17:09 Uhr.

[128] Ebenda.

[129] Ebenda.

[130] Ebenda.

Kapitel 17

[131] Peters, Tom: The Little Big Things. 163 Ways to Pursue Excellence. HarperStudio, New York 2010, S. 411.

[132] Ebenda.

[133] http://www.spiegel.de/karriere/berufsleben/0,1518,776447,00.html; abgerufen 1.8.2011, 14:42 Uhr.

[134] Taylor, William C.: Practically Radical: Not-So-Crazy Ways to Transform your Company, Shake Up Your Industry, and Challenge Yourself. William Morrow, New York 2011.

[135] http://blogs.hbr.org/taylor/2011/06/great_people_are_overrated.html;abgerufen 16.10.2011, 12:39 Uhr.

[136] http://press.princeton.edu/titles/9128.html; 20.09.2011, 16:44.

[137] http://blogs.hbr.org/taylor/2011/06/great_people_are_overrated.html;abgerufen 16.10.2011, 12:39 Uhr.

[138] http://derstandard.at/1241622686610/STANDARD-Interview-Es-waere-wichtig-mehr-auf-Intuition-zu-setzen; 3.10.2011, 20:55 Uhr.

[139] Ebenda

[140] http://www.mckinseyquarterly.com/newsletters/chartfocus/2011_08.htm; abgerufen 17.08.2011, 19:26 Uhr.

[141] Roland Berger Strategy Consultants: Dreamteam statt Quote. Studie zu „Diversity and Inclusion“ (D&I/Vielfalts- und Einbeziehungsmanagement), München 2011.

[142] Ebenda, S. 4 f.

[143] Ebenda, S. 9 sowie Zusammenfassung der Studie im Newsletter vom 19. Mai 2011.

[144] Roland Berger Strategy Consultants: think:act CONTENT – Fresh thinking for decision makers, Diversity & Inclusion, November 2010, S. 2.

Kapitel 18

[145] http://www.nytimes.com/2011/05/31/opinion/31brooks.html?_r=1; abgerufen 4.10.2011, 22:31 Uhr.

[146] Ebenda.

[147] http://blogs.hbr.org/taylor/2011/06/we_is_bigger_than_me.html?cm_sp=blog_flyout-_-taylor-_-we_is_bigger_than_me; abgerufen 4.10.2011, 22:14 Uhr.

Epilog

[148] http://www.spiegel.de/politik/ausland/0,1518,790146,00.html; abgerufen 5.10.2011, 14:11 Uhr.

[149] http://www.ftd.de/unternehmen/handel-dienstleister/:pleite-reeder-stolberg-ex-beluga-chef-soll-tsunami-spenden-veruntreut-haben/60112178.html#utm_source=rss2&utm_medium=rss_feed&utm_campaign=/unternehmen; abgerufen 5.10.2011, 15:08 Uhr.

[150] http://www.interbrand.com/de/best-global-brands/best-global-brands-2008/best-global-brands-2011.aspx; abgerufen 5.10.2011, 17:47 Uhr.

[151] http://www.ftd.de/unternehmen/:interview-marke-ist-in-deutschland-chefsache/60112292.html#utm_source=rss2&utm_medium=rss_feed&utm_campaign=/unternehmen; abgerufen 5.10.2011, 18:09 Uhr.

[152] Ebenda.

Weiterführende Quellen

Wenn Sie Blut geleckt haben: Hier empfehle ich Ihnen einige Bücher und Internetquellen zum Thema. Manche von ihnen haben in diesem Buch Erwähnung gefunden, andere bieten wertvolle Erkenntnisse über verwandte Aspekte des Umgangs mit Werten in der Wirtschaft.

Die Liste ist zu diesem Zeitpunkt bewusst kurz gehalten, wird aber auf meiner Website unter *http://mueller-eschenbach.com/inspiration* fortlaufend aktualisiert.

→ Tony Hsieh: Delivering Happiness: A Path to Profits, Passion, and Purpose. Business Plus, New York 2010.

→ Tom Peter: The Little Big Things. 163 Ways to Pursue Excellence. Harper Studio, New York 2010.

→ William C. Taylor: Practically Radical: Not-So-Crazy Ways to Transform your Company, Shake Up Your Industry, and Challenge Yourself. William Morrow, New York 2011.

→ Ken Robinson: How Finding Your Passion Changes Everything. Penguin, London 2010.

→ Daniel H. Pink: Drive: The Surprising Truth About What Motivates Us. Canongate, New York 2011.

→ Muhammad Yunus: Creating a World Without Poverty: Social Business and the Future of Capitalism. Perseus Books, New York 2008.

→ Alexander Osterwalder & Yves Pigneur: Business Model Generation: A Handbook for Visionaries, Game Changers, and Challengers. John Wiley & Sons, New York 2010.

→ http://www.ted.com

→ http://www.venturetv.de